"家庭成长教育研究丛书"编委会

主　编：陈顺森

副主编：索　磊

成　员：赵广平　刘黎微　陈志英

　　　　阳莉华　黄荣生

家庭成长教育研究丛书

● 教育部人文社会科学研究一般项目"家庭生活教育的国际比较与本土实现路径研究"(项目批准号:20YJA880047)资助
● 福建教育督导智库专项经费资助

家庭生活教育
国际比较与本土实现路径

索 磊 著

厦门大学出版社
国家一级出版社
全国百佳图书出版单位

图书在版编目（CIP）数据

家庭生活教育：国际比较与本土实现路径 / 索磊著. -- 厦门：厦门大学出版社，2024.12
（家庭成长教育研究丛书 / 陈顺森主编）
ISBN 978-7-5615-9283-0

Ⅰ.①家… Ⅱ.①索… Ⅲ.①家庭教育-生活教育 Ⅳ.①G78

中国国家版本馆CIP数据核字(2024)第028841号

责任编辑　眭　蔚　陈玉环
美术编辑　李嘉彬
技术编辑　许克华

出版发行　**厦门大学出版社**
社　　址　厦门市软件园二期望海路39号
邮政编码　361008
总　　机　0592-2181111　0592-2181406(传真)
营销中心　0592-2184458　0592-2181365
网　　址　http://www.xmupress.com
邮　　箱　xmup@xmupress.com
印　　刷　厦门市金凯龙包装科技有限公司

开本　787 mm×1 092 mm　1/16
印张　11.5
插页　2
字数　275 千字
版次　2024 年 12 月第 1 版
印次　2024 年 12 月第 1 次印刷
定价　39.00 元

本书如有印装质量问题请直接寄承印厂调换

"家庭成长教育研究丛书"序

　　家庭教育是一个对个体、家庭乃至社会都具有深远意义的重要领域。在闽南师范大学,家庭成长教育一直是我们长期持续深入研究的重要课题。

　　我们秉持研究先行的理念,充分发掘学校的专业特色优势,整合教育学、心理学、社会学等多学科资源,致力于家庭成长教育的深入研究与实践。在这个过程中,始终坚持以人为本,将目光聚焦于家庭教育的主体成长,因为我们深知家庭中的每一个成员都是构建健康家庭关系和推动家庭成长的关键要素。同时,精准服务也是我们的核心追求,通过专业的引领,促进对家庭的科学帮扶,助力家庭在成长的道路上少走弯路。此外,多维并举的策略让我们积极开展志愿服务活动,将家庭成长教育的理念与实践推广到更广泛的范围。

　　2019年11月28日,闽南师范大学成立了家庭成长教育研究院,标志着学校在家庭成长教育研究方面迈出了更加坚实的步伐。研究院的成立,为学校整合资源、深化研究、拓展合作提供了重要平台,更好地促进了家庭成长教育研究的系统化和纵深化发展。2020年,"'专业教育+家庭成长教育'家校协同育人模式研究"获批福建省本科高校教育教学改革研究重大项目;2023年该项目的结项成果入选福建省本科高校教育教学研究典型案例库,这一成果体现了我们在家庭教育复合型专业人才培养、家庭成长教育与学校教育协同发展方面的积极探索得到了认可。而"教育扶贫视域下特殊群体儿童PEER家庭成长教育的实践与研究"获得福建省教学成果奖特等奖,更是在特殊群体家庭成长教育实践上对我们的高度肯定。

　　家庭成长教育对于个人的人格塑造、价值观形成有着不可替代的作用,它是构建和谐家庭的基石,也是推动社会和谐稳定发展的重要力量。出版"家庭成长教育研究丛书",是学校在家庭成长教育研究方面的又一重要成果。这套丛书涵盖了家庭成长教育的各个方面,包括家庭教育理论、方法、案例等。它既具有学术性,能够为家庭成长教育的研究提供参考;又具有实用性,能够为广大家长提供科学的教育指导,力求成为促进家庭教育质量提升、推动家校共育深入发展的有力工具。相信这套丛书的出版,将为推动家庭教育发展和"家校社"教育联合体构建发挥积极的作用。

闽南师范大学党委书记

李顺兴　教授

2024 年 12 月

目　录

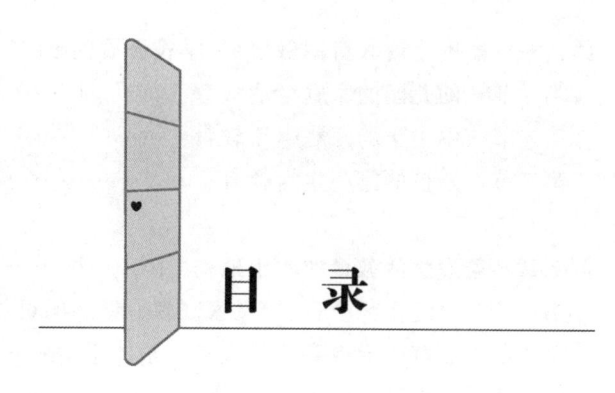

第一章　社会脉络中的家庭与个体 ………………………………………… 1
　第一节　家庭的起源与发展 ……………………………………………… 2
　第二节　家庭教育的发展 ………………………………………………… 7
　第三节　家庭教育的时代挑战及应对策略 …………………………… 11

第二章　家庭生活教育的演进 ……………………………………………… 17
　第一节　家庭生活教育的肇始 ………………………………………… 19
　第二节　家庭生活教育走向成熟 ……………………………………… 24
　第三节　家庭生活教育的未来走向 …………………………………… 33

第三章　家庭生活教育的理论视野 ………………………………………… 37
　第一节　家庭社会学 ……………………………………………………… 39
　第二节　家庭系统理论 …………………………………………………… 42
　第三节　家庭发展理论 …………………………………………………… 45
　第四节　人类生态学 ……………………………………………………… 49

第四章　家庭生活教育的重要领域 ………………………………………… 53
　第一节　亲职教育 ………………………………………………………… 53
　第二节　子职教育 ………………………………………………………… 62
　第三节　婚姻教育 ………………………………………………………… 67
　第四节　性教育 …………………………………………………………… 73

第五章　家庭生活教育的比较研究 ………………………………………… 82
　第一节　印度的家庭生活教育 ………………………………………… 82
　第二节　日本的家庭生活教育 ………………………………………… 91
　第三节　欧洲的家庭生活教育 ………………………………………… 101

第六章　家庭生活教育案例研究:学校开展的 FLE ⋯⋯⋯⋯⋯⋯⋯⋯ 119
　第一节　幼儿园的家庭生活教育 ⋯⋯⋯⋯⋯⋯⋯⋯⋯⋯⋯⋯⋯⋯⋯ 121
　第二节　中小学的家庭生活教育 ⋯⋯⋯⋯⋯⋯⋯⋯⋯⋯⋯⋯⋯⋯⋯ 133
　第三节　高校的家庭生活教育 ⋯⋯⋯⋯⋯⋯⋯⋯⋯⋯⋯⋯⋯⋯⋯⋯ 142

第七章　家庭生活教育的本土建构 ⋯⋯⋯⋯⋯⋯⋯⋯⋯⋯⋯⋯⋯⋯⋯ 163
　第一节　家庭生活教育:广义家庭教育概念的可能 ⋯⋯⋯⋯⋯⋯⋯⋯ 163
　第二节　家庭生活教育公共服务供给体系 ⋯⋯⋯⋯⋯⋯⋯⋯⋯⋯⋯ 167
　第三节　学校开展的家庭生活教育 ⋯⋯⋯⋯⋯⋯⋯⋯⋯⋯⋯⋯⋯⋯ 173

后　记 ⋯⋯⋯⋯⋯⋯⋯⋯⋯⋯⋯⋯⋯⋯⋯⋯⋯⋯⋯⋯⋯⋯⋯⋯⋯⋯⋯ 178

第一章

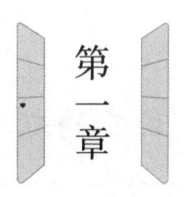

社会脉络中的家庭与个体

> 没有家庭就没有社会。反之，如果先没有社会，也就没有家庭。①
> ——克洛德·列维-斯特劳斯

虽然关于家庭起源的理论尚存在争议，但家庭对于个体乃至整个人类的重要意义是不言而喻的。社会是由个体的人组成，个体存在于群体之中。家庭作为人类社会基本的单位，是个体来到这个世界"最先接触的环境"，是个体联系社会的最初中介，是"个人生存、家族延续、社会继替、国家维系"的基础。② 家庭不仅是一个人在成长过程中获取爱、关怀和支持的场所，也发挥着传承社会价值观和道德规范的功能。随着生产力和经济发展、社会和文化变迁，家庭的内涵与结构会发生改变，但家庭作为个体成长的依托，对个体的重要性不会改变。

家庭研究是一个多学科的研究领域。对家庭与个体关系的研究是社会学中的一个重要课题，家庭社会学作为社会学的分支领域，研究内容主要包括家庭结构、家庭关系、家庭变迁以及对个体行为、态度和价值观等方面的研究。家庭也是人口学研究领域，家庭人口学被国际人口学理事会列为"应予以优先考虑的重要分支学科之一"，其研究对象包括婚姻关系与婚姻解体、核心家庭、扩大家庭、住户以及亲属网络等。③ 同时，家庭也是人类学、法学、心理学、教育学等学科的研究领域。无论作为哪个学科的研究领域，家庭研究都离不开对社会、家庭与个体之间关系的探讨。对于家庭教育的研究需要跨学科的视野，本章即综合多学科的成果从社会发展的脉络来探讨家庭的起源与发展、家庭教育的发展及其面临的时代挑战。

---

① 比尔基埃,克拉比什-朱伯尔,雪伽兰,等.家庭史第一卷:遥远的世界,古老的世界[M].袁树仁,姚静,肖桂,译.北京:生活·读书·新知三联书店,2003:序.
② 关颖.家庭社会学[M].北京:教育科学出版社,2014:26.
③ 曾毅.一门十分活跃的人口学分支学科:家庭人口学[J].中国人口科学,1988(6):58-63.

第一节 家庭的起源与发展

家庭是人类社会发展过程中,由婚姻关系、血缘关系或收养关系所构成的社会生活的基本单位,是人类自然关系和社会关系的统一。家庭是社会的细胞,是个体与社会相联系的桥梁和纽带。① 探讨家庭的起源与发展,有助于理解人类社会的演变和家庭的重要性,是全面理解家庭教育的起源与发展的基础和前提,也有助于我们更好地理解和应对家庭生活教育(family life education,FLE)面临的时代挑战。

一、家庭的起源

学界关于家庭的起源仍存在争议。关于家庭的起源与发展的诸多理论和观点之中,目前援引较多的是恩格斯在《家庭、私有制和国家的起源》一书中的观点。该书的副标题是"就路易斯·亨·摩尔根的研究成果而作",恩格斯根据摩尔根对美洲印第安人社会的研究,补充了古代罗马、希腊和日耳曼人社会的研究材料。

该书首先介绍了史前的蒙昧时代和野蛮时代,接下来就是对家庭产生和发展的探讨。从原始状态杂乱的性关系中,先后演变出四种类型的家庭形式——血缘家庭、普那路亚家庭、对偶制家庭和专偶制家庭。② 第一种家庭类型是血缘家庭。这是家庭的第一个阶段,其核心特征是在群婚的基础上排除了父母和子女之间相互的性关系,这是"家庭组织上的第一个进步"。第二种家庭类型是普那路亚家庭。其标志着家庭组织的第二个进步——排除了姊妹和兄弟之间的性关系。③ 第三种家庭类型是对偶制家庭。这种家庭形式是在群婚制度下,或者更早的时候,形成的"某种或长或短时期内的成对配偶制"。其特征是"一个男子在许多妻子中有一个主妻(还不能称为'爱妻'),而他对于这个女子来说是她的许多丈夫中的最主要的丈夫"。④ 第四种家庭类型是专偶制家庭。专偶制家庭是"在野蛮时代的中级阶段和高级阶段交替的时期从对偶制家庭中产生的",其与对偶制家庭的不同之处在于"婚姻关系要牢固得多",不能任意解除;专偶制家庭的最后胜利

---

① 关颖.家庭社会学[M].北京:教育科学出版社,2014:27.
② 恩格斯.家庭、私有制和国家的起源:就路易斯·亨·摩尔根的研究成果而作[M].中央马克思恩格斯列宁斯大林著作编译局,译.北京:人民出版社,2018:35-85.
③ 恩格斯.家庭、私有制和国家的起源:就路易斯·亨·摩尔根的研究成果而作[M].中央马克思恩格斯列宁斯大林著作编译局,译.北京:人民出版社,2018:37.
④ 恩格斯.家庭、私有制和国家的起源:就路易斯·亨·摩尔根的研究成果而作[M].中央马克思恩格斯列宁斯大林著作编译局,译.北京:人民出版社,2018:45-46.

是"文明时代开始的标志之一"。① 婚姻形式与史前各时代之间对应关系为群婚制与蒙昧时代对应，对偶制与野蛮时代对应，最后是高级阶段专偶制，一夫一妻制家庭的出现。恩格斯研究了史前各文化阶段与家庭的起源、演变和发展，着重论述了人类史前各阶段文化的特征、早期的婚姻和从原始状态中发展出来的几种家庭形式，指出一夫一妻制家庭的产生和最后胜利乃是文明时代开始的标志之一。

对于《家庭、私有制和国家的起源》一书中关于家庭起源观点的争议主要包括对其观点及其依据的质疑。在法国结构主义人类学家列维-斯特劳斯看来，在人类历史上家庭出现以前，有一个所谓"原始杂处"阶段的观点是应被摒弃的陈旧理论，家庭生活在人类社会长河中都是存在的，建立在一男一女结合之上的一夫一妻制家庭大概在各种社会类型中全都是存在的。② 列维-斯特劳斯的人类学理论以任何文明都禁止乱伦的禁忌为前提，而摩尔根、恩格斯的基本理论认为："乱伦禁忌是人类进化到一定阶段才产生的规则，以这一禁忌的产生时间为分水岭，将此前的时间定为乱交阶段，此后的时间定为家庭阶段。"③ 虽然列维-斯特劳斯认为不存在"杂交"阶段是观察家和理论家的共识，但事实上这一观点也缺乏足够的证据支撑。正如《人类简史》的作者尤瓦尔·赫拉利所言："但遗憾的是，我们对于那些采集者祖先的生活几乎没什么可确定的事实。无论是'远古公社'还是'不变的一夫一妻制'，我们都提不出确切的证明。"④

支持者认为，作为恩格斯运用唯物史观研究国家的重要成果，《家庭、私有制和国家的起源》科学地阐明了家庭、私有制、阶级的起源与国家产生的关系，极大地丰富了马克思主义的政治学说。"《起源》既不是《人类学笔记》的再版，更不是《古代社会》的翻版，而是独立的科学著作，是在科学扬弃《古代社会》的基础上对《人类学笔记》的继承和发展。"⑤ 该书并不存在所谓的"时代局限性"，或者更准确地说，它在当代同样适用。

应当辩证地看待家庭起源的问题，虽然家庭起源仍存在争议，但随着考古的进一步发展，一些谜团将逐渐被解开。

二、家庭的发展

家庭的历史演变可以追溯到人类社会的起源，该演变过程经历了不同历史时期和文化背景并在该过程中不断变化和发展。

---

① 恩格斯.家庭、私有制和国家的起源：就路易斯·亨·摩尔根的研究成果而作[M].中央马克思恩格斯列宁斯大林著作编译局，译.北京：人民出版社，2018：61-62.
② 比尔基埃，克拉比什-朱伯尔，雪伽兰，等.家庭史第一卷：遥远的世界，古老的世界[M].袁树仁，姚静，肖桂，译.北京：生活·读书·新知三联书店，2003：序.
③ 徐国栋.家庭、国家和方法论：现代学者对摩尔根、恩格斯对《古代社会》、《家庭、私有制和国家的起源》之批评百年综述[J].法律文化研究，2006(1)：287-309.
④ 尤瓦尔·赫拉利.人类简史[M].林俊宏，译.2版.北京：中信出版社，2017：41.
⑤ 袁雷.马克思恩格斯对摩尔根学说的科学扬弃：兼驳马克思恩格斯思想对立论[J].马克思主义研究，2019(8)：86-94.

在早期的人类社会,家庭通常是以部落或氏族为单位的,多代人居住在一起,共同生活和劳作。在这个时期,家庭作为社会的基本单位,承担着生产、生活和教育的职责。

在古代的农业社会中,家庭的作用逐渐增强。家庭成为生产、消费和社会关系的基本单位,家庭成员之间的关系也更加密切。家庭通常是由父权制组成的,父亲是家庭的主要领导者,母亲则主要负责家务和照顾孩子。随着社会的发展和文化的演变,家庭的形式和结构也发生了变化。家庭的类型逐渐增多,不同家庭类型的比重也发生着变化。

人类社会进入工业社会阶段之后,家庭的结构和功能发生了很大的变化,家庭成员的角色和职责也发生了变化。男性主要从事生产和外出工作,但一些女性也开始外出工作,加入了社会生产行列。

在现代社会中,随着社会的发展和科技的进步,家庭的结构和功能也在不断变化。家庭的结构和形式更加多样化和复杂化。这个阶段初期的家庭主要由核心家庭组成,即父母和子女。随着社会的发展和女性地位的提高,家庭结构和形态逐渐多样化,除了核心家庭外,还出现了单亲家庭、继父母家庭、同性恋家庭等多种形式。此外,现代社会的家庭也更加注重个性化和互动性,家庭成员之间的互动和沟通更加密切和紧密。家庭成为个人成长和发展的重要场所,家庭成员之间的关系更加平等和自由。

学界普遍所采用的家庭定义,即由"血缘、婚姻或养育"关系联系起来并居住在一起的人们,[①] 也面临着要进行修正的状况。因为这一定义排除了单人户家庭和同居家庭。伴随着社会的发展,家庭的定义也趋于广泛化,同性恋、同住在一起的未婚者,自认为是一家人或期望他人将他们看作是一家人者,也被视为家庭。

随着科技的发展和社会的变化,未来的家庭可能会更加数字化和智能化,家庭成员之间的交流和互动会更加便捷和高效。

总之,家庭的历史演变是一个不断变化和发展的过程,其历史演变与人类社会的发展密切相关,随着社会的变化和文化的演变而不断变化和发展。随着社会的进步和科技的发展,家庭的结构和功能在不断演变,但是家庭作为人类社会中最基本的单位,其作用和地位始终不可替代。

(一)家庭世系模式双系化

世系(descent)指的是社会成员世代相传的亲属关系制度,家庭世系模式是指在一个家庭中,人们按照血统关系和婚姻关系来构建家族世系的传统模式。其类型主要包括:母系世系(matrilineal descent)、父系世系(patrilineal descent)、双系世系(bilateral descent)。母系世系模式指世系沿女方传承的制度,母亲将财产传承给她们的女儿。该模式主要存在于女性是主要食物生产者的园艺社会中。父系世系模式指子女通过父亲一方追溯血缘系统。子女通过其父亲与其他人相联系,父亲将财产传承给他们的儿子。父系世系主要存在于游牧和农业社会。双系世系模式指既追随男方又追随女方的亲属关系制度,在这样的模式里孩子将父系和母系的人们都看作是亲戚。工业社会因两性平

[①] 约翰·J.麦休尼斯.社会学:第11版[M].风笑天,等译.北京:中国人民大学出版社,2009:471-472.

等而被看作双系世系。①家庭世系模式在漫长的历史中逐渐演变与发展。尽管对于母系氏族社会存在与否，或者说"是否在父系世系模式为主之前存在母系世系为主的情况"存在争议，但母系世系的确存在是不争的事实。我国西南地区的摩梭人即属于母系世系的案例，家庭以女性为主导，家族的传承和财产也主要由女性来掌管。②在家庭世系模式的历史演变过程中，父系世系是占主流的家庭世系模式，强调男性的血统和社会地位。家族的宗法制度和家族地位也逐渐形成，家族的财产和权力逐渐集中在家族的男性家长或族长手中。在现代工业化社会的影响下，独立个人的概念逐渐被重视，人们对家庭世系模式的传承和维持也渐渐淡化。同时，西方家庭模式的影响也加速了家庭世系模式的转变。传统上是单边世系为主，无论母系世系还是父系世系均是单边世系。而现代社会的发展趋势是向双系世系过渡，这种变化的时代背景是性别平等，如随母姓、"两头婚"现象。

尽管如此，在一些地区，家庭世系模式依然是宝贵的文化遗产且具有社会意义。同时，在互联网和移动通信等技术的支持下，家庭世系模式转变为更加现代化、信息化的形式，但传统的家庭世系文化仍然对一些人具有重要意义。

(二)家庭规模小型化

家庭规模小型化是指随着社会发展和经济增长，家庭的人口结构逐渐趋于小型化。这种现象涉及多种因素，例如城市化、生育控制、单身现象的普遍化等。同时，也面临着生育率降低、老龄化严重等问题。

传统家庭的规模较大，不乏四世同堂、五世同堂的大家庭。"改革开放后，在计划生育政策实施与调整、人口迁移流动日益频繁等因素影响下，中国家庭户规模呈现小型化发展趋势。"③随着社会经济的快速发展，城市化进程加快，大量农村人口涌入城市，导致家庭结构发生变化。人们的生活水平不断提高，随着社会观念的转变，越来越多的年轻人选择追求个人事业和享受自由生活，延缓、减少或放弃生育，晚婚甚至不婚的人数有所增加，家庭户规模呈现小型化发展趋势。此外，我国曾长期实施的计划生育政策导致家庭中孩子的数量减少，是我国家庭规模变小的主要因素之一。

家庭规模变小的典型表现是家庭户平均人口低于3人、单人户家庭数量不断增加和占比不断扩大。根据2021年中国统计年鉴，2020年全国共有家庭户49416万户，其中"一人户"家庭数量超过1.25亿，占比超过25%。④"一人户"家庭主要包括两种类型：一是老年单人家庭，即处于独居状态的老年人家庭；另一部分是年轻人单人家庭。导致老

---

① 约翰·J.麦休尼斯.社会学:第11版[M].风笑天,等译.北京:中国人民大学出版社,2009:536.
② 李晓斌,陈斌.摩梭人母系婚姻家庭的现状及未来趋向分析:以永宁乡八珠村为例[J].中央民族大学学报,2004(1):45-48.
③ 麻国庆.当代中国家庭变迁:特征、趋势与展望[J].人口研究,2023,47(1):43-57.
④ 李金磊.中国"一人户"数量超1.25亿,独居者为何越来越多[EB/OL].(2022-01-14)[2023-05-25].http://www.chinanews.com.cn/cj/2022/01-14/9652147.shtml.

年单人家庭的增多主要是两方面的原因:一是总体上女性平均预期寿命高于男性,当老年夫妇户中一人先去世,就会留下一位老人,成为独居户;二是由于家庭观念变化以及代际价值观的差异化,子女和老年人共同居住的比例越来越低。① 导致年轻单人户增多的因素则包括:一方面是青年人晚婚,② 并且在就业初期多属于跨地区流动就业,客观上无法和父母一同居住;另一方面,即使和父母在同一个地方,但"由于生活观念、生活习惯和行为方式的不同,加上对独立自由空间的渴望,在条件允许的情况下,离开父母单独居住比例也在进一步增长"③。

家庭规模小型化是社会发展的趋势,难以简单用好或坏来判定。虽然家庭规模小型化会带来一系列问题和挑战(如居家养老问题、年轻人家庭责任感淡薄、影响生育和人口发展等),但也会带来新的机遇。公共政策需要及时做出调整以应对家庭规模变小所带来的挑战,相关部门还需构建和完善相应的公共服务体系。

(三)家庭形态多样化

随着社会的发展,家庭形态也变得越来越多样化。传统的拓展家庭不再是普遍存在的家庭形态,在现代社会中,越来越多的人选择了核心家庭模式,即由夫妻和子女组成的小型家庭,而不是传统的大型家族。当代社会中许多家庭采用了非传统的结构,如单亲家庭、同居家庭、同性恋家庭等。

导致家庭形态多样化的因素包括社会的快速发展、城市化进程的加速、社会观念的变革、女性地位的提高以及技术的发展。城市化进程导致了社会关系的复杂性和个体选择的多样化,同时也促进了非传统家庭结构的出现;在现代社会中,人们的观念逐渐开放,越来越多的人开始接受和尊重非传统的家庭结构,如同居家庭、同性恋家庭等;随着受教育程度的提高和职业机会的增加,越来越多的女性开始经济独立和拥有自我决策权,从而影响了传统家庭结构的稳定性;生殖技术的发展和互联网的普及,都为非传统家庭形态的出现提供了一定的条件。一些人由于个人原因或者工作原因,选择独居生活,导致单身家庭增多。部分年轻人在结婚前选择同居,以尝试和适应共同生活。由于离婚率的上升,越来越多的家庭成为单亲家庭。一些国家和地区承认并保护同性伴侣家庭的权益。由于离婚后再婚的现象越来越普遍,因此有些家庭是新组建的复合家庭。

家庭形态的多样化给个体提供了更多选择,有助于实现个人价值观和家庭目标的多样化。但家庭是社会的基本组成单位,家庭形态的多样化可能会导致一些社会问题,比如离婚率的上升、未婚生育的增多等,还有可能会影响到家庭教育质量和下一代的成长环境。家庭形态多样化对政策制定和社会保障体系等方面带来了挑战。政府需要调整

---

① 李金磊.中国"一人户"数量超 1.25 亿,独居者为何越来越多[EB/OL].(2022-01-14)[2023-05-25].http://www.chinanews.com.cn/cj/2022/01-14/9652147.shtml.

② 王跃生.当代中国家庭结构变动分析[J].中国社会科学,2006(1):96-108,207.

③ 李金磊.中国"一人户"数量超 1.25 亿,独居者为何越来越多[EB/OL].(2022-01-14)[2023-05-25].http://www.chinanews.com.cn/cj/2022/01-14/9652147.shtml.

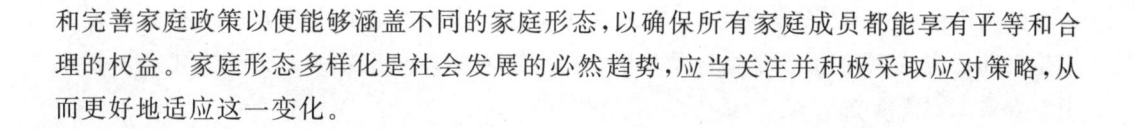

和完善家庭政策以便能够涵盖不同的家庭形态,以确保所有家庭成员都能享有平等和合理的权益。家庭形态多样化是社会发展的必然趋势,应当关注并积极采取应对策略,从而更好地适应这一变化。

第二节　家庭教育的发展

家庭教育不是最原始的教育形式,最原始的教育形式是公共教育,即社会教育。子女由社会公有转变为家庭私有,对子女的教育由社会移交到家庭。有学者认为"一夫一妻制家庭建立之日,便是家庭教育确立之时"[①]。事实上,在一夫一妻制家庭之前,还有其他家庭类型存在。只要有家庭的存在,则必然存在相应的家庭教育。

家庭是人们生活和交往的主要场所,代表着人们生活中最重要与最基本的关系。人们从出生开始在家里接受父母和长辈们的养育和照顾,就是在接受着教育,在与家人的互动中学习不同方面的知识,形成价值观和人生观。家庭教育为家庭(家族)的稳定提供了基础,从而也维系了社会的稳定。

家庭是以婚姻关系为基础,以血缘关系(或收养关系)为纽带的一种社会组织形式。家庭从产生的那一天起,就具有了生产、生育、赡养、消费、休息和娱乐的功能。教育也是其基本功能之一。家庭教育作为家庭的基本职能之一,随着家庭的产生而产生,随着家庭发展而发展,在社会发展的不同阶段,因其受限于当时的生产力与社会文化,所以家庭教育的内容和方式也不相同,体现着不同时代的特征。

一、古代家庭教育

古代的家庭教育包括奴隶社会和封建社会两个阶段的家庭教育。古代社会的典型特征是经济和技术均发展缓慢,因而家庭教育的内容总体上是直接关涉日常生活(directly related to daily life)的,方式也以观察和模仿为主,没有刻意的方法,主要目的也就是复制上一代的生活和传统。当然古代社会的家庭教育具有鲜明的阶级性,统治阶级和被统治阶级的家庭教育存在天壤之别。

(一)奴隶社会的家庭教育

在奴隶社会,奴隶是属于奴隶主的,奴隶的一切都归奴隶主所有,其子女也是奴隶主的财产。奴隶难以过上正常的家庭生活,奴隶及其子女都需要承担劳累的体力劳动,因此奴隶的家庭教育内容只是一些简单的、基本的生活常识和在繁重的劳动过程当中学到

---

① 杨宝忠.大教育视野中的家庭教育[M].北京:社会科学文献出版社,2003:76.

初级的生产劳动技能。① 学会忍耐、服从和忠诚是奴隶家庭教育的重点。这种教育着眼于生存和适应,孩子们需要学会尊重权威,遵守规矩,为奴隶主效劳。至于文化知识教育则与奴隶家庭无缘。

奴隶主家庭的教育则要全面得多,奴隶主阶级子女天然享有优越的条件,奴隶主阶级的子女在入学前普遍接受严格的家庭教育,有相对完备的计划,内容涵盖品德道德、礼仪、文化知识、生活技能、身体等方面,不仅仅限于日常生活,它还涉及社会生活的方方面面。不只是奴隶主对其子女进行教育,其还会安排专人来负责教育其子女。斯巴达为了巩固对希洛人的统治,男童在7岁以后就开始在专门机构接受军事化的教育;雅典政治体制中的民主因素决定了雅典"不对教育进行绝对控制",国家教育机构只负责对16岁至20岁的青年进行教育,16岁之前的教育则由家庭负责,教育内容包括音乐、体育、道德等多个方面。② 中国古代奴隶主的家庭教育还考虑到了儿童的年龄特征,"具有循序渐进的色彩"③。在奴隶社会中,严格的等级制度使得家庭教育呈现出父权主导的特点。父亲在家庭中具有绝对权威地位,对子女实行专制统治。这种家庭教育模式使孩子们养成了顺从和服从的个性。家庭教育强调子女继承和发扬奴隶主的特权地位,同时培养他们的领导能力和管理奴隶的技巧。在宗教信仰方面,教育子女信仰家族神灵,维护家族荣誉。

总体而言,奴隶社会的家庭教育是为了维护奴隶制度的稳定和传承,强调功能性和实用性。

(二)封建社会的家庭教育

人类社会在进入封建社会后形成了完全对立的两大阶级,即地主阶级和农民阶级。地主阶级占有大量的土地,这些土地世代相传。农民阶级家庭仅占有少量的生产资料。自给自足是封建社会经济的主要特征。封建制度的典型特征包括农业经济为主、强调宗族和血缘、等级分明,社会结构以家族为基本单位,家族成员之间相互依存。

西方封建社会的家庭教育主要是指欧洲中世纪时期的家庭教育,包括封建贵族和农民阶层为主体的家庭教育。西方封建社会存在严格的等级制度,因而家庭教育方式具有明显的阶级性。贵族阶层会教育子女掌握骑士精神、武艺、礼仪习俗等。农民阶层的家庭教育则更多关注生活技能和实用知识。在西方封建社会,基督教对家庭教育产生了重要的影响。"在基督教传播的过程中,家庭与教会有着同等重要的地位。"④ 很多家庭教育内容都围绕宗教价值观,如诚实、虔诚、忠诚等品质。教堂还承担了大部分教育职能,为贵族和平民子女提供学习机会。西方封建社会的家庭教育存在性别差异。世俗封建主子女接受骑士教育,男孩受教育的内容包括骑士精神、武艺、礼仪和基本文化知识;世

---

① 杨宝忠.大教育视野中的家庭教育[M].北京:社会科学文献出版社,2003:114.
② 张斌贤.外国教育史[M].2版.北京:教育科学出版社,2015:62-65.
③ 杨宝忠.大教育视野中的家庭教育[M].北京:社会科学文献出版社,2003:115-117.
④ 张斌贤.外国教育史[M].2版.北京:教育科学出版社,2015:113.

俗封建主女儿则接受贤妻良母式的教育,学习家务、缝纫、生活等技能。① 在西方封建社会,家庭教育注重实践操作,对农民阶层来说,更强调生活和生产技能、务实精神和勤劳品质,而对贵族子女来说,骑士训练和管理领地等实践经验则是家庭教育的重要内容。

中国封建社会的家庭教育是指古代以儒家文化为核心的家庭教育。在封建社会,由于儒家文化长期占据中国封建社会的主导地位,家庭教育中也对儒家思想给予极高的重视。"学而优则仕"的思想占据主要地位,灌输"万般皆下品,唯有读书高"的思想;家庭教育往往致力于培养子女具备儒家品质,望其通过科举考试跻身士人阶层,以求荣华富贵;受到社会风气影响及传统观念的束缚,封建社会家庭教育明显存在性别歧视,贯穿着男尊女卑的思想,重男轻女是普遍现象。② 家庭教育主要倾向于男孩,让他们接受严谨的教育和培训,而女孩通常只在家庭内学习女红、礼仪等方面的知识,为成为贤良淑德的妇女做准备。

封建社会家庭教育非常注重培养儿女的道德品质,认为它比知识技能更为重要。家庭教育往往是从渗透封建礼教精神的日常行为规范做起。教育的内容是以三纲五常为核心,突出强调孝,尊敬长辈、孝悌忠信、宽厚仁爱、谦虚礼让等德行,是家庭教育的主要内容。封建社会普遍实行封建的家长制,家长决定家庭里的一切。封建社会的家庭教育强调家族观念,子女需要承担起传宗接代、家族繁衍及维护家族声誉的责任。因此,在家庭教育中,长辈要求子女具备家族观念并要求其将整个家族发展作为人生目标,同时要树立对家族荣耀的自豪感。

对于封建社会的家庭教育,中外都相当重视,而且具有独特的家庭教育体系。封建社会的家庭教育无疑有其侧重点和局限性,但在当时是符合社会现实的。而随着时代的发展,家庭教育理念也逐渐发生了变化,变得更加注重个体发展和个性培养。

二、近代家庭教育

近代资本主义社会的家庭教育与封建社会相比,发生了非常大的变化。资产阶级工业革命以后,实行了机械化生产,"工厂以机器大量生产物品,家庭逐渐失去它以往的重要性"③。伴随着生产力和社会文化的发展,学校正规教育确立并逐步完善,教育的内容较之以往出现了"较少与日常生活直接关涉"(less directly related to daily life)的特征。

近代资本主义社会强调个人权利和个体的自由和独立,这对家庭教育产生了深刻的影响,家庭教育也逐渐走向民主化。父母更加尊重孩子的意愿和兴趣,鼓励孩子独立思考和发挥个性。

首先,现代家庭教育更加注重知识和文化的传递。随着教育体系的建立和完善,知识不再局限于家庭内部,许多科学、文化、技术等知识都可以通过学校和其他社会机构获

---

① 杨宝忠.大教育视野中的家庭教育[M].北京:社会科学文献出版社,2003:129.
② 杨宝忠.大教育视野中的家庭教育[M].北京:社会科学文献出版社,2003:128.
③ 黄迺毓.家庭教育[M].台北:五南图书出版股份有限公司,2016:8.

取。随着技术和生产方式的变革,社会对个体的文化要求也随之提高。因此,家庭教育的传统内容与方式受到了挑战。

其次,资本主义社会的经济结构以工商业为主,父母亲离家外出赚钱成为普遍的现象,导致父母与孩子相处的时间较之过去大为减少。在这种情况下,父母如何对孩子进行教育就成为一个难题。

最后,家庭教育也更加注重培养个人能力和素质。在资本主义社会,个人能力与社会竞争力息息相关,竞争激烈的社会环境下,家庭教育更加注重孩子能力的培养。因此,父母需要通过培养孩子的能力和素质,帮助他们获得更好的竞争优势。父母鼓励孩子参加各种课外活动,提升沟通、团队合作、创新等实际运用能力。近代资本主义社会越来越重视儿童的心理健康,家庭教育也开始注意培养孩子的心理素质。父母尊重孩子的情感需求,注重培养孩子适应社会发展的心理素质。在家庭教育中,父母的角色逐渐趋于平等,父母之间的分工合作明显,母亲更多地关注孩子的情感需求,而父亲则关注培养孩子的独立和竞争力。

随着近代中国的社会变动和西方教育理念的传入,近代中国的家庭教育内容和方式也在发生着转变。但受传统封建思想的影响,家庭教育在变革与保守中徘徊着,表现为"既强调重人格修炼的'做人'教育,又重视经世致用的'实务'教育"[①]。

综上所述,近代资本主义社会的家庭教育在理念和方法上都有着显著的变化。近代资本主义社会的家庭教育更加注重知识和文化传递、培养个人能力和素质等方面;教育的方式也更加民主化,尊重孩子的个性发展。

三、现代家庭教育

随着技术和生产方式的变革,现代社会的家庭教育也经历着剧烈的变革。在现代社会,家庭受到各种社会和文化因素的影响,如科技、多元文化、市场经济等,这些因素对家庭教育提出了更高的要求。

现代社会的价值观念多元化,家长需要引导孩子树立正确的人生观和价值观,包括积极乐观的态度、责任感、独立性、尊重和宽容的态度等。随着社会的发展,家庭受到了更多的外部影响,例如广告、社交媒体和网络等。这些影响对孩子们的思想、价值观和行为方式产生了重要影响,因此家长需要更加重视家庭教育,引导孩子形成正确的人生观和价值观。

在现代社会中,技术、经济、文化等领域不断变化,家长需要培养孩子的学习能力、实践能力、综合素质、社交能力以及创新精神,提高他们的适应性。现代家庭教育强调的是培养孩子全面发展,而不是仅关注学业成绩。此外,家长还需要注重孩子的心理健康,了解孩子的需求和想法,与孩子进行良好的沟通,帮助他们建立自信心,提高抗挫折能力。

现代社会的家庭教育注重培养孩子的自我意识和社交意识,关注孩子自我认知能力

---

① 杨宝忠.大教育视野中的家庭教育[M].北京:社会科学文献出版社,2003:143.

和自信心的培养,让他们能够独立思考和决策,同时也注重孩子的社交能力和人际关系发展,培养与人合作的意识和能力。

同时,家长也应该注重提高自身的教育水平和素质,从而更好地指导孩子成长。在家庭教育中,家长应该成为孩子最好的榜样,遵循正确的道德标准,引导孩子形成正确的人生观和价值观。

综上所述,现代社会家庭教育需要注重孩子的全面发展,培养孩子们的综合素质和社交能力,并关注孩子的内心世界和孩子的心理健康,同时家长也应提高自身素质,营造和谐的家庭氛围,成为良好的榜样,让孩子在温馨的家庭环境中成长。

第三节　家庭教育的时代挑战及应对策略

随着现代科技的发展、知识更新速度的加快和家庭结构的多样化,"传统的家庭及其文化已经在新的社会实践和交往关系中遭到解体"[1]。家庭教育面临着前所未有的挑战。

一、家庭教育面临的挑战

在当代社会,家庭教育面临许多挑战。2005年和2015年,时隔十年的两次对上海市区家庭的问卷调查发现,家庭教育存在的问题主要包括父亲缺位、亲子互动时间减少、家庭成员之间养育矛盾增多、不同阶层家庭之间教育结果差异明显等。总体而言,当代家庭教育面临的挑战主要有以下几个方面:

(一)信息化时代的影响

随着互联网以及平板电脑和智能手机等智能设备的普及,孩子们越来越早接触网络,孩子们接触到大量信息的速度比过去快得多。这既为家庭教育创造了便利条件,也带来了一定的困扰。家庭教育不得不面对数字化时代的挑战,[2] 家长需要关注孩子接触到的信息质量,避免不良信息对孩子产生消极影响。随着互联网的普及,很多孩子容易沉迷于网络游戏、微信等社交媒体,而忽略了学习和交流。家长们需要规范孩子使用互联网的行为,使孩子意识到互联网是一个有益工具而非生活的主要部分。但部分家庭缺乏对孩子网络使用的引导和监督,可能会出现孩子沉迷网络、遭遇网络欺诈等问题。

---

[1] 刘红梅.唯物史观视域中的中西方家庭文化对比研究[D].上海:上海财经大学,2021:1.
[2] 叶强,杨敬之.数字化时代的家庭教育新挑战及立法回应[J].河北师范大学学报(教育科学版),2022,24(1):86-93.

(二)社会竞争压力增大

父母工作时间长,家庭支持体系减少,家长需要更有创意和想象力来平衡工作与家庭责任之间的关系。社会对各类人才的需求日益增长,当今的教育环境竞争非常激烈,孩子们承受着越来越多的学业压力,家长需要注意他们的心理健康,并提供帮助与支持。然而,对经济发展和社会预期的焦虑,导致了"家庭比拼:深度干预式教育",产生愈演愈烈的教育内卷现象。[①] 许多家长过分强调学业成绩,导致孩子的压力过大。家庭教育需要关注孩子的身心发展,注重培养孩子的兴趣爱好和提高综合素质。父母应该合理地分配自己和孩子之间的责任,并明确自己与孩子之间的职责界限,帮助孩子树立正确的价值观和人生观。

(三)家庭结构变化

随着社会变迁,家庭结构不断发生变化,单亲家庭、同性恋家庭和混合家庭等多元化的家庭结构不断增多。普查数据表明,我国已经出现了"家庭规模结构小型化、家庭代数结构扁平化、家庭类型结构核心化和家庭户老化及老化速度超过人口老龄化速度"等显著特征。[②] 不同家庭形态的孩子在家庭教育方面会面临不同挑战,这意味着家长需要具有更加灵活和能适应变化的能力来管理家庭。因材施教的重要性愈发凸显,如何适应这些新的家庭结构需求是家庭教育面临的新挑战之一。

(四)教育观念变革

现代社会家庭教育的发展呈现出科学化、规范化、素质化、学习化、网络化、统合化等趋势。[③] 随着时代的进步,现代家长必须与时俱进更新自己的家庭教育理念。一些家长教育观念滞后,还停留在传统的思维模式中,无视孩子的权利,过度注重学习成绩,忽视孩子性格、兴趣和心理健康方面的培养,从而导致孩子在成长过程中出现问题。部分家庭在教育方式上过于单一,缺乏创造力和多样性,这可能导致孩子对学习的兴趣和热情减弱,影响其发展潜力。如何协调不同观念之间的差异,找到适合自家孩子的育儿方法是家庭教育中值得关注的问题。此外,教育理念必须做出相应的改变。过去,孩子学习的主要目标是获得知识,但现在社会更注重实践能力和创新能力。因此,教育必须更加关注孩子的个性发展和认知方式,以便激发他们的潜力。

(五)家庭教育资源分配

家庭教育资源不平衡,家庭教育资源在地区、城乡、收入等方面存在一定的差距,使

---

① 王宇航.深度干预式教育的现实表现与社会根源[J].人民论坛,2023(10):58-61.
② 王磊.中国家庭结构变化及其政策意涵:对"人口规模巨大的现代化"的思考[J].人口与发展,2023,29(1):118-122,111.
③ 吴航.家庭教育学基础[M].武汉:华中师范大学出版社,2010:60-63.

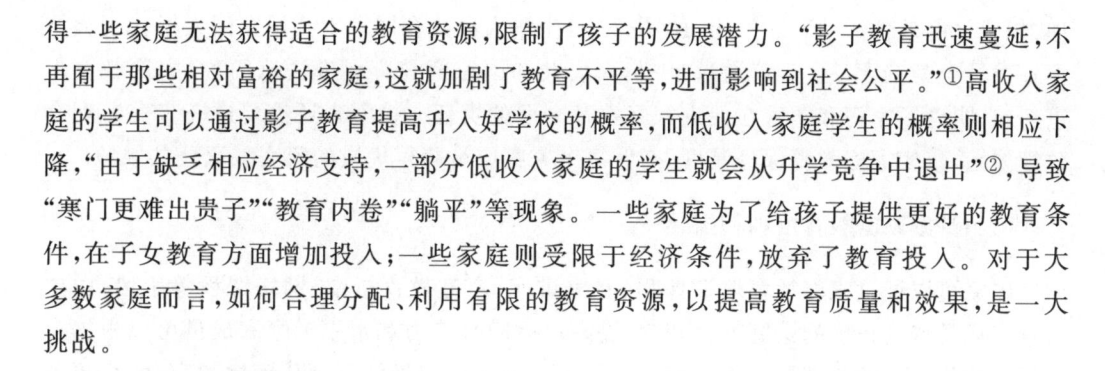

得一些家庭无法获得适合的教育资源,限制了孩子的发展潜力。"影子教育迅速蔓延,不再囿于那些相对富裕的家庭,这就加剧了教育不平等,进而影响到社会公平。"①高收入家庭的学生可以通过影子教育提高升入好学校的概率,而低收入家庭学生的概率则相应下降,"由于缺乏相应经济支持,一部分低收入家庭的学生就会从升学竞争中退出"②,导致"寒门更难出贵子""教育内卷""躺平"等现象。一些家庭为了给孩子提供更好的教育条件,在子女教育方面增加投入;一些家庭则受限于经济条件,放弃了教育投入。对于大多数家庭而言,如何合理分配、利用有限的教育资源,以提高教育质量和效果,是一大挑战。

(六)家庭成员之间的沟通

随着家庭结构的多样化,父母和孩子之间的相互沟通也面临着巨大的挑战。父母需要更多地倾听孩子的意见和看法,互相理解和尊重,建立良好的家庭关系。传统的家长本位的亲子关系和保守的教育方式往往忽视或否认子女的需要和想法,极易导致亲子关系的对立。③ 父母需要改变教育理念、学习沟通技巧,消除相互间的沟通障碍,培养孩子的独立能力、自信心和创造力,帮助孩子成长,使他们成为一个成功的个体。同时,父母应该注意到孩子在学习和成长中面临的心理健康问题,并尝试寻找更有效的方式来帮助他们应对这些问题。夫妻之间也需要克服传统的男主外、女主内的思想;丈夫需要尊重妻子,分担家务,理解妻子的付出,避免丧偶式育儿。在全球化背景下,越来越多的家庭拥有多元文化背景,文化差异可能导致家庭成员之间的沟通障碍和误解,影响家庭关系和教育氛围。

针对这些挑战,家庭成员需要不断学习,政府则需要出台相应政策给家庭进行引导和提供支持,为家庭创造良好的成长环境。

二、应对挑战的策略

为应对家庭教育面临的挑战和问题,可以采取以下措施:健全和完善家庭教育政策和家庭教育指导体系,构建家庭教育公共服务平台,加强家庭教育研究,提升家庭教育服务人员专业性等。

(一)促进家庭教育法律制度化

建立健全的家庭教育法律法规体系,加强对家庭教育公共服务和家庭教育实践的管

---

① 马克·布瑞,奥拉·郭,刘淑杰.免费教育的表象背后:影子教育及其对社会公平的影响[J].教育科学研究,2017(2):42-48.
② 周子焜,雷晓燕,沈艳.教育减负、家庭教育支出与教育公平[J].经济学(季刊),2023,23(3):841-859.
③ 吴航.家庭教育学基础[M].武汉:华中师范大学出版社,2010:55.

理,规范家庭教育活动。2021年10月23日中华人民共和国第十三届全国人民代表大会常务委员会第三十一次会议通过《中华人民共和国家庭教育促进法》(简称《家庭教育促进法》),明确了家庭和国家在促进家庭教育方面的责任。接下来还需要进一步完善配套政策体系,落实家庭教育保障制度,确保每个家庭成员获得优质的家庭教育公共服务。

(二)举办家庭教育培训和指导

国家可以通过家庭教育培训课程、专家讲座、家庭教育指南、网络课程等手段,向广大家庭成员普及正确的家庭教育理念,提高家庭教育能力和水平。家庭成员可以根据自身需求选择合适的培训机构或专家进行指导。家长应积极学习现代家庭教育理念,更新教育观念,关注孩子的全面发展,培养孩子的独立思考能力、社会交往能力和心理素质。

培训的内容不应局限于家庭教育知识,而是要包括更新家庭成员的教育理念,创新家庭教育方式,探索多种教育方法,创造有趣、富有挑战性的学习环境,激发家庭成员的主体性,帮助家庭成员学会理解和尊重彼此的文化差异,通过有效沟通建立和谐的家庭关系。家庭教育指导的方式应多元化,尽量采用参与式、情景化、体验式的互动来提升培训效果。

(三)加强家庭教育研究与发展

政府对家庭教育领域的相关理论和实践研究予以资助,以应对家庭教育面临的时代挑战和现实问题,探索创新家庭教育的模式和方法,以适应当前社会的家庭教育需求和时代变迁。《中华人民共和国家庭教育促进法》的出台,预示着我国家庭教育步入了法治化轨道,但法律的规定落到实处面临哪些困境,需要怎样的配套规章制度,这些问题都需要进一步研究。

家庭生活教育涉及的内容丰富,涵盖了思想品德、文化、身体、审美、劳动等方面的教育。《全国家庭教育指导大纲(修订)》[①]列举了针对各年龄段子女的家长的指导内容,从中可以看出家庭教育所涵盖的主要内容。但是这些内容只是传统的狭义家庭教育的内容,只是关于父母如何育儿的内容。而针对全体家庭成员的广义家庭教育则面临着内容零散、不成体系,相关研究欠缺的局面。生命历程视域下的广义家庭教育包含的内容庞杂,现有的家庭教育只是零散地涉及其中一部分,欠缺系统性。除了狭义家庭教育中父母对子女的教育外,家庭生活教育还包括了婚姻教育、老年教育、家庭资源管理等方面。因此,需要对广义家庭教育的内容体系、开展方式进行系统的研究,应对时代的需求,为家庭教育实践提供理论支持。

(四)打造家庭教育公共服务平台

家庭教育不再只是家庭内部的事情,需要构建家庭教育支持体系,确保家庭教育的

---

① 全国妇联,教育部,中央文明办,等.全国家庭教育指导大纲(修订)[EB/OL].(2019-05-14)[2023-10-27].https://www.zggw.cn/zhengcefagui/gzzd/zgggw/13792.html.

社会公共服务供给。政府和社区应加大对公共教育资源的投入，加大对家庭教育公益机构、图书馆、科技馆、体育馆、少儿活动中心、托育机构、养老机构等公共服务平台的投入，打造家庭教育公共服务平台，提供多元、开放、丰富多样的教育资源，畅通家庭成员获取信息的渠道，为家庭成员的全面发展创造更多条件。政策层面推动家庭教育资源的均衡配置，使家庭教育资源普及率提高。

(五)统筹社会资源，支持家庭教育工作

政府应统筹社会资源，充分发挥家庭生活教育公共服务供给主体的积极性和能动性。家庭生活教育是一种特殊的公共服务，其供给主体既有政府，也有市场和社会。家庭生活教育的公共服务供给，从纵向来看，主要包括政府提供的免费服务和收费服务。免费服务是指政府作为主体向全体社会成员提供的家庭生活教育公共服务，如幼儿园、中小学、托儿所等；收费服务是指政府向特定对象或群体提供的家庭生活教育公共服务。免费和收费服务都属于基本公共服务范畴。

目前，我国家庭生活教育主要是由政府提供，但是由于其供给数量不足、质量不高，其作用和功能并未得到充分发挥。应鼓励企业、社区、慈善组织等社会力量介入支持家庭教育，加强资金、设备、师资等方面的投入，提高家庭教育服务水平和质量。全社会都应关注家庭教育问题，创造尊重差异、鼓励探索的社会氛围。在这样的环境中，全体家庭成员能够自由地成长、独立思考，培养出更好的个性和能力。

全社会应共同参与应对家庭教育的当代挑战，国家需要综合施策，在政策引导、资源整合、服务创新等方面下功夫，形成政府、学校、企业、家庭等多方共同努力的格局，让广大家庭能够获得更好的家庭教育资源，为家庭成员创造良好的成长环境。

(六)家庭生活教育从业人员的专业化

目前，家庭生活教育的从业人员多以中老年为主，而现代社会对家庭生活教育从业人员的素质和能力要求越来越高。"知识老化""职业倦怠"等问题日渐突出，很多家庭生活教育从业人员无法适应现代社会对家庭生活教育的需求。

在欧美国家，家庭生活教育的从业人员多以专业人士为主，如"家庭生活指导师""家庭教育指导师""家长学校指导教师"等。这些职业在欧美国家已有几十年的历史，在我国也有十余年的历程，但其发展速度缓慢。

家庭教育指导师被列入《中华人民共和国职业分类大典（2022年版）》。[①] 家庭教育专业也于2023年获批成为高等学校新专业，目前我国仅有中华女子学院设立了家庭教

---

① 人力资源社会保障部.中华人民共和国职业分类大典（2022年版）（公示稿）[EB/OL].(2022-07-12)[2023-10-27]. https://jg. class. com. cn/cms/resourcedetail. htm? contentUid = 6a421998061240f6ab0ee78ae52c1008.

育专业。① 家庭教育作为一门新兴学科,其理论研究与实践还处于初级阶段,尽管现在家庭教育指导师的培训市场火热,中国青少年研究中心、中国家庭文化研究会、北京师范大学儿童发展中心、首都师范大学等都已经开始对家庭教育和心理健康教育方面的从业人员进行培训和资格认证工作,但家庭教育指导师的职业前景还不是很清晰。

北京师范大学课题组针对"全国家庭教育指导者的专业素质现状"的调查结果显示:部分家庭教育指导者缺乏相关的专业知识,六成以上家庭教育指导者认为自己在掌握家庭教育的专业知识方面亟须提升。② 因此,提升家庭教育指导者的专业素养,打造专业化的家庭教育指导服务队伍,是顺利开展家庭教育工作的保障。

---

① 中华女子学院.喜讯!中华女子学院获批新增家庭教育本科专业[EB/OL].(2023-04-26)[2023-10-27].https://www.cwu.edu.cn/info/1511/28321.htm.
② 边玉芳.我国家庭教育指导者队伍专业化的现状分析与提升策略[J].南京师范大学学报(社会科学版),2023(4):5-15.

第二章

家庭生活教育的演进

> 对"家庭生活教育"进行界定的持续努力,就其方法和内容达成共识,有助于使这一领域更加清晰。①
>
> ——卡罗尔·达林、道恩·卡西迪、莱恩·鲍威尔

家庭生活教育(family life education,FLE)与一般意义上的家庭教育存在很大的区别。尽管对于 FLE 的具体内涵仍然存在争议,但其作为一个专业领域已经成为共识。FLE 起源于美国,在美国已形成自己的专业组织、专业人才培养体系、专门的职业资格证书制度、成熟的实践模式、系统的专业知识体系。FLE 与一般意义上的家庭教育的最大区别在于是否把家庭生活教育作为一个专业领域。FLE 更多的是探讨家庭之外的家庭专业工作人员的专业实践,即家庭之外的专业人员能为家庭做些什么,从而促进家庭成员和家庭的发展。而一般意义上的家庭教育则是指家长对子女的教育。在这种家庭教育的范畴下谈外部专业人士对家庭的支持,更多的是在讲"家庭教育指导",主要局限在"家长教育"。而 FLE 的对象则是家庭的全体成员,不仅包括未成年的家庭成员、家庭中的成年人,还包括家庭中的老年人。

美国国家家庭关系委员会(the National Council on Family Relations,NCFR)是推广 FLE 的代表性机构,其对 FLE 做出如下定义:家庭生活教育强调以预防与教育作为首要目标,提供高质量家庭生活所需要的知识、技能、经验或资源来促使个人和家庭提高生活质量,改善家庭关系及增进全体成员福祉。② 家庭生活教育是一种关于"家庭生活"的教育,它是一项涉及多学科的教育活动,内容涵盖家庭关系教育、亲职教育、性教育、婚姻生活教育、家庭经济教育、家庭生活资源管理等领域。③ 家庭生活教育旨在向学生传递家庭生活经验、知识与技能,干预、支持与服务家庭生活,协助家庭成员履行家庭中的角色和责任,正确处理与家人之间的关系;同时帮助个人融入社会,促进个人成长,丰富与改善

---

① DARLING C A,CASSIDY D,POWELL L H.Family life education:working with families across the lifespan[M].3rd ed.Long Grove:Waveland Press,2014:8.
② 夏岩.美国家庭生活教育导论[M]//史秋琴.城市变迁与家庭教育.上海:上海文化出版社,2006:211-220.
③ 杨启光,严灵.论我国家庭生活质量建设的政策框架选择:基于国际家庭生活教育的发展经验[J].徐州工程学院学报(社会科学版),2016,31(4):103-108.

个人家庭生活的质量,推动家庭关系和谐发展,巩固家庭、提高个人和家庭幸福指数,从而预防家庭生活问题,减少与家庭有关的社会问题。布朗(Brown)将家庭生活教育的目的概括为:"加强家庭生活的教育旨在帮助家庭尽可能地认识到它们自己在它们所属的文化中创造性地生活的潜能。"[①]其核心是帮助家庭成员认识自己、理解自己、理解家庭关系,了解家庭的优势与局限,进而增进对家庭生活实践的反思与批判,凝聚家庭关系、提高优化家庭质量、改造和创新家庭生活文化的能力,从而增进家庭成员的身心健康和家庭生活的和谐幸福。[②]

时代的发展使当代家庭面临许多新的挑战,因而家庭成员需要更专业的指导。因此,有必要对 FLE 的起源和演进进行梳理,这有助于认清家庭生活教育的本质和规律,进而获得有益借鉴。

《家庭生活教育手册(第一卷):家庭生活教育的基础》(*Handbook of Family Life Education*, *Vol. 1*: *Foundations of Family Life Education*)是第一本专门关注家庭生活教育主题和问题的手册。该书详细介绍了家庭生活教育的起源与发展,把 FLE 的演进划分为六个阶段:聚合阶段(coalescence,1776—1860);浮现阶段(emergence,1861—1900);具体化阶段(crystallization,1901—1920);扩张阶段(expansion,1921—1950);巩固阶段(entrenchment,1951—1990)。[③] 根据各阶段的特征和家庭生活教育的总体演进趋势,这六个阶段大致可以整合为三个时期:家庭生活教育的肇始期、家庭生活教育的发展期和家庭生活教育的成熟期。

FLE 随着时间的推移而发展,因适应社会的变化和家庭的需要而日臻成熟。最初,FLE 主要是针对女性,侧重于教授家务和育儿技能。继而,FLE 的内容包含了男女都应掌握的基本技能,包括财务管理、家庭健康和心理健康等方面的知识。随着家庭变得更加复杂和多样化,FLE 的重点转移到促进家庭内部的健康关系和沟通上,重在通过培养个人技能和社会责任感以提高家庭生活质量。

FLE 随着时间的推移而发展,其涵盖了广泛的主题和关注点,包括沟通、人际关系、育儿、财务管理和压力管理。目前,FLE 旨在帮助个人和家庭发展知识和技能,帮助个人和家庭驾驭现代生活和应对所面临的挑战。FLE 由学校、社区组织和宗教机构提供,通常包括研讨会、课程和咨询服务等形式。

---

① BROWN M W.Organizational programs to strengthen the family[M]//CHRISTENSEN H T. Handbook of marriage and the family.Chicago:Rand McNally,1964:823.
② 杨启光.发展型家庭生活教育:理论、实践与制度创新[M].上海:上海交通大学出版社,2017:28.
③ LEWIS-ROWLEY M,BRASHER R E,MOSS J J,et al. The evolution of education for family life[M]//ARCUS M E,SCHVANEVELDT J D,MOSS J J.Handbook of family life education,Vol.1: foundations of family life education.Newbury Park:Sage Publications,1993:26-49.

第一节 家庭生活教育的肇始

一项运动开始的实际具体年代往往都很难确定,家庭生活教育肇始的具体年代亦如此,正如哈德森(Hudson)所说,"它的出现通常是在社会矩阵的整体中运作的多种因素的结果"①。家庭生活教育产生的背景是社会对于普通家庭育儿以及生活与生存条件的关注,其背后是随着社会和经济的发展,人们对更高生活品质的追求。

在古代社会,生产力还不够发达,只有统治阶级才有条件重视家庭教育,底层人民只是在维持生存,不具备追求更好的育儿和生活条件的可能。随着生产力的发展,社会生产能力提升,人们的物质生活水平提高,中等收入家庭数量增多,美国公众对儿童重要性的认识和儿童养育问题的兴趣明显增强。美国首次出现了大量关于儿童养育主题的文献,从关于婴儿护理的实用建议到关于儿童道德培养的详细理论,不一而足。② 当然,这也得益于识字率的提高和印刷材料的增加为家庭生活教育萌芽的发生奠定了基础。

这个时期,家庭生活教育的概念还没有正式形成。然而,一些社会福利组织已经开始关注家庭和儿童的福祉,提供一些关于家庭抚养和家政工作的指导。家庭生活(包括家务劳动和养育子女)的负担、经济状况、妇女权益等普遍性的社会问题开始受到关注。这些关注引发了对家庭功能和成员角色的研究,家政教育和家政研究是此阶段家庭教育的主要特征。

一、家庭生活教育的萌芽

家庭生活的正规教育是围绕着提供食物、住所和衣服,养育儿童逐渐发展起来的。③ 传统上这些事务通常由妇女负责,母亲在育儿过程中发挥着不可替代的作用,父亲的角色较少受到关注,因而家庭生活教育最初的帮助对象就是家庭妇女;妇女们通过相互之间的往来而学习有关家庭生活的技艺,④ 分享彼此的家庭经验和育儿知识。这些经验性的知识是"在一种解释性的探究模式中发展起来的,这种探究模式建立在民间故事、叙

---

① HUDSON J W. A content analysis of selected family life education textbooks used at the secondary level[D]. Columbus: Ohio State University, 1956: 2-3.
② SUNLEY R. Early nineteenth-century American literature on child-rearing[M]//MEAD M, WOLFENSTEIN M. Childhood in contemporary cultures. Chicago: The University of Chicago Press, 1955: 151.
③ LEWIS-ROWLEY M, BRASHER R E, MOSS J J, et al. The evolution of education for family life[M]//ARCUS M E, SCHVANEVELDT J D, MOSS J J. Handbook of family life education, Vol. 1: foundations of family life education. Newbury Park: Sage Publications, 1993: 28.
④ 黄迺毓,周丽端,郑淑子,等.家庭生活教育导论[M].台北:空中大学,2004:13.

事、直觉和精神体验的基础上"①。

人们日益关注儿童养育问题，其原因是："人们越来越强调儿童是父母人生抱负的延伸，是父母社会地位的代表；人们越来越相信人类有能力控制环境和引导未来，包括塑造儿童；由于在迅速转向工业化和城市化的过程中，既有的生活和儿童养育模式被打破，人们对个人方向有了新的需求"②。伴随着人们对家庭和家庭教育的关注，陆续出现了研讨家庭教育的团体和期刊。早在1815年，在美国缅因州的波特兰就有父母组成的非正式团体召开会议，探讨子女的养育之法。③ 此后专门探究育儿的团体和期刊开始出现。19世纪20年代出现了由传教士的妻子们自发组织起来的"母亲协会"（Mothers Associations），其主要的活动内容就是讨论育儿实践。④ 探讨育儿方法的期刊也相继诞生。《母亲杂志》（The Mother）于1832年创刊，1841年《母亲助理》（Mothers Assistant）开始出版，这两本期刊是已知最早涉及家庭生活的期刊。⑤

自18世纪后半叶至19世纪初，正式教育系统中开始出现了家政和家庭主题。最早出现在小学一至四年级，因为女性的正规教育多数在小学阶段就结束了。早期小学与家庭相关课程的核心内容是缝纫。1798年，家政课程首次以缝纫课的形式进入波士顿学校的一年级课堂；1835年，缝纫课程扩展到波士顿学校的二年级和三年级课堂；1854年，缝纫课程再次扩展到四年级课堂。⑥ "家政学或家庭经济学"用以专门指这种社会对女性开展的关于家庭的教学。⑦ 随着时间的推移和经验的积累，家政学和家庭经济学逐渐发展成独立学科。

伴随着必要的学术知识基础积累，家政学相关的教育理论和模式逐渐形成和发展。1840年，凯瑟琳·比彻（Catherine Beecher）开始撰写《家政学论》（A Treatise on Domestic Economy）。面对当时多数家庭繁重的工作和贫困的生活，比彻出于对许多妇

---

① LEWIS-ROWLEY M,BRASHER R E,MOSS J J,et al.The evolution of education for family life[M]//ARCUS M E,SCHVANEVELDT J D,MOSS J J.Handbook of family life education,Vol.1:foundations of family life education.Newbury Park:Sage Publications,1993:28.

② SUNLEY R.Early nineteenth-century American literature on child-rearing[M]//MEAD M,WOLFENSTEIN M.Childhood in contemporary cultures.Chicago:The University of Chicago Press,1955:151.

③ BRIDGEMAN R P.Ten years' progress in parent education[J].Annals of the American academy of political and social science,1930,151:32-45.

④ SUNLEY R.Early nineteenth-century American literature on child-rearing[M]//MEAD M,WOLFENSTEIN M.Childhood in contemporary cultures.Chicago:The University of Chicago Press,1955:159.

⑤ LEWIS-ROWLEY M,BRASHER R E,MOSS J J,et al.The evolution of education for family life[M]//ARCUS M E,SCHVANEVELDT J D,MOSS J J.Handbook of family life education,Vol.1:foundations of family life education.Newbury Park:Sage Publications,1993:28.

⑥ QUIGLEY E E.Introduction to home economics[M].New York:Macmillan,1969:18.

⑦ BROWN M M.Philosophical studies of home economics in the United States:our practical intellectual heritage[D].East Lansing:Michigan State University,1985:182.

女身心健康的担忧,着手撰写《家政学论》一书,因为她们无法承受大家庭的要求和无休止的工作。两年后,她又出版了《家政收据》(Domestic Receipt Book)。这两本书标志着家政教育的开端。比彻在她的著作中建议,家政学应减轻妇女的生活负担,任何时候任何地方的妇女都需要家政学,应将家政学作为一门与妇女教育中其他科学同等重要的科学。她认为"将其作为一门科学,将使其在年轻人的心目中获得尊严""只有在家政经济成为一门科学、一个具体的研究分支时,才能正确地教授它"[1]。

尽管这一阶段尚未形成真正意义上的家庭生活教育,但围绕着育儿、缝纫、食物烹饪的培训工作,逐渐确立起了家政学的范畴。家政教育可以看作是家庭生活教育的前奏,为后期家庭生活教育的真正确立奠定了基础。其他国家和地区的家庭生活教育专业人才培养,许多也是建立在家政专业的基础之上。

二、家庭生活教育的浮现

伴随着美国东部城市的快速发展和西部地区的开发,人们认识到妇女接受家政方面的教育能"帮助新兴的家庭稳定地发展",营养与人类发展的相关知识得到特别重视。[2] 由于人们意识到了对妇女进行家政教育可能带来的益处,社会对接受过家政技能培训的人才的需求日益增长,家政教育因而获得了快速的发展。1872年,根据马萨诸塞州的一项立法,家政教育与其他工业教育获得了合法地位,[3] 这是第一部州层面的法律,承认和支持公立学校系统开展家庭教育有关课程与进行相关研究。之后,家政学课程成为美国公立学校更有针对性的教育重点。[4] 1888年,专门讨论儿童和儿童天性的"儿童天性研究学会"成立,成为美国历史上最早的研究家长教育的组织。心理学、社会学、生物学和经济学的知识体系不断发展,为家庭生活教育提供了理论基础。

1874年,纽约出现了妇女免费培训学校,朱丽叶·科尔森(Juliet Corson)担任该校的负责人。此校即是后来的纽约烹饪学校,这一事件被认为是改善美国烹饪运动的起点。在美国烹饪教学比缝纫教学晚出现76年,其原因不是因为人们认为烹饪不如缝纫重要,而是装备食品实验室或厨房的成本要比开办缝纫教学高得多。[5] 此后,大量的烹饪培训学校开始开办。妇女教育协会于1879年创办了旨在为低收入人群提供烹饪指导的波士顿烹饪学校,但是低收入人群对烹饪没有兴趣,因此在第一季结束后,该校改为面向所有愿意参加烹饪培训的人开放。

在19世纪70年代和80年代,教育与其他关注家庭问题的利益团体关联起来的情况

---

[1] QUIGLEY E E.Introduction to home economics[M].New York:Macmillan,1969:18-20.
[2] 黄廼毓,周丽端,郑淑子,等.家庭生活教育导论[M].台北:空中大学,2004:13.
[3] QUIGLEY E E.Introduction to home economics[M].New York:Macmillan,1969:18.
[4] LEWIS-ROWLEY M,BRASHER R E,MOSS J J,et al.The evolution of education for family life[M]//ARCUS M E,SCHVANEVELDT J D,MOSS J J.Handbook of family life education,Vol.1: foundations of family life education.Newbury Park:Sage Publications,1993:30.
[5] QUIGLEY E E.Introduction to home economics[M].2nd ed.New York:Macmillan,1974:19.

变得很普遍,团体行动成为推动家政教育的新的重要政治力量。① 纽约厨房花园协会(Kitchen Garden Association of New York)就是此类早期团体中的一个典型代表,该协会于1880年在纽约注册成立,1884年演变为工业教育协会,厨房花园协会通过游戏向儿童传授家居艺术,今天的哥伦比亚大学师范学院就是从最初的厨房花园协会创办的纽约教师培训学院发展而来的。② 家政教育聚焦年轻女性如何在家庭中扮演角色,课程内容涵盖了许多不同主题,包括食品营养、家庭管理和儿童福利等。

对高等教育领域开展家政教育产生重大影响的是1862年颁布的《联邦土地拨款法案》(The Federal Land-Grant Act),该法案又称为《莫里尔法案》(The Morrill Act),也称为《赠地法案》。《联邦土地拨款法案》对家庭教育的贡献是无法估量的,该法案是第一部对高校中开展家庭教育相关工作予以支持的联邦立法,极大地鼓励了家政学的发展。③ 该法案的新理念为以最低的成本为普通人提供高等教育,除了传统的学术科目外,学生还可以学习对其生活有实际价值的科目。④ 该法案对家庭教育的发展尤其重要,根据该法案,各州建立了对妇女和低收入群体开放的赠地学院(Land-Grant Colleges),并规定这些学院必须促进实用领域的研究和教学。赠地学院增加了女性就读大学的机会,女生可以选修教师职业课程,也可以选修食品制作、家庭卫生和管理等家政课程。到1895年,在大学开设了家政学课程的州已达18个。⑤

赠地学院的设立对家政教育的专业化和研究产生了巨大的推动作用。这些学院是最早认识到家庭教育需要科学基础的机构,一直非常坚持"科学"标准。没有任何其他机构能够像赠地学院一样清晰地认识到这种可能性,也没有任何其他机构能够为之奠定如此广泛而深厚的基础。⑥ 赠地学院在家庭相关课程中融入了艺术、人文学科与自然科学,从而使所有与家庭相关的核心科目都得到了加强。烹饪、洗衣、缝纫、家庭清洁、照顾病人和卫生等与家政相关的活动有了科学理论和技术做基础,提升了家政实践的专业性。

育儿方面的研究也不断深入。1888年,五位母亲在菲利克斯·阿德勒(Felix Adler)博士的建议下创建了一个研究小组,一起学习卢梭、斯宾塞、福禄贝尔和蒙台梭利等人的作品,在此基础上建立了"儿童天性研究学会"(the Society for the Study of Child

---

① LEWIS-ROWLEY M,BRASHER R E,MOSS J J,et al.The evolution of education for family life[M]//ARCUS M E,SCHVANEVELDT J D,MOSS J J.Handbook of family life education,Vol.1:foundations of family life education.Newbury Park:Sage Publications,1993:30-31.
② QUIGLEY E E.Introduction to home economics[M].2nd ed.New York:Macmillan,1974:21-22.
③ QUIGLEY E E.Introduction to home economics[M].2nd ed.New York:Macmillan,1974:19.
④ EAST M.Home economics:past,present and future[M].Boston:Allyn & Bacon,1980:44.
⑤ EAST M.Home economics:past,present and future[M].Boston:Allyn & Bacon,1980:47.
⑥ BEVIER I.Home economics in education[M].Chicago:J. B. Lippincott,1924:131-132.

Nature)。① 这是美国历史上最悠久的持续开展家长教育计划的组织。② 同时,一些与儿童有关的出版物也出现了,如杂志《儿童福利》(*Child Welfare*)和著作《儿童保育与喂养》(*The Care and Feeding of Children*),该书在世纪之交成为权威参考书。③

随着家政学的发展,关注家庭教育的学者逐渐增多。1896 年,纽约董事会决定将家庭科学纳入大学入学考试。州图书馆馆长杜威(Dewey)邀请理查兹(Richards)到纽约普莱西德湖(Lake Placid)讨论考试命题。二人再次会面时制订了每年在纽约普莱西德湖召开会议的计划。普莱西德湖会议在 19 世纪的最后几年中对家庭教育的发展发挥了重要作用,澄清了家庭、家政和家务管理教育的相关观点。会议一致同意将"家政学"(home economics)作为整个学科的正式名称,④ 用以指在学校系统中开展家庭和家庭生活教育的名称。

家政学促生了一种本质上是"社会工程"(social engineering)的方法,即"通过教育来整合和管理家庭生活的所有领域,从而预防社会问题"⑤。这种模式的认知基础是家庭遇到的困难会对社会产生影响,解决家庭面临的问题就可以缓解社会问题。通过为妇女提供家庭相关的教育,可以提高家庭生活质量,满足社会的需求。

社会科学领域中其他方面的研究人员也开展了与家庭相关的专门研究。1887 年,特温夫妇(Thwing)出版了美国第一本家庭社会学教科书《家庭》(*The Family*),该书探讨了家庭的历史,分析了家庭作为社会机构在社会中的作用,以及家庭面临的离婚等各种威胁。⑥ 一些社会学家借鉴定性人类学方法(qualitative anthropological studies)对家庭进行研究,为后来家庭社会学(family sociology)与社会工作(social work)的划分奠定了基础。⑦ 这印证了特温夫妇所言"变革的元素已经存在,在接下来的三十年里,将家庭的兴趣领域从道德辩论和投机学术转变为致力于收集有关其性质的经验证据的科学事业"⑧。

---

① LEWIS-ROWLEY M,BRASHER R E,MOSS J J,et al.The evolution of education for family life[M]//ARCUS M E,SCHVANEVELDT J D,MOSS J J.Handbook of family life education,Vol.1:foundations of family life education.Newbury Park:Sage Publications,1993:31.

② BRIM O G.Education for child rearing[M].New York:Russell Sage,1959:324-325.

③ BRIDGEMAN R P.Ten years' progress in parent education[J].Annals of the American academy of political and social science,1930,151:32-45.

④ QUIGLEY E E.Introduction to home economics[M].2nd ed.New York:Macmillan,1974:24.

⑤ LEWIS-ROWLEY M,BRASHER R E,MOSS J J,et al.The evolution of education for family life[M]//ARCUS M E,SCHVANEVELDT J D,MOSS J J.Handbook of family life education,Vol.1:foundations of family life education.Newbury Park:Sage Publications,1993:32.

⑥ HOWARD R L.A social history of American family sociology,1865-1940[M].Westport:Greenwood,1981:25.

⑦ LEWIS-ROWLEY M,BRASHER R E,MOSS J J,et al.The evolution of education for family life[M]//ARCUS M E,SCHVANEVELDT J D,MOSS J J.Handbook of family life education,Vol.1:foundations of family life education.Newbury Park:Sage Publications,1993:33.

⑧ HOWARD R L.A social history of American family sociology,1865-1940[M].Westport:Greenwood,1981:26.

第二节　家庭生活教育走向成熟

工业化和城市化对家庭的结构和功能产生巨大的影响。家庭的流动性增强,家庭成员的阶层流动机会增加,家庭价值结构发生变化,传统上基于亲情的亲属网络逐渐让位于专业化的社会分工,社会对个体的影响逐渐增强,媒体开始对个体和家庭生活产生重大影响。① 随着工业革命的扩大,妇女权利和角色发生了重大的变化。妇女权利组织成立,开始为争取平等而斗争,妇女的受教育权和投票权得到保证,在美国社会中的作用发生变化,由此带来了教育、工作模式和家庭生活观念的变化。家庭开始发生变革,妇女开始有时间能够参加家庭以外的活动,不再因为经济需要而被迫结婚,养育子女的模式从专制转向民主,家庭开始出现少子化的倾向。②

工业革命、城市化和妇女解放改变了家庭的生活方式。家庭结构和功能发生了变化,家庭成员如何应对变化成为社会的关注。

经历了19世纪的酝酿,家庭生活教育在20世纪从家庭生活教育运动开始经历了具体化、扩张和巩固三个阶段,③ 演进为一个成熟的专业领域。

一、家庭生活教育的具体化

此阶段社会心理学开始影响家庭生活教育。社会心理学的观点强调家庭在社会化过程中所扮演的重要功能,这促使人们倾向于将婚姻视为一种契约,将离婚视为一种症状;而教育可以为家庭赋能,促进其发挥功能,满足家庭生活和社会的需要。④ 人们开始更加重视提高家庭生活质量,通过学习家政知识和掌握良好的沟通技巧等方式来改善家庭关系。此外,家庭社会学逐渐成为家庭教育的主流理论;家庭社会学和社会工作被确立为高等教育中独立的学术领域。社会工作发展了自己的服务领域,随着时间的推移,它从强调小组的个案工作扩展到各种干预主义方法,采取了与心理学在家庭方面的相同的实践。家庭社会学成为中学后家庭生活教育课程的主要学科,实证分析成为主要的研

---

① SIEFKE W R. Parental assessment of family life education content: analysis of one elementary school[D]. Portland: Portland State University, 1972: 26-27.

② SIEFKE W R. Parental assessment of family life education content: analysis of one elementary school[D]. Portland: Portland State University, 1972: 28-29.

③ LEWIS-ROWLEY M, BRASHER R E, MOSS J J, et al. The evolution of education for family life[M]//ARCUS M E, SCHVANEVELDT J D, MOSS J J. Handbook of family life education, Vol.1: foundations of family life education. Newbury Park: Sage Publications, 1993: 34-46.

④ HOWARD R L. A social history of American family sociology, 1865-1940 [M]. Westport: Greenwood, 1981: 48.

究方法,推动了家庭社会学和其他家庭相关学科发展。① 社会心理学对家庭及其功能的探讨为家庭生活教育走向具体化提供了理论基础。

家政学取得了进一步的发展。截至1907年,美国有137个机构提供完整的家政学课程,19个机构提供不完整的课程。1909年1月1日,美国家政协会(the American Home Economics Association,AHEA)成立,创始成员达七百人。② AHEA的成立对美国家庭生活教育的发展具有重要意义,旨在为家政学家和其他专业人士提供合作机会,以实现个人和家庭幸福、改善家庭生活,并维护对家庭生活具有重要意义的价值观。③ 伴随着社会组织的设立,家长教育和社区志愿团体继续发展壮大,参与家庭服务的志愿者人数增加。家政学开始强调科学的研究方法,形成了与家庭生活教育有关的专业领域网络。第一次白宫儿童福利会议(the White House Conference on Child Welfare)也于1909年举行,促使起草了《儿童宪章》(The Child's Charter)。1909年2月第一份专门讨论与家庭生活相关的问题的专业期刊《家政学杂志》(*The Journal of Home Economics*)由AHEA出版。④ 1912年儿童局(The Children's Bureau)成立;1914年,儿童局出版了《婴儿护理》,证明了该局从一开始就对家长教育感兴趣。⑤

合作推广服务部聘请了家庭经济学家,为那些无法参加校内高等教育的人开设家庭教育课程。这加强了普通教育与家庭生活教育之间的联系,因为中学后家庭相关课程的扩展支持了社区其他教育层次相关教学的广度。社会对儿童福利的关注在国际上向前推进。

在20世纪早期,儿童权益开始成为美国社会的一个热门话题。因此,在这一时期,家庭生活教育也开始逐步注重儿童教育的问题。1910年后专业人员与相关团体开始注意儿童福利问题,收集相关资讯,举办演讲与研讨会,并从事专案研究。⑥ 教育者们更加重视父母与孩子的沟通技巧、儿童发展和心理等问题,以提高家庭对儿童教育的重视程度。家庭生活教育运动,即由此开始。家庭生活教育运动的发展与社会矩阵的多种因素相互关联,包括了一系列与家庭相关的运动。⑦ 如家长教育运动(parent education movement)、家政运动(home economics movement)、社会卫生运动(social hygiene

---

① LEWIS-ROWLEY M,BRASHER R E,MOSS J J,et al.The evolution of education for family life[M]//ARCUS M E,SCHVANEVELDT J D,MOSS J J.Handbook of family life education,Vol.1:foundations of family life education.Newbury Park:Sage Publications,1993:34.

② QUIGLEY E E.Introduction to home economics[M].2nd ed.New York:Macmillan,1974:20-21.

③ DARLING C A.Family life education[M]//SUSSMAN M B,STEINMETZ S K.Handbook of marriage and the family.New York:Plenum Press,1987:815.

④ BALDWIN K E.The AHEA saga:a brief history of the origin and development of the American Home Economics Association and a glimpse at the grass roots from which it grew[M].Washington:American Home Economics Association,1949:22.

⑤ BRIM O G.Education for child rearing[M].New York:Russell Sage,1959:326.

⑥ 黄迺毓,周丽端,郑淑子,等.家庭生活教育导论[M].台北:空中大学,2004:14.

⑦ SIEFKE W R.Parental assessment of family life education content:analysis of one elementary school[D].Portland:Portland State University,1972:31-42.

movement)、儿童发展运动(child development movement)、家庭服务运动(family service movement)等。这些运动旨在为父母提供教育和资源,帮助他们以健康和富有成效的方式抚养孩子。该运动强调了幼儿教育的重要性以及父母在塑造孩子发展中的作用。为了应对家庭生活教育面临的问题,专门的组织开始出现,处理家庭问题的人员和机构组成了协会,召开会议,以寻求家庭生活教育的专业化。

二、家庭生活教育的拓展

此阶段家庭生活教育得到进一步的拓展。理论研究方面,家庭社会学和家政学的研究进一步深入,实证分析研究成为主导力量;实践方面,预防成为家庭教育的重点,家庭教育最重要的专业组织开始形成。

托马斯(Thomas)和兹纳涅茨基(Znaniecki)的家庭社会学著作《欧美的波兰农民》(*The Polish Peasant in Europe and America*)是这一阶段最重要的成果之一,这部著作具有划时代的意义,标志着家庭生活教育一个时代的结束和另一个时代的开始。从某种意义上说,这部著作反映了进步时代人们对社区生活丧失的关注,而工业化进程是社区生活丧失的一个主要原因。"托马斯和兹纳涅茨基强调需要研究社会解体的内部和主观过程,这预示着20世纪二三十年代的家庭社会学家越来越关注家庭互动的内部关系,而不是家庭与更大的社会机构的外部关系。"①重要的理论成果还包括帕克(Park)和伯吉斯(Burgess)1921年出版的《社会学导论》(*Introduction to the Science of Sociology*)。《社会学导论》将重点放在了社会互动上,将互动视为社会的基本要素。② 1926年伯吉斯在《作为互动人格单元的家庭》一文中建议将家庭与社会一样视为一个过程,其本质会随着时间的推移而改变,因为家庭是由家庭中的个人创造的。③ 对家庭内部互动行为的关注,能促使学者加强对婚姻调适的研究,并能鼓励学者从事个案研究与次文化研究。④

在基金会的支持下,有关家长教育的社团和组织蓬勃发展。劳拉·斯佩尔曼·洛克菲勒纪念基金会(the Laura Spelman Rockefeller Memorial),即后来的斯佩尔曼基金(the Spelman Fund),在支持家长教育方面发挥了重要作用。在其支持下,儿童研究联合会(the Federation for Child Study)于1924年扩展为美国儿童研究协会(the Child Study Association of America)。该组织的主要职能是开发家长教育材料及监督其使用情况。⑤

---

① HOWARD R L. A social history of American family sociology,1865-1940 [M]. Westport: Greenwood,1981:53-54.
② PARK R E,BURGESS E W.Introduction to the science of sociology[M].Chicago:University of Chicago Press,1921:346-348.
③ BURGESS E W.The family as a unit of interacting personalities[J].Family,1926,Ⅶ(1):3-9.
④ 黄迺毓,周丽端,郑淑子,等.家庭生活教育导论[M].台北:空中大学,2004:14.
⑤ LEWIS-ROWLEY M,BRASHER R E,MOSS J J,et al.The evolution of education for family life[M]//ARCUS M E,SCHVANEVELDT J D,MOSS J J.Handbook of family life education,Vol.1: foundations of family life education.Newbury Park:Sage Publications,1993:37.

1924年10月,美国儿童研究协会邀请13个较小的组织派代表参加会议。这导致了1929年全国家长教育委员会(the National Council on Parent Education)的成立。该组织的目标是开展研究,为家长教育者收集研究材料,成为研究信息交流中心,并提出家长培训的资格和指导方针。至此,家长教育方成为一个牢固确立的领域。① 根据《全国教育研究学会第28年年鉴》(the National Society for the Study of Education Twenty-Eighth Year Book)中的调查报告,到20世纪20年代末,开展家长教育计划的主要组织达75个,涵盖了多种类型,如全国性组织(如美国儿童研究协会)、开展家长教育项目的大学和其他研究中心(如明尼苏达大学的儿童福利研究所)、师范学院和师范学校(如哥伦比亚大学师范学院)、女子学院(如瓦萨学院)、通过家政部门开展工作的赠地学院、州职业教育部门、州教育部门、公立学校系统、私立学校、幼儿园、社会机构、儿童指导机构、卫生机构以及宗教机构,有26个是在近十年中成立的。② 全国家长教育委员会成立了124个研究小组,由于家长的兴趣日益浓厚,所以该组织被称为"全国家长和教师大会"(the National Congress of Parents and Teachers);到1930年,该组织共有6000名成员,每年的服务人数达数千人。③

　　20世纪30年代后期,家长教育的增长速度和公众的关注度明显降低。家长教育的专业活动明显减少,原因有两个方面。一是专业文献对传统家庭生活的永久性和稳定性、父母育儿与机构育儿相比的可取性提出了质疑;二是斯佩尔曼基金于1938年终止对家长教育的支持。没有这种财政支持,而且自己的筹款效率低下,全国家长教育委员会于1938年解散,其他一些家长教育组织也随之解散。④ 由于家长教育项目越来越多地得到了美国教育部门、公共卫生服务部门等公共组织的支持,因此斯佩尔曼基金资助的终止对家长教育项目没有实质性重大影响;其关键的影响反而出现在专业活动领域,"因为蓬勃发展的家长教育运动失去了一个可以指导其专业活动并帮助在全国范围内协调这些活动的全国性组织"⑤。但这一情况很快就得到了扭转,随着专业人员对家庭福祉的知识基础不断巩固和关注度不断提高,来自不同专业领域的人们开始举行地方、州乃至全国性会议,讨论他们共同关心的家庭生活问题。其中,1934年由美国家政学协会(the American Home Economics Association)、美国社会卫生协会(the American Social Hygiene Association)和哥伦比亚大学师范学院(Teachers College of Columbia University)联合主办了"婚姻和家庭社会关系教育会议"(Conference on Education for

---

　　① KERCKHOFF R K.Family life education in America[M]//CHRISTIANSEN H T.Handbook of marriage and the family.Chicago:Rand McNally,1964:881-911.
　　② BRIM O G.Education for child rearing[M].New York:Russell Sage,1959:328-329.
　　③ BRIDGEMAN R P.Ten years' progress in parent education[J].Annals of the American academy of political and social science,1930,151:32-45.
　　④ BRIM O G.Education for child rearing[M].New York:Russell Sage,1959:332-335.
　　⑤ BRIM O G.Education for child rearing[M].New York:Russell Sage,1959:335.

Marriage and Family Social Relations),对日益严重的家庭危机作出了专业回应。① 此次会议的成果之一是在1938年组织了全国家庭关系会议(the National Conference on Family Relations),该会议后来更名为国家家庭关系委员会,成为家庭教育领域最重要的专业组织。②

到了20世纪40年代,家长教育被视为一项预防性计划,但侧重的取向是心理健康而非家庭教育。③ 1946年《国家心理健康法案》出台,对国家主导的社区健康计划予以资助,这项计划中通常会包括家长教育项目。④ 北卡罗来纳大学、明尼苏达大学先后成为美国家庭理论和研究的主要中心。NCFR的执行秘书伊夫林·杜瓦尔(Evelyn Duvall)撰写了第一本专门为高中家庭生活课程设计的教科书《家庭生活》。该教科书是杜瓦尔在15年的时间里,与来自美国25个州和加拿大的家政学教师及数千名高中生合作,以收集学生们提出的25000个问题为基础,构建并逐步完善。这部教材为家政学取代社会学成为家庭生活教育的主要学科奠定了基础。⑤

三、家庭生活教育的巩固

在此阶段,家庭生活教育的核心概念得以进一步明晰与澄清。传统的家政教育已不能满足社会发展的需要。家庭角色和责任在20世纪后半叶发生了巨大变化,公众的关注和学生的兴趣从教授传统家庭制作技能(如服装制作、食物准备等)以及家庭生活的通识教育方法中转移开来。⑥ 在此背景下,曾经作为公立学校家庭生活技能教育的中坚力量美国家政协会,于1994年更名为"美国家庭与消费科学协会"(the American Association of Family and Consumer Sciences,AAFCS),以便契合时代的需求。⑦ 伴随着经济、技术和社会的发展出现了诸多社会问题,例如离婚率上升、性观念的改变、药物的滥用、青少年的问题行为等,新出现的社会问题导致此阶段的家庭生活教育的内容变

---

① POWELL L H,CASSIDY D.Family life education:an introduction[M].California:Mayfield Publishing Company,2001:15.

② KERCKHOFF R K.Family life education in America[M]//CHRISTIANSEN H T.Handbook of marriage and the family. Chicago:Rand McNally,1964:883.

③ LEWIS-ROWLEY M,BRASHER R E,MOSS J J,et al.The evolution of education for family life[M]//ARCUS M E,SCHVANEVELDT J D,MOSS J J.Handbook of family life education,Vol.1: foundations of family life education.Newbury Park:Sage Publications,1993:37.

④ BRIM O G.Education for child rearing[M].New York:Russell Sage,1959:336.

⑤ LEWIS-ROWLEY M,BRASHER R E,MOSS J J,et al.The evolution of education for family life[M]//ARCUS M E,SCHVANEVELDT J D,MOSS J J.Handbook of family life education,Vol.1: foundations of family life education.Newbury Park:Sage Publications,1993:39.

⑥ SCHULTZ J B.Family life education:implications for home economics teachers education[J]. Journal of Home Economics,1994,86(2):30-36.

⑦ POWELL L H,CASSIDY D.Family life education:an introduction[M].California:Mayfield Publishing Company,2001:17.

得多样且复杂。①

根据州立法机构的授权,许多公立学校增加了更多的"学术"课程的比重,从而挤掉了职业教育课程,其中通常包括家政学课程。许多大专院校的家政学课程也因传统家政学教育领域的专业招生人数较少而被淘汰。与此同时,人们对人类发展与家庭研究(Human Development and Family Studies, HDFS)领域的兴趣也在迅速扩大。学生们认为,人类发展与家庭研究专业为今后从事婚姻家庭咨询、家庭牧师、社会工作、儿童生活和幼儿教育等职业奠定了良好的基础。所有这些职业都要求学生具备在各种社区环境中为不同受众开设家庭生活教育课程的专业知识。大学里培养家庭生活教育者的临床训练有素的教师人数也同时增加,诊所和社区中心也出现了以研究和治疗为基础的婚姻和家庭强化计划。②

(一)家庭生活教育概念的厘定

家庭生活教育涉及多个学科,涵盖领域广泛且面对的问题非常复杂,很难对家庭生活教育形成清晰的界定。FLE自诞生以来,就有无数次尝试对其进行定义,但这些定义往往充满歧义,缺乏重点。早在1962年,艾弗里(Avery)提出了以下工作定义:"家庭生活教育包括教师有意识地利用任何和所有学校经历,帮助发展学生的个性,使其作为现在和未来家庭成员的能力得到最充分的发挥——这些能力使个人能够最有建设性地解决其家庭角色所特有的问题。"③ 1993年,阿库斯(Arcus)等在《家庭生活教育手册》中列举了1962年至1989年间关于FLE的17个不同定义。④ 达琳(Darling)于2014年又增补了后续4个定义(表2-1)。

FLE的定义各不相同,但加强和丰富个人和家庭的福祉无疑是其首要关注的问题。⑤ 作为家庭生活教育者的专业之家,NCFR指出FLE侧重于从家庭系统的角度促进健康的家庭运作,所采用的主要是一种预防方法。⑥ 总体而言,关于FLE的界定,尽管存在分歧,但强调发展人际关系、增进心理健康、创建更牢固的家庭以及增进个人和家庭的福祉,满足社会需求是共识。

---

① 黄迺毓,周丽端,郑淑子,等.家庭生活教育导论[M].台北:空中大学,2004:15.

② LEWIS-ROWLEY M,BRASHER R E,MOSS J J,et al.The evolution of education for family life[M]//ARCUS M E,SCHVANEVELDT J D,MOSS J J.Handbook of family life education,Vol.1:foundations of family life education.Newbury Park:Sage Publications,1993:44.

③ KERCKHOFF R K.Family life education in America[M]//CHRISTENSEN H T.Handbook of marriage and the family. Chicago:Rand McNally,1964:881-911.

④ ARCUS M E,SCHVANEVELDT J D,MOSS J J.The nature of family life education[M]//ARCUS M E,SCHVANEVELDT J D,MOSS J J.Handbook of family life education,Vol.1:foundations of family life education.Newbury Park:Sage Publications,1993:1-25.

⑤ THOMAS J,ARCUS M E.Family life education:an analysis of the concept[J].Family Relations,1992,41:3-8.

⑥ BENSON J J,DONEHOWER A K.Best practices in family life education programming for midlife and older adults[J].Family Relations,2020,69:577-594.

表 2-1　家庭生活教育定义的演进

时间	定义	作者
1962	家庭生活教育包括教师有意识地利用任何和所有学校经历，帮助学生发展个性和作为现在与未来家庭成员的最充分能力——这些能力使个人能够建设性地解决其家庭角色所特有的问题	Avery and Lee
1964	家庭生活教育包括与约会、婚姻和为人父母有关的事实、态度和技能……在家庭生活教育的概念中，贯穿着关系的概念：父母与子女、丈夫与妻子、男孩与女孩等	Kerckhoff
1967	家庭生活教育是对人作为家庭成员的行为的研究……拓宽学生对在不断变化的社会中作为家庭成员可以选择的替代方案的理解，这在配偶、父母、子女、兄弟姐妹和祖父母的角色中带来了新的责任和机会	Somerville
1968	家庭生活教育作为一个有计划和有指导的学习经验项目，旨在开发个体作为家庭成员在当前和未来角色中的潜力。它的核心概念是关系：个体的人格藉由关系发展，对关系做出决定，致力关系，并在这些关系中获得自我价值的信念	Smith
1968	帮助个体和家庭了解人类在整个生命周期中的成长、发展和行为是家庭生活教育的主要目的。提供学习经验以发展个体在当前和未来家庭角色中的潜力。核心概念是关系，个体的人格藉由关系发展，对关系做出决定，致力关系，并在这些关系中发展自尊	National Commission on Family Life Education
1969	家庭生活教育主要是在认知和信息交流的层面上，围绕家庭生活的议题和问题，以及行为和情感功能的认知部分，与群体中的人们进行交流。它的技术涉及围绕家庭作为社会系统的思想、价值观和行为模式及其对个人功能的影响进行讨论和教学，以及有关家庭内人际关系功能的更多行为素材。	Stern
1971	任何团体都旨在传递有关家庭关系的信息，并为人们提供机会，以更深入地了解他们现在和未来的家庭关系的所有活动	the Vanier Institute of the Family
1973	家庭生活教育计划将帮助个人证明他们对形成和维持有效的人类相互关系的理解和能力。它的核心是个体之间和家庭内部的许多互动，以及影响人际关系质量的个体特征	Kirkendall
1973	家庭生活教育是广义的人类教育，其本质是人与人之间的关系，涉及人的全部存在：生理、心理和情感	Whatley
1974	家庭生活教育是对个人角色和人际关系、家庭模式和其他生活方式、各年龄段个人的情感需求以及性的生理、心理和社会学方面的研究	Herold, Kopf, and deCarlo
1975	家庭生活教育是一项教育计划，旨在丰富家庭生活，帮助个人更好地了解自己与他人的关系	Levin

续表

时间	定义	作者
1976	家庭生活教育促进家庭资源的发展、协调和整合到各个家庭,以改善家庭生活	Cromwell and Thomas
1984	家庭生活教育指导培养对不同年龄的人之间人际关系的身体、心理、情感、社会、经济和心理方面的理解	Sheek
1985	家庭生活教育建立在个体的优势之上,以拓展他们对人格发展、人际关系和环境因素对行为的影响的知识	Barozzi and Engel
1985	家庭生活教育是一种专业过程,通过组织小组活动,向所有年龄段的人提供有关各种生活问题的信息	Gross
1987	家庭生活教育关注通过研究个人和家庭在多方面环境中与资源互动来保护和提高人类生活质量	Darling
1989	家庭生活教育致力于使成年人提高他们在日常生活中的技能的有效性,即与他人相处、应对生活事件和实现个人潜力	Tennant
1995	家庭生活教育的目标是通过正规的教育方案帮助家庭和家庭成员完成其家庭角色和任务,以此作为改善家庭生活和减少与家庭有关的社会问题的手段	Arcus
2001	家庭生活教育包括对个人和家庭问题的预防和教育方法。家庭生活教育包括沟通技巧、解决冲突、人际关系技巧、育儿教育、婚姻教育、决策和其他帮助家庭应对日常生活压力的技能和知识	Boyd,Hibbard,and Knapp
2005	家庭生活教育是在传统学校课堂环境之外进行的教育活动,通常涉及成年人,旨在加强家庭关系并促进积极的个人、夫妻和家庭发展	Duncan and Goddard
2011	从预防、家庭系统的角度利用有关健康家庭发展的信息,教授知识和培养技能,使个人和家庭能够发挥最佳水平	NCFR

资料来源:DARLING C A,CASSIDY D,POWELL L H.Family life education:working with families across the lifespan[M].3rd ed.Long Grove:Waveland Press,2014:6-7.

阿库斯等人把家庭生活教育的基本原理概括为三个:首先是帮助家庭应对当时的问题,这也是家庭生活教育的初衷;其次是帮助家庭学会"做正确的事情",可以防患于未然,预防家庭问题的产生;最后是开发个人和家庭的潜力。[①] 总体而言,家庭生活教育的最终目的是"加强和丰富个人和家庭的福祉"[②]。基于上述基本原理,家庭生活教育领域

[①] ARCUS M E,THOMAS J.The nature and practice of family life education[M]//ARCUS M E,SCHVANEVELDT J D,MOSS J J.Handbook of family life education,Vol.2:the practice of family life education.Newbury Park:Sage Publications,1993:1-32.

[②] ARCUS M E,SCHVANEVELDT J D,MOSS J J.The nature and practice of family life education[M]//ARCUS M E,SCHVANEVELDT J D,MOSS J J.Handbook of family life education,Vol.1:foundations of family life education.Newbury Park:Sage Publications,1993:1-25.

的学者和组织提出了家庭教育的多项具体目标。阿库斯和托马斯梳理了关于家庭生活教育目标的表述,主要包括深入了解自己和他人、了解全生命周期视域下个体在家庭中的发展和行为、了解婚姻和家庭模式、获得家庭生活所必需的技能、开发个人在当前和未来角色中的潜力、为家庭赋能等,其中暗含的假设是"如果通过家庭生活教育项目实现这些目标,那么家庭将能够更好地处理问题,预防问题的产生并发展家庭及其成员的潜力"①。家庭生活教育反过来又有助于改善社会,因为发展更稳定和运作良好的家庭会带来一个更稳定和运作良好的社会。②

(二)NCFR 的贡献

NCFR 是一个由多学科专业人员组成的专业会员组织,专注于家庭研究、实践和教育。其为家庭研究人员、教育工作者和从业者提供了一个平台,分享和传播有关家庭和家庭关系的知识,建立专业标准,并致力于促进家庭幸福。作为家庭生活教育领域的主要专业组织,NCFR 在推动家庭生活教育发展方面做了大量的工作,包括家庭生活教育相关资源的开发,设计和实施认证家庭生活教育工作者(Certified Family Life Educator,CFLE)认证计划等。NCFR 是一个致力于促进家庭生活教育研究和实践,增进家庭福祉的非营利性专业组织。其宗旨是推动人们对家庭生活、亲密关系、教养子女、家庭发展等方面进行系统的研究,并将研究成果应用于实践,提升家庭生活教育服务品质,提高家庭生活质量,从而使家庭成员过上更幸福、和谐、健康的生活。该组织为家庭生活教育领域提供了平台,促进了知识传播和资源共享。NCFR 为家庭学术研究做出了巨大的贡献。出于对理论研究和专业实践的综合兴趣,NCFR 的会员涵盖了与家庭研究相关的多个学科的学者和从业人员;这些学科主要包括人类发展、婚姻与家庭治疗、家庭社会学和发展心理学等。③

20 世纪 60 年代末,NCFR 率先制定了"认证家庭生活教育工作者"的认证标准《家庭生活教育者认证标准》(*The CFLE Standards and Criteria*)。NCFR 通过 CFLE 项目来确保家庭生活教育的专业水平。该项目设立了一套核心知识体系和专业技能标准,只有通过认证的教育者才能在 NCFR 的支持下进行家庭生活教育工作。

(三)积极应对社会快速发展所带来的变化

20 世纪中期,家庭生活教育被视为一个独立的研究领域,系统的研究和探讨由此开始,家庭研究、儿童心理学和社会学等学科都对家庭教育进行了深入的研究和探索。家

---

① ARCUS M E,THOMAS J.The nature and practice of family life education[M]//ARCUS M E,SCHVANEVELDT J D,MOSS J J.Handbook of family life education,Vol.2:the practice of family life education.Newbury Park:Sage Publications,1993:5.

② DARLING C A,CASSIDY D,POWELL L H.Family life education:working with families across the lifespan[M].3rd ed.Long Grove:Waveland Press,2014:8.

③ DARLING C A,CASSIDY D,POWELL L H.Family life education:working with families across the lifespan[M].3rd ed.Long Grove:Waveland Press,2014:22.

庭生活教育进入公共教育体系，家庭生活教育的课程和项目逐渐被引入到中小学和大学中。家庭社会学学者在家庭生活教育的教育方法方面进行了创新，开发出家庭模拟技术、学生家庭成长经历报告、计算机模拟择偶等教育方式和手段。[1] 一些家政学学者意识到仅从生命周期视角研究家庭行为与发展是不够的，所以开始采用跨学科的视角。研究内容涵盖了家人关系、恋爱、约会以及家庭资源的开发与管理等方面。

20 世纪 80 年代到 90 年代，社会各界深刻体会到家庭生活教育的重要性，政府和非营利组织都开始投入更多的资源和资金来支持家庭生活教育相关项目和研究，越来越多的专业人士加入到家庭教育领域中。不断曝光的儿童虐待与家庭暴力事件，以及关于堕胎的争议、妇女就业人口增加所产生的工作与家庭难以兼顾的问题、离婚和分居现象增多、非传统的家庭形式的出现，导致在 20 世纪 80 年代初的一个短暂时期，家庭生活教育曾一度被用来指父母教育，美国联邦、州和地方各级都强烈要求开展父母教育课程。随着性传播疾病（sexually transmitted diseases, STD）和青少年怀孕问题的出现，美国政府、学校和非政府组织开始关注性健康教育。许多性健康教育项目将家庭生活教育纳入其中。

家庭生活教育受到很大的冲击，传统的理念与内容受到质疑与挑战，这是家庭生活教育受到当代社会政治与经济秩序影响而变动的真实写照。[2] 20 世纪末至 21 世纪初，随着社会的不断变化，家庭生活教育也在不断更新和适应变化，家庭生活教育的重点开始转向了与现代化家庭相应的社会变革。此阶段，家庭生活教育开始关注多样性和跨文化教育，以满足不同种族、文化和宗教背景家庭的需求。网络和信息技术的发展也为家庭生活教育带来了新的可能性和资源。随着社会和家庭观念的变化，现代家庭生活教育已经向更多重要的议题扩展。国际家庭生活教育研究和实践交流增多，促使家庭生活教育领域的知识体系不断发展和完善。

第三节　家庭生活教育的未来走向

1993 年，路易斯·罗利（Lewis Rowley）等人预测该领域的未来方向时，指出以下发展趋势：由于意识到面对的问题太过复杂，单靠一个组织或专业团体无法解决，不同领域之间专家的合作将进一步加强；在信息技术的加持下，理论和研究的完善将加强对专业实践的理解并提升其效能；所采取的干预措施将更加注重预防和教育，鼓励整个家庭作为教学/学习团队一起参与；随着信息传播范围扩大，跨文化研究和家庭多样性得到承认

---

[1] LEWIS-ROWLEY M, BRASHER R E, MOSS J J, et al. The evolution of education for family life[M]//ARCUS M E, SCHVANEVELDT J D, MOSS J J. Handbook of family life education, Vol.1: foundations of family life education. Newbury Park: Sage Publications, 1993: 43.

[2] 黄迺毓，周丽端，郑淑子，等.家庭生活教育导论[M].台北：空中大学，2004：15.

和重视,全球信息收集和政策制定工作将得到加强。① 这些30年前的预测如今已经得到了验证。21世纪20年代,家庭生活教育面临的挑战及应对如下。

一、家庭生活教育面临的挑战

随着技术的发展,知识的扩展日益加速。社会文化经历了从后喻文化(post-figurative culture)向共喻文化(cofigurative culture)乃至前喻文化(prefigurative culture)的转变,年长者作为知识文化的权威,其地位正在发生变化,他们反而需要向晚辈学习。② 如上所述,由于影响家庭的社会力量发生改变,传统的家庭文化模式、教养理念、相处方式和生活方式都在面临着挑战,家庭类型与结构发生了很大的变化,单亲家庭与单人户家庭增多,还出现同性伴侣、混合家庭。在知识激增、科技日新月异的时代,面对更多样化的家庭结构和生活方式,传统家庭教育中上一代对下一代的经验传承模式已难以应对生活之需,家庭需要更多的指导与帮助来跟上和应对这些复杂而迅速的变化。

进入21世纪,随着信息技术的快速发展和全球化的趋势,家庭生活教育面临着许多新挑战和机遇,如经济压力增加、家庭结构多样化等。因此,家庭生活教育需要进一步创新和拓展,以帮助家庭应对这些挑战。同时,线上教育和数字资源为家庭生活教育提供了更多便利,使更多家庭能够获得相关知识和支持。越来越多的家庭需要应对跨文化和多元化的挑战,而家庭教育也需要不断地创新和适应新的变化。同时,经济上的压力也使得越来越多的家庭需要更好的家庭教育资源和支持。随着信息技术的发展,家庭生活教育得以更广泛、更深入地传播。网络平台、社交媒体、人工智能和移动应用等技术手段对家庭生活教育的推广和普及起到了重要作用,同时也给家庭生活教育带来了前所未有的挑战。

以上是家庭生活教育面临的外部挑战,家庭生活教育领域自身发展面临的困境主要包括以下几方面:缺乏作为一门学科的认同感;缺乏开展家庭生活教育环境的多样性;家庭生活教育计划资金不稳定;③ 持续存在的领域界定问题;缺少来自不同背景的家庭生活教育工作者;缺少培养教育工作者的文化胜任能力;家庭生活教育工作者的专业水平

---

① LEWIS-ROWLEY M,BRASHER R E,MOSS J J,et al.The evolution of education for family life[M]//ARCUS M E,SCHVANEVELDT J D,MOSS J J.Handbook of family life education,Vol.1:foundations of family life education.Newbury Park:Sage Publications,1993:20-23.

② 关于玛格丽特·米德提出的三种文化类型的翻译存在不一致的地方,主要是对前喻文化、后喻文化含义的理解相悖。对照英文原文,曾胡对玛格丽特·米德所著《代沟》的翻译与英文含义一致,即后喻文化(后象征文化 post-figurative culture)指"未来重复过去",而前喻文化(前象征文化 prefigurative culture)指"年长者不得不向孩子学习"。参见:玛格丽特·米德.代沟[M].曾胡,译.北京:光明日报出版社,1988:20.

③ DARLING C A,CASSIDY D,POWELL L H.Family life education:working with families across the lifespan[M].3rd ed.Long Grove:Waveland Press,2014:37-39.

不足;难以选择适当的家庭生活教育方法;难以选择有效的课程开发方法。①

二、家庭生活教育的发展趋势

结合家庭生活教育所面临的社会现实问题,家庭生活教育的发展趋势呈现出科技融合与数字化发展、采用个性化的多元学习方式、关注家庭心理健康与情感发展、注重多元文化背景、服务供给多元化以及关注老龄化问题等特点。这些趋势将共同推动家庭生活教育不断向前发展。

第一,家庭生活教育将会增加信息技术与人工智能的运用。随着互联网和数字化技术的普及,以及人工智能技术的快速发展,家庭生活教育领域也将逐渐与各种科技手段相结合。线上提供家庭生活教育服务将成为家庭教育的主要领域,以满足日益增长的需要。例如,通过虚拟现实(virtual reality,VR)和增强现实(augmented reality,AR)技术来模拟家庭生活场景,帮助人们更好地学习和应对日常生活中的挑战。在线学习家庭生活教育将成为一种趋势,未来将会有更多的人选择在线课程进行学习。未来家庭生活教育在线课程和资源将极大丰富,方便不同家庭用户根据自己的时间安排和需求进行学习。随着信息技术的发展,家庭生活教育也将逐渐走向全面性覆盖和现代化。

第二,家庭教育将会更多地采用个性化的多元学习方式。未来的家庭生活教育将更注重因材施教,满足不同家庭成员和家庭类型的需求。通过大数据和人工智能技术,教育内容和方式将更具针对性,以提高学习效果。线上线下方式的多元学习方式、丰富多样的学习资源、多样的家庭生活教育形态将极大地提升大众接受家庭教育服务的便利性。

第三,更加关注家庭心理健康。随着对心理健康问题的重视逐渐增加,家庭生活教育将更加关注家庭成员之间的心理健康和情感需求。无论人们的家庭结构或背景如何,如何建立牢固的关系、如何处理压力、怎样进行有效沟通、如何管理家庭冲突以及解决家庭矛盾等话题将成为教育的重点。

第四,跨文化教育。在全球化背景下,越来越多的家庭拥有多元文化背景。家庭生活教育将逐渐涉及如何应对不同文化背景下的家庭生活问题,帮助家庭成员建立共识,促进家庭和谐。②

第五,跨部门、跨领域合作将加强。政府和专业组织介入家庭教育已成为现代社会的必然选择。全社会共同参与,跨学科、多部门的合作研究与专业实践将会成为未来的发展趋势。家庭生活教育将紧跟时代发展步伐,不断改进和创新,为广大家庭提供更加

---

① HENNON C B,RADINA M E,WILSON S M.Family life education:issues and challenges in professional practice[M]//PRTERSON G W,BUSH K R.Handbook of marriage and the family.3rd ed. New York:Springer Science,2013:815-843.

② BALLARD S M,TAYLOR A C.Family life education with diverse populations[M].Newbury Park:Sage Publications,2012.

专业和实用的教育资源。

第六,老龄化问题。身处在技术日新月异的当代社会,老年人如何避免使自己沦为局外人?面对出生率的下降,社会养老与居家养老之间的矛盾该如何应对?这不仅要求老年人终身学习,也要求其他家庭成员和社会共同努力。

第三章

家庭生活教育的理论视野

  家庭生活教育中使用的重要概念、原则和观点来自不同的学科和研究领域,这些学科和领域以特定的方式关注个人和家庭。[①]
——玛格丽特·阿库斯,杰伊·施瓦内费尔特,乔尔·莫斯

  家庭生活教育是一个多学科的研究领域,在实践中是多专业的。[②] 家庭生活教育的基础领域包括家政学、家庭社会学、社会心理学、社会工作以及婚姻与家庭治疗和亲子教育的相关方面。[③]

  许多学科都对家庭生活教育的历史做出了贡献。家庭生活教育在初期主要是依据家政学和家庭社会学的理论。随着时代变迁和家庭生活教育的发展,家庭系统理论、人类生态学理论、交换理论、家庭发展理论、社会交换理论、家庭压力理论、项目开发理论、成人学习理论等进入了家庭生活教育的理论视野。表3-1列举了对家庭生活教育理论进行梳理的学者及其主张。

  鲍威尔和卡西迪在1993年出版的《家庭生活教育导论》(*Family Life Education: an Introduction*)和2007年再版的《家庭生活教育:与全生命周期家庭的合作》(*Family Life Education: Working with Families across the Lifespan*)均认为家庭生活教育主要涉及四种理论。在达琳、卡西迪、鲍威尔合著的《家庭生活教育:与全生命周期家庭的合作》第三版中,将交换理论明确为社会交换理论,增加了家庭压力理论。艾伦在《家庭生活辅导的理论、研究和实践指南》(*Theory, Research, and Practical Guidelines for Family Life Coaching*)中对最常与家庭生活教育相关的学科领域进行了概述,并列出了每种相关理论的主要理论家。这些理论均对家庭生活教育起着支撑作用,这些理论包括精神分

---

  ① ARCUS M E, SCHVANEVELDT J D, MOSS J J. The nature of family life education[M]//ARCUS M E, SCHVANEVELDT J D, MOSS J J. Handbook of family life education, Vol. 1: foundations of family life education. Newbury Park: Sage Publications, 1993: 17.

  ② DUNCAN S F, GODDARD H W. Family life education: principles and practices for effective outreach[M]. 2nd ed. Newbury Park: Sage Publications, 2011: 5.

  ③ LEWIS-ROWLEY M, BRASHER R E, MOSS J J, et al. The evolution of education for family life[M]//ARCUS M E, SCHVANEVELDT J D, MOSS J J. Handbook of family life education, Vol. 1: foundations of family life education. Newbury Park: Sage Publications, 1993: 26.

析理论(psychoanalytical theory),行为与社会学习理论(behavioral and social learning theory),生物学理论(biological

表 3-1 家庭生活教育相关理论

时间	作者	家庭生活教育相关理论
1993	鲍威尔(Powell) 卡西迪(Cassidy)①	家庭系统理论(family systems theory) 人类生态学理论(human ecology theory) 交换理论(exchange theory) 家庭发展理论(family development theory)
2007	鲍威尔(Powell) 卡西迪(Cassidy)②	家庭系统理论(family systems theory) 人类生态学理论(human ecology theory) 交换理论(exchange theory) 家庭发展理论(family development theory)
2014	达琳(Darling) 卡西迪(Cassidy) 鲍威尔(Powell)③	家庭系统理论(family systems theory) 家庭生态系统理论(family as an ecosystem theory) 家庭发展理论(family development theory) 社会交换理论(social exchange theory) 家庭压力理论(family stress theory)
2016	艾伦(Allen)④	人类生态学理论(human ecology theory) 家庭系统理论(family systems theory) 生命周期理论(life cycle theory) 项目开发理论(program development theory) 成人学习理论(adult learning theory)

theory),认知理论(cognitive theory),系统理论(systems theory),学习理论(learning theory),沟通与人际关系理论(communication and interpersonal relationship theory),多样性、文化与包容理论(theory of diversity,culture and inclusion)。⑤ 艾伦在书中重点讨论了五种理论(人类生态学、家庭系统理论、生命周期理论、项目开发理论、成人学习理论),其中生命周期理论可以归入之前学者提出的家庭发展理论,项目开发理论和成人学

---

① POWELL L H,CASSIDY D. Family life education:an introduction[M]. California:Mayfield Publishing Company,2001:52.

② POWELL L H,CASSIDY D. Family life education:working with families across the lifespan[M].2nd ed.Long Grove:Waveland Press,2007:60-67.

③ DARLING C A,CASSIDY D,POWELL L H. Family life education:working with families across the lifespan[M].3rd ed.Long Grove:Waveland Press,2014:174-183.

④ ALLEN K. Theory, research, and practical guidelines for family life coaching[M]. Cham:Springer International Publishing,2016:47-48.

⑤ ALLEN K. Theory, research, and practical guidelines for family life coaching[M]. Cham:Springer International Publishing,2016:47-48.

习理论则是之前学者未曾明确的理论。① 此外,教育学和心理学的理论自然是家庭生活教育的理论基础。

本章将对家庭社会学、家庭系统理论、家庭发展理论和人类生态学进行探讨。

第一节 家庭社会学

家庭社会学是家庭生活教育的主要理论支撑之一。作为社会学的分支学科,家庭社会学"以家庭为研究对象,通过对家庭与社会的研究,通过对家庭内部关系的剖析,来阐述家庭的结构、职能及其演化规律"②。家庭社会学运用社会学的理论方法,借鉴社会心理学、人类学的方法,从社会学的角度来考察家庭领域,研究家庭与社会以及家庭成员内部的基本关系。家庭在社会中的角色、结构、功能、变迁和影响等都是家庭社会学的关注领域。家庭社会学通过研究家庭的组成、家庭成员之间的关系与互动以及社会化过程,探究家庭对个体成长、社会秩序、文化传承等方面的影响,揭示家庭和社会的相互关系以及家庭在社会中的地位与作用。

一、家庭社会学概要

家庭社会学主要关注的问题包括婚姻制度、家庭结构、家庭功能、家庭关系、家庭变迁、家庭政策、家庭伦理、家庭建设与管理、人口再生产、个体社会化、家庭观念、家庭抚养与赡养等。③④

家庭作为一个社会组织,具有生殖、抚养、经济与情感支持、教育培养、赡养等社会功能。家庭社会学关注家庭功能失调,研究引起家庭功能改变的原因。不同的家庭有不同的结构,家庭社会学研究不同家庭的结构特点、家庭结构变化的原因与后果。家庭社会学关注家庭成员的构成、联系和互动、家庭角色分工等,例如夫妻关系、亲子关系、手足关系等,并研究家庭关系的影响因素。家庭变迁指家庭在不同历史时期和社会环境下的演变,家庭社会学不仅研究家庭的发展历史,而且对家庭的未来变化进行预测。家庭与社会的关系也是家庭社会学研究的重点,包括家庭在社会中的地位、家庭与社会的彼此影响、家庭与婚姻制度等方面。

家庭社会学对于理解家庭的运作机制、家庭成员之间的互动以及家庭与社会的相互

---

① ALLEN K. Theory, research, and practical guidelines for family life coaching [M]. Cham: Springer International Publishing, 2016: 47-48.
② 朱强.家庭社会学[M].武汉:华中科技大学出版社,2012:10.
③ 潘允康.研究家庭社会学[J].天津社会科学,1984(4):44-49,70.
④ 张桂英.家庭社会学及家庭的发展趋势[J].学术交流,1987(3):85-88.

关系具有重要意义。研究家庭社会学可以帮助我们更好地了解和应对现代社会中家庭所面临的问题,如离婚率上升、家庭冲突、家庭暴力、再婚家庭与单亲家庭增加、居家养老等,从而为家庭政策的制定与完善提供理论支持。同时,家庭社会学也对个体的生活质量、心理健康以及社会发展有着积极的影响。

运用于家庭分析的社会学理论主要包括"社会进化理论、结构功能理论、社会冲突理论、符号互动论、社会交换理论和发展理论等"[①]。

二、家庭社会学与家庭生活教育

美国家庭生活教育在初期的理论基础主要包括家政学和家庭社会学。其中家庭社会学一度占主导地位。在美国家庭生活教育的具体化阶段(crystallization,1861—1900年)形成了两种截然不同的关于家庭和相关教育的观点:一种是家政学观点;另一种观点侧重于家庭生活问题与社会问题之间的联系,强调政府干预和支持家庭与社会的互惠作用,并将社会改革作为一种推动力。在南北战争和1873年大萧条之后,美国许多学者开始将良好的家庭生活视为政府提供充分支持的产物。因此,关于家庭的社会改革,包括修改法律和改变环境条件受到重视,以父母教育和儿童福利为重点的项目成为解决与家庭有关的紧迫社会问题的主要途径。[②] 霍华德(Howard)将1890—1920年视为家庭社会学的进步时代,此阶段关注的焦点是离婚问题,当时的重要社会学著作包括:威尔库克斯(Willcox)的博士论文《离婚问题:一项统计研究》(*The Divorce Problem: A Study in Statistics*);霍华德的《婚姻制度史》(*A History of Matrimonial Institutions*);利克滕贝格(Lictenberger)的《离婚:社会原因研究》(*Divorce: A Study in Social Causation*)。[③] 到1920年,家庭社会学已成为学术界家庭生活教育项目的主要力量,并将这一地位保持了20多年。[④] 互动是20世纪20年代和30年代家庭社会学的核心观点,帕克和伯吉斯在1921年的著作《社会学导论》中详细阐述了互动的概念,互动被视为社会的基本要素,是组成社会的个人和群体之间相互影响和调适的过程。[⑤] 家庭社会学成为中学后家庭生

---

① 朱强.家庭社会学[M].武汉:华中科技大学出版社,2012:14.
② LEWIS-ROWLEY M,BRASHER R E,MOSS J J,et al. The evolution of education for family life[M]//ARCUS M E,SCHVANEVELDT J D,MOSS J J. Handbook of family life education, Vol.1: foundations of family life education. Newbury Park: Sage Publications,1993:33.
③ HOWARD R L. A social history of American family sociology, 1865-1940[M]. Westport: Greenwood,1981:39-46.
④ LEWIS-ROWLEY M,BRASHER R E,MOSS J J,et al. The evolution of education for family life[M]//ARCUS M E,SCHVANEVELDT J D,MOSS J J. Handbook of family life education, Vol.1: foundations of family life education. Newbury Park: Sage Publications,1993:34.
⑤ HOWARD R L. A social history of American family sociology, 1865-1940[M]. Westport: Greenwood,1981:66.

活教育课程的主导学科,实证研究成为家庭社会学发展的主要推力。① 由于家庭社会学开展的实证分析研究极具影响力,家庭社会学成为20世纪30年代和40年代家庭生活教育的主导力量。② 1945年NCFR执行秘书杜瓦尔和明尼苏达大学家庭社会学家希尔(Hill)编写了第一本用于高中和大学家庭生活课程的教科书《当你结婚》(*When You Marry*),1950年再版时改名为《家庭生活》。③ 家庭社会学对美国家庭生活教育依然有着重要的影响力,并且演化出家庭系统理论、家庭发展理论等家庭生活教育的支撑理论。"婚姻与家庭社会学"作为家庭生活教育课程在美国大学受到广泛欢迎。

中国的家庭社会学研究"经过20世纪80年代的黄金时期、90年代之后的坚守与发展期,在21世纪获得了新的发展契机,呈现出多元化加速发展的态势"④。我国家庭社会学研究具有自身的特色,"从一开始就恪守这样的宗旨即以认识中国城乡家庭的现状,认识和揭示家庭与社会所发生的相互作用及其在社会影响下自身演变的规律为目标"⑤,"一直秉持着从中国家庭与中国社会自身经验出发的学科传统,以安顿人心、促进人与社会和谐发展作为研究的内驱力"⑥。

家庭社会学作为家庭生活教育的重要理论支撑还在于其更适用广义家庭生活教育的概念。广义家庭教育视野下,家庭教育不再仅是家庭内部的事情,不再局限于父母对子女的教育,所有家庭成员均应接受终身的家庭教育。家庭教育成为公共服务的内容之一,国家和社会应当为家庭教育的实施提供指导、保障和支持。例如,老龄化社会对家庭的挑战问题,就是广义家庭教育的范畴。李永萍的《老年人危机与家庭秩序:家庭转型中的资源、政治与伦理》一书考察了农村家庭变迁与农村老年人危机之间的复杂关系,反映了"从家庭转型到家庭发展"的家庭社会学在研究视角上的新动向。⑦

"家庭社会学旨在运用社会学的理论和方法,获得对家庭规律性的认识,从而为家庭的健康、幸福与和谐指明方向,进而增进社会系统的和谐、稳定与发展。"⑧ 家庭社会学与家庭生活教育的目的相契合,其理论对于家庭生活教育的研究与实践均具有很强的指导作用。

---

① LEWIS-ROWLEY M,BRASHER R E,MOSS J J,et al.The evolution of education for family life[M]//ARCUS M E,SCHVANEVELDT J D,MOSS J J.Handbook of family life education,Vol.1:foundations of family life education.Newbury Park:Sage Publications,1993:36.

② LEWIS-ROWLEY M,BRASHER R E,MOSS J J,et al.The evolution of education for family life[M]//ARCUS M E,SCHVANEVELDT J D,MOSS J J.Handbook of family life education,Vol.1:foundations of family life education.Newbury Park:Sage Publications,1993:39.

③ POWELL L H,CASSIDY D.Family life education:an introduction[M].California:Mayfield Publishing Company,2001:16.

④ 杭苏红.经验、历史与方法:家庭社会学七十年回顾[J].中华女子学院学报,2021,33(4):55-62.

⑤ 雷洁琼.家庭社会学研究二十年[J].社会学研究,2000(6):1-4.

⑥ 杭苏红.经验、历史与方法:家庭社会学七十年回顾[J].中华女子学院学报,2021,33(7):55-62.

⑦ 田孟.从家庭转型到家庭发展:家庭社会学研究的新动向[J].兰州学刊,2023(2):122-132.

⑧ 邓伟志,徐新.家庭社会学导论[M].上海:上海大学出版社,2006:2.

第二节 家庭系统理论

家庭系统理论与人类生态学理论存在相通之处,但侧重点不同。"人类生态学考虑的是个人的环境,但家庭系统被认为是家庭科学家可以实施变革的最重要系统。事实上,大多数家庭科学家都认为,家庭系统是个人和社区福祉的核心和灵魂。"①

一、家庭系统理论概要

家庭系统理论源自系统理论。20世纪四五十年代,系统理论随着帕森斯的系统功能主义进入社会学领域。在整个科学领域,系统理论因其高度的抽象性,常常被视为将所有科学统一为一种方法的途径。② 家庭系统理论将家庭视为一个系统,是分析人类和家庭行为的一个重要范式。系统可以被看作是具有相互关联和相互依存关系的元素的集合,因此在家庭系统中,家庭成员相互影响,影响其中一个成员的因素也会影响其他成员。

家庭系统理论的主要原则包括:

家庭成员之间以一种相互依存、连贯一致的方式进行互动。

家庭系统对家庭成员的个人行为具有强大的影响力。

家庭系统反映了家庭成员在一起协同互动时接收到的输入信息。

输入(如教育信息)具有可预测的输出(如关系结果)。

系统可以接受变化(形态发生),也可以抵制变化(形态停滞)。

家庭系统嵌套在更大的社会系统(社区、文化)中,并受其影响。③

系统由边界来维系系统与其外部环境之间的界限。边界可以是物质的,比如关着的卧室门;也可以是社会性的,比如家丑不可外扬的想法;还可以是感情上的,比如交流可以在关系中保持亲密或距离。④ 开放的边界允许外界对系统产生影响,而封闭的边界则把系统与外界隔离开来,边界的开放程度影响着家庭系统内外的信息流动和互动。对于家庭系统而言,边界开放意味着允许家庭以外的因素对其产生影响;而封闭则是家庭系

---

① ALLEN K. Theory, research, and practical guidelines for family life coaching[M]. Cham: Springer International Publishing, 2016: 49.

② PETERSON G W, BUSH K R. Handbook of marriage and the family[M]. 3rd ed. New York: Springer Science, 2013: 24.

③ DUNCAN S F, GODDARD H W. Family life education: principles and practices for effective outreach[M]. 2nd ed. Newbury Park: Sage Publications, 2011: 35.

④ 诺克斯,沙赫特.情爱关系中的选择:婚姻家庭社会学入门[M].金梓,等译.9版.北京大学出版社,2009: 25.

统自成一体,将家庭与环境隔绝开来。当然,开放与封闭具有相对性,没有一个家庭是完全开放或封闭的。

家庭系统理论有两个关键要素:结构特征和过程特征。前者涉及边界及其渗透性、子系统和等级;后者包括建立界限,建立联系和分离,建立一致的形象、主题、信息和规则。此外,角色、期望、规则、互动、平衡、输入、输出、反馈、循环因果关系,家庭规则、常规和仪式,以及平衡和动态平衡也是系统的关键概念。①

根据系统理论,系统的本质属性源于其各部分之间的关系。如果各部分之间不存在关系,也就是当系统分解为孤立元素时,系统也就不成其为系统了。因此,整体大于部分之和。对系统的某一元素进行分析,必然要考虑其与系统其他元素的关系。以家庭系统为例,"试图在不了解孩子的家庭其他成员的情况下通过访谈来了解孩子的行为是毫无意义的"②。

对于家庭系统理论的质疑主要在于还没有开发出成功的方式来测量其描绘的多层次相互作用。③ 家庭系统理论的大量研究成果主要是基于个案研究,不能推展到更大的群体,其结论具有局限性。④

二、家庭系统理论与家庭生活教育

在家庭生活教育中,家庭系统理论可以被应用于家庭内部成员之间的关系、互动和影响。家庭系统论的前提假设是,家庭是由相互关联和相互依存的个体组成的系统,每个家庭成员都是家庭系统的一部分。家庭作为一个集体有机体,发展出了一套互动规范。这些规范有的很明确,有的则比较隐晦。前者如父母对孩子规定了详细的家庭琐事;后者如夫妻之间的相互忠诚。这些规则发挥着不同的功能,比如资源分配、权利分配、决定系统之间的亲疏远近等。⑤ 具有弹性的规范其有效性会更高,规范应随着环境和条件的改变做出相应的调整。随着孩子年龄和能力的增长,一些家庭规范应该做出相应调整。例如,"玩的时候不要离开院子"适用于一个4岁的孩子,而对于一个15岁的孩子就不适用了。⑥

---

① DARLING C A, CASSIDY D, POWELL L H. Family life education: working with families across the lifespan[M]. 3rd ed. Long Grove: Waveland Press, 2014: 175.
② NICHOLS M P, DAVIS S D. Family therapy: concepts and methods[M]. 11th ed. Hoboken: Pearson Education, 1998: 54.
③ PETERSON G W, BUSH K R. Handbook of marriage and the family[M]. 3rd ed. New York: Springer Science, 2013: 25.
④ 本诺克拉蒂斯. 婚姻家庭社会学[M]. 严念慈,译. 8版. 北京:中国人民大学出版社,2021:32.
⑤ 诺克斯,沙赫特. 情爱关系中的选择:婚姻家庭社会学入门[M]. 金梓,等译. 9版. 北京大学出版社,2009:25.
⑥ NICHOLS M P, DAVIS S D. Family therapy: concepts and methods[M]. 11th ed. Hoboken: Pearson Education, 1998: 54.

弗吉尼亚·萨提亚（Virginia Satir）是家庭系统理论的先驱之一，是家庭沟通理论模型的领军人物。沟通是家庭系统理论的主要组成部分。萨提亚认为沟通是幸福、健康家庭的核心，功能障碍伴随着原生家庭沟通不畅，当家庭成员获得沟通技能时，他们将会做出更健康的行为，使整个家庭系统受益。①

家庭系统理论强调每个成员在家庭中的角色和互动。家庭系统包含多种角色，如领导者、跟从者、问题制造者、替罪羊等。家庭平衡取决于个人及其角色。在健康的家庭中，个人可以变换角色而不是被锁定在某个角色里；在问题家庭里，某个家庭成员可能经常被当作替罪羊，或是家庭问题的制造者。② 改变在家庭系统中扮演的角色并非易事，如果一个人改变，就会影响整个家庭系统。例如，原本负责养家糊口的父亲不在了，母亲就被迫外出工作挣钱，家庭的其他所有成员就必须做出改变，努力调整他们的角色，以适应母亲必须扮演的新角色，从而使家庭能够继续下去。牵一发而动全身，这是角色改变困难的原因之一。另一方面，规则和家庭角色有助于家庭平衡。出现功能障碍的家庭往往使其家庭成员难以适应角色和规则，由此导致自尊心低下和防御行为。家庭生活教育可以帮助家庭成员认识自己的角色和利用互动方式来调整自己的行为，从而实现家庭平衡。

家庭系统理论的重点并非单个家庭成员，而是家庭成员如何在家庭系统内部互动、家庭成员如何沟通、家庭模式如何演变、个性如何影响家庭成员等。③ 系统理论不只是将家庭视为一个单元，而且是从关注个体到将家庭视为一个系统，这就意味着将关注点转移到关系模式上。④

如何帮助家庭有效地发挥其功能是家庭生活教育的核心目标。家庭系统理论并不认为家庭或个人是病态的，而是暂时的功能失调。⑤ 这与家庭生活教育的预防理念相一致。

综上所述，家庭系统理论对于家庭生活教育的启示包括：

尝试对家庭系统的所有成员进行教育（夫妻双方而不是其中一方，父母双方而不是父母某一方，父母和孩子而不仅仅是父母），因为一个成员的变化可能会被其他家庭成员破坏。

一个家庭成员可以触发关系系统的变化。

---

① ALLEN K. Theory, research, and practical guidelines for family life coaching[M]. Cham: Springer International Publishing, 2016: 49-51.
② 诺克斯, 沙赫特. 情爱关系中的选择: 婚姻家庭社会学入门[M]. 金梓, 等译. 9版. 北京大学出版社, 2009: 25.
③ 本诺克拉蒂斯. 婚姻家庭社会学[M]. 严念慈, 译. 8版. 北京: 中国人民大学出版社, 2021: 32.
④ NICHOLS M P, DAVIS S D. Family therapy: concepts and methods[M]. 11th ed. Hoboken: Pearson Education, 1998: 54.
⑤ ALLEN K. Theory, research, and practical guidelines for family life coaching[M]. Cham: Springer International Publishing, 2016: 49-51.

在及时过渡期间(在发展变化期间)增强积极变化的潜力。①

第三节 家庭发展理论

家庭发展理论是最早以家庭为中心的理论之一,在现在的家庭分析中仍然具有一定的价值。家庭发展理论的框架整合了个人和家庭的发展,提供了理解家庭的纵向视角。② 杜瓦尔的家庭生命周期(family life cycle,FLC)是家庭发展理论的标志性成果。家庭生命周期理论以家庭中儿童的存在和年龄为中心,假定家庭成员具有一个正常、有序的发展路径,每个角色都有对应于特定阶段的发展任务;而家庭社会学的生命历程视角(life-course perspective)为解释家庭随着时间的推移而发生的变化带来了新的概念和方法。③

一、家庭发展理论概要

家庭发展理论探讨的是家庭所经历的生命周期变化。家庭发展理论认为,家庭单位和个体一样,是分阶段、随时间发展变化的。家庭发展理论的重点是发展的各个阶段,以及在人的一生中各个阶段发生的内部发展变化。家庭时间,即由家庭成员内部需求(如生理、心理和社会需求)和外部社会(如社会期望和生态限制)促成的一系列阶段是家庭发展观点的焦点,这是家庭发展理论与其他家庭研究理论的区别所在,也是家庭生命周期和家庭生命历程视角的焦点。④ 家庭生命周期和生命历程作为家庭发展的两个主要理论视角,均为家庭生活教育的开展提供了理论支撑。

杜瓦尔提出的家庭生命周期模型是最早的模型之一。该模式对经典的家庭生命周期进行了阐释,描述了一个八阶段的发展周期,从无子女的新婚夫妇开始,到年迈的家庭成员结束。每个阶段都有特定的角色和发展任务(表3-2)。

家庭发展模式描述了家庭的典型发展阶段和方向。分析每个阶段所需的新角色、调

---

① DUNCAN S F,GODDARD H W.Family life education:principles and practices for effective outreach[M].2nd ed.Newbury Park:Sage Publications,2011:35.

② DARLING C A,CASSIDY D,POWELL L H.Family life education:working with families across the lifespan[M].3rd ed.Long Grove:Waveland Press,2014:179.

③ AEBY G,GAUTHIER J.The contribution of the life-course perspective to the study of family relationships:advances,challenges,and limitations[M]//CASTRÉN A,CRESPI I,GOUVEIA R,et al. The palgrave handbook of family sociology in Europe.Cham:Springer Nature,2021:557-558.

④ SUSSMAN M B,STEINMETZ S K.Handbook of marriage and the family[M].New York: Plenum Press,1987.

整和发展任务，可以帮助家庭在一定程度上为接下来的发展做好准备。① 从典型的发展和众多的例外情况可以看到家庭的发展和维持强大家庭系统的复杂性。讨论家庭的发展还可以化解关于家庭概念的简单化迷思。

家庭生命周期，包括家庭经过一系列的阶段和事件所产生的转变。这一经典模型和其他与之类似的模型的观点是家庭生命周期开始于婚姻，并经历养育子女、孩子们离开家庭、退休和配偶双方或一方过世。

表 3-2 杜瓦尔提出的家庭生命周期

阶段	特征
阶段 1	新婚夫妻没有孩子
阶段 2	最大的孩子的年龄小于 30 个月
阶段 3	最大的孩子的年龄为 2.5～6 岁
阶段 4	最大的孩子的年龄为 6～13 岁
阶段 5	最大的孩子的年龄为 13～20 岁
阶段 6	直到最后的孩子离开家庭后该时期结束
阶段 7	从空巢到退休
阶段 8	从退休到配偶中的一方或双方过世

资料来源：DUVALL E M, MILLER B C. Marriage and family development[M]. 6th ed. New York: Harper Collins Publishers, 1985: 26.

具体家庭发展阶段划分基本上在此基础上进行扩展或压缩。阶段的调整是因为家庭成员的增加或减少，包括出生、离家和死亡。② 研究表明，在研究与子女的存在和年龄相关的变量时，家庭生命周期仍然是一个有用的预测工具。③ 希尔和汉森（Hanson）提出了家庭发展理论的五个假设："人的行为最好被视为先前以及当前社会环境和个人条件的一种功能；脱离人的发展，就无法充分理解人的行为；人既是行动者，也是反应者；个人和群体的发展既取决于社会环境的刺激，也取决于固有的（已发展的）能力；社会环境中的个人是基本的自主单位。"④

在生命周期的各个阶段中，根据规范性预期提出了各种发展任务。发展任务随时间的推移而变化。如果完成了任务，就为进入下一阶段做好了充分准备。然而，一项任务

---

① MATTESSICH P, HILL R. Life cycle and family development[M]//POWELL L H, CASSIDY D. Family life education: an introduction[M]. California: Mayfield Publishing Company, 2001: 59.

② POWELL L H, CASSIDY D. Family life education: working with families across the lifespan[M]. 2nd ed. Long Grove: Waveland Press, 2007: 179.

③ KAPINUS C, JOHNSON M. The utility of family life cycle as a theoretical and empirical tool: commitment and family life cycle state[J]. Journal of Family Issues, 2003, 24: 155-184.

④ HILL R, HANSON D A. The identification of conceptual frameworks utilized in family study[J]. Marriage and Family Living, 1960, 22: 299-311.

的失败并不一定意味着一个人不会进入下一个阶段,但它可能会导致不快乐、社会的不认可以及在下一个阶段难以发挥最佳功能。① 例如,到了结婚年龄的子女常常会被父母催婚。

杜瓦尔家庭生命周期理论描述的是典型的(或者说是被社会认为是主流的)家庭发展阶段。事实上,许多家庭的实际状况不符合该模型的阶段周期。比如,结婚年龄和生育年龄推迟、选择不生育的夫妇比例在增加。针对杜瓦尔模型的不足,希尔和罗杰斯(Rogers)提出了一个更具普遍性的模型,试图能够包容更多的家庭结构,从无子女夫妇的稳定阶段开始,家庭规模随着孩子的出生而扩大,然后在抚养孩子期间趋于稳定,当孩子开始离家时家庭规模缩小,然后在后父母阶段再次趋于稳定。② 而马特西奇(Mattessich)和希尔则更注重变化的过程,而不是具体的阶段。艾伦(Allen)则对家庭生命周期提出了更加概念化的划分:童年阶段(childhood)、成年阶段(becoming an adult)、成家阶段(becoming a couple)、为人父母阶段(becoming parents)、拥有青少年子女阶段(having adolesents)、空巢期(launching phase)和晚年生活阶段(later life)。尽管在家庭生命周期领域存在争论,但将家庭生命周期的各个阶段概念化对于家庭研究与实践仍具有很强的意义。③

家庭成员的发展任务随时间的推移而变化。处在家庭生命周期不同阶段的成员如果完成了发展任务,就满足了该阶段的角色的期望,并完成了所承担的角色责任。为了完成相应阶段的发展任务,家庭成员就需要学会处理该阶段成长所面临的挑战。也就是说,不同的阶段有不同的任务和相应的挑战,而应对挑战,完成任务就是个体成长的表现。

家庭生命周期理论存在自身的一些局限性。首先,个体发展的差异性和复杂的社会现实决定了家庭的多样性,家庭生命周期理论主要针对的是传统家庭,未能将特殊类型的家庭涵盖在内;其次,由于家庭的发展不一定是线性的,即总是以同样的方式经过同样的阶段,例如,并不是所有的夫妇都像无子女的新婚夫妇那样开始新的家庭发展,可能有前次婚姻的孩子④;再次,家庭发展理论主要是描述性而非解释性的,虽然探讨了发展任务如何随时间的变化而变化,但没有解释为何不同家庭变化方面会存在差异;最后,家庭生命周期理论忽视了兄弟姐妹关系对个体成长的重要性。⑤ 罗杰斯和怀特(White)提出

---

① KAPINUS C,JOHNSON M.The utility of family life cycle as a theoretical and empirical tool:commitment and family life cycle state[J].Journal of Family Issues,2003,24:155-184.
② POWELL L H,CASSIDY D.Family life education:an introduction[M].California:Mayfield Publishing Company,2001:57.
③ ALLEN K.Theory, research, and practical guidelines for family life coaching[M].Cham:Springer International Publishing,2016:52.
④ POWELL L H,CASSIDY D.Family life education:an introduction[M].California:Mayfield Publishing Company,2001:57.
⑤ 本诺克拉蒂斯.婚姻家庭社会学[M].严念慈,译.8版.北京:中国人民大学出版社,2021:32.

了一个修正理论,承认并非所有的家庭变化都是发展性的。①

二、家庭发展理论与家庭生活教育

家庭发展理论对于家庭生活教育的启示是根据个体的家庭发展历程,以不同的方式为其提供有针对性的计划。② 家庭生命周期理论认为家庭在不同的阶段有不同的任务和需求,例如婚姻初期、成为父母、子女离家等。学习家庭生命周期范式"能帮助许多人确定他们在一生当中要做的选择"。③

利用发展理论,家庭生活教育工作者可以针对处于特定家庭发展阶段的夫妇开展计划,如新婚夫妇、新手父母、有青少年的父母、空巢老人或继父继母家庭等。针对新婚夫妇:夫妻之间的相互理解、支持和沟通是婚姻稳定的基础。在这个阶段,夫妻需要适应彼此的习惯和价值观,并建立积极的互动模式。婚前婚后教育是帮助夫妻建立健康婚姻关系的重要途径。针对准父母:成为父母是家庭生命周期的重要阶段。生育和早期育儿对夫妻关系和个人都有深远影响,夫妻需要学习如何为孩子提供安全、稳定和爱的环境,以促进他们的健康成长。早期育儿教育帮助父母掌握有效的育儿技巧,并提供支持和指导。子女成长和青春期是家庭生命周期的一个挑战性阶段,家长需要适应子女的身心变化,并提供恰当的引导和监督,家庭应该提供一个积极的环境,鼓励子女发展他们的潜能和独立性。青春期教育有助于建立更紧密的亲子关系,并帮助青少年应对日益复杂的社会压力。子女离家成人标志着家庭生命周期的转折点,家长需要重新定义自己的角色和目标,同时处理可能出现的空巢综合征。家庭重组可能发生在再婚、子女结婚等情况下,要求家庭成员适应新的家庭继续发展。家庭生命周期和家庭生活教育对个人和社会具有长远影响。了解家庭生命周期的不同阶段和相应的家庭生活教育,有助于个人提高家庭调适能力和家庭关系质量,同时,也可以增强社会对家庭的支持,创造更健康的和谐的社会环境。这种针对特定阶段的计划更有可能取得长期的成效,因为它们解决的是个人或家庭当前面临的问题,并能从其他有类似经历的小组成员那里获得支持和见解。④ 在亲职教育中,要指导家长根据不同阶段和个体的特点来制定具体的教育计划。例如,在婴幼儿期,父母可以通过建立安全的情感联系、提供温暖的环境和亲密的关怀来促进婴幼儿的安全感和身心发展;在学龄前期,父母可以培养孩子的基本生活技能、社交技能和认知能力;在青少年期,父母需要给予孩子足够的自主权和责任,并提供适当的指导和

---

① POWELL L H, CASSIDY D. Family life education: an introduction[M]. California: Mayfield Publishing Company, 2001: 59.

② DUNCAN S F, GODDARD H W. Family life education: principles and practices for effective outreach[M]. 2nd ed. Newbury Park: Sage Publications, 2011: 35.

③ 诺克斯,沙赫特.情爱关系中的选择:婚姻家庭社会学入门[M].金梓,等译.9版.北京大学出版社,2009:22.

④ POWELL L H, CASSIDY D. Family life education: an introduction[M]. California: Mayfield Publishing Company, 2001: 59.

支持。

运用家庭发展理论需要注意的是,家庭生活教育工作者不要假定每个人都有相同的家庭发展模式,家庭发展差异并不意味着偏差。家庭生活教育工作人员要了解哪些是常态性发展,哪些不属于常态性发展。① 尽管某些新的发展阶段可能具有挑战性,但只要个人和家庭拥有良好的应对技能和支持网络,这些阶段也可能是有益的,并能促进成长。

总之,家庭发展理论运用于家庭生活教育的研究和实践领域,通过了解家庭发展的规律和运作机制,可以促进家庭成员的健康发展和良好关系的建立,帮助人们更好地适应家庭生命周期的变化,并提高家庭的幸福感和稳定性。

第四节 人类生态学

人类生态学理论提供了对人类与环境的关系进行综合研究的理论框架。该理论强调个体、家庭和社区存在内在联系,这些因素同时又受到社会、文化和物质环境的共同影响。家庭与环境互动并相互依赖,家庭本身就是一个生态系统,并同时处于更大的生态系统之中。家庭生态系统是家庭生活教育理论的重要组成部分。

一、人类生态学概要

合理的发展是在各种因素的相互作用下发生的;家庭微观系统影响着其他系统(如邻里、同辈群体、学校、工作场所),同时也受到其他系统的影响。② 生态学理论既源于生物学研究,也源于早期芝加哥社会生态学派的社会生态学,其中包括伯吉斯等人的研究成果。③ 人类生态学是关于个体及其生态系统的学科,该学科关注个体、家庭与外界环境的互动。④ 个人和家庭的存在离不开自然环境(natural environment,NE)中的空气、食物、水,也依赖于与其他个体和组织的社会互动。人类和环境互相依赖也互相影响着对方。个人和家庭不是各自为战,而是与多样的环境——学校、工作场所、街坊发生接触。⑤

---

① 布雷德霍夫特,沃尔切斯基.家庭生活教育:理论与实务的整合[M].林淑玲,张燕满,潘维琴,译.新北市:心理出版社,2016:242-243.
② DUNCAN S F,GODDARD H W.Family life education:principles and practices for effective outreach[M].2nd ed.Newbury Park:Sage Publications,2011:35.
③ PETERSON G W,BUSH K R.Handbook of marriage and the family[M].3rd ed.New York:Springer Science,2013:24.
④ 诺克斯,沙赫特.情爱关系中的选择:婚姻家庭社会学入门[M].金梓,等译.9版.北京大学出版社,2009:26.
⑤ BRONFENBRENNER U.The ecology of human development:experiment by nature and design[M].Cambridge:Harvard University Press,1979:25.

家庭生态学理论研究家庭如何影响环境以及被它的环境所影响。生态学理论的主要倡导者尤里·布朗芬布伦纳(Urie Bronfenbrenner)提出,其生态系统理论包括:

  微观系统(the microsystem):由相互关联的行为角色和影响孩子日常生活的关系(如父母对孩子的如厕训练)组成的。

  中观系统(the mesosystem):由微观系统中各相关实体(例如,家庭、幼儿园或学校)之间的关系组成:家长与教师之间的互动、孩子与同龄人交往、学校与托儿所之间的互动。

  外部系统(the exosystem):指间接影响儿童的社会机构,如父母的工作环境和政策、大家庭网络、大众传媒、社区资源等。

  宏观系统(the macrosystem):更广泛的文化价值观、法律和政府资源。

  时序系统(the chronosystem):儿童一生中发生的变化,包括个人变化(如兄弟姐妹的出生)和文化变化(如思想信仰)。[1][2][3]

布朗芬布伦纳的理论提供了一个分析框架。他根据环境系统对成长中的人的直接影响,将环境系统层次纳入生态范式,即微观系统(离个人最近的环境,涉及与个人和重要他人的直接和具体互动)、中观系统(微观系统中各种环境之间的互动)、外部系统(对个人的微观系统或中观系统有间接影响的更大的社会系统)和宏观系统(总体文化背景和价值观)。后来又增加了时序系统(随时间发生的系统变化),该系统更加关注个人的发展历史(事件和经历)及其对整个生命历程发展的影响。[4] 该框架描述了物理和社会环境(社会网络、邻里、学校、工作场所、社区、政府机构等)与个人和家庭之间的相互作用与影响。[5]

家庭生态系统模式的三大基本概念是有机体(organism)或人类环境单位(human environed unit, HEU),社会家庭周围的环境(environments),以及家庭系统与其周围环境之间的相互关系(interrelationships)。[6]

有机体或人类环境单位可以是单个个体,也可以是多个个体,他们具有某种团结感,分享某些共同的资源、目标、价值观和利益,并具有某种认同感[7],人类环境单位可被概念

---

[1] BRONFENBRENNER U. Ecology of the family as a context for human development: research perspectives[J]. Developmental Psychology, 1986, 22(6): 723-742.

[2] ALLEN K. Theory, research, and practical guidelines for family life coaching[M]. Cham: Springer International Publishing, 2016: 48-49.

[3] 本诺克拉蒂斯. 婚姻家庭社会学[M]. 严念慈, 译. 8版. 北京: 中国人民大学出版社, 2021: 29.

[4] DUNCAN S F, GODDARD H W. Family life education: principles and practices for effective outreach[M]. 2nd ed. Newbury Park: Sage Publications, 2011: 178.

[5] ALLEN K. Theory, research, and practical guidelines for family life coaching[M]. Cham: Springer International Publishing, 2016: 48.

[6] DARLING C A, TURKKI K. Global family concerns and the role of family life education: an ecosystemic analysis[J]. Family Relation, 2009, 58: 14-27.

[7] DARLING C A, CASSIDY D, POWELL L H. Family life education: working with families across the lifespan[M]. 3rd ed. Long Grove: Waveland Press, 2014: 176-177.

化为一个广泛的亲属网络或核心家庭中的一个子系统,包含多种形式的家庭。① 环境可分为三类,分别是自然环境、人类构建的环境(human-constructed environment,HCE)、人类及其行为的社会化环境(human-behavioral environment,HBE)。② 互动可以发生在环境单元内部、环境之间以及环境单元与环境之间,家庭不断适应环境中不断变化的社会、经济、政治和生物因素。③ 使用生态系统框架的关键是检查家庭问题及其多方面环境的相互作用。④ 生态学和系统理论侧重于多层次的分析以及这些层次之间的相互作用。例如,个人被嵌入家庭,但个人和家庭也都被嵌入社区,各层次之间的复杂互动可能包括物质和社会支持以及适应。⑤ 万物皆处于生态之中,因此任何事物均可以采用生态系统理论加以检视。

尽管人类生态学理论展示出其在解释家庭的动态发展方面的有效性,但其依然存在一些局限和不足。"生态学理论试图将成长解释为环境变化的结果,但对老化等解体现象的解释明显缺乏;它并非总能明显地反映出环境究竟怎样以及何时对个人和家庭产生影响。"⑥此外,缺乏成功的方式来测量多层次相互作用,分析水平的理论问题亦困扰着生态模型。⑦ 虽然还不够成熟,但生态框架正在发展成为关于家庭及其成员发展理论的一个有影响力的模型。⑧

二、人类生态学与家庭生活教育

人类生态理论为家庭生活教育提供了指导性框架,可帮助教育者和家庭成员更好地理解和应对不断变化的社会环境。在家庭生活教育中考虑人类生态学是必要的,因为家庭是在系统中运作的。如果不了解这些系统,家庭生活教育工作就无从谈起。正如布朗芬布伦纳所说,为了更好地理解一个系统(即个人、夫妇或家庭及其行为和决定),关键是要理解该系统如何影响这些因素,以及如何受到其他系统(环境)的影响。作为为成人、儿

---

① DARLING C A.Family life education[M]//SUSSMAN M B,STEINMETZ S K.Handbook of marriage and the family.New York:Plenum Press,1987:815-833.

② DARLING C A,TURKKI K.Global family concerns and the role of family life education:an ecosystemic analysis[J].Family Relation,2009,58:14-27.

③ DARLING C A,CASSIDY D,POWELL L H.Family life education:working with families across the lifespan[M].3rd ed.Long Grove:Waveland Press,2014:178.

④ NICKOLS S.Human ecosystem theory:a tool for working with families[J].Journal of Family and Consumer Sciences,2003,95(2):15-18.

⑤ PETERSON G W,BUSG K R.Handbook of marriage and the family[M].3rd ed.New York:Springer Science,2013:24.

⑥ 本诺克拉蒂斯.婚姻家庭社会学[M].严念慈,译.8版.北京:中国人民大学出版社,2021:29-30.

⑦ PETERSON G W,BUSG K R.Handbook of marriage and the family[M].3rd ed.New York:Springer Science,2013:25.

⑧ DUNCAN S F,GODDARD H W.Family life education:principles and practices for effective outreach[M].2nd ed.Newbury Park:Sage Publications,2011:178.

童、青少年和家庭提供服务的专业人员,家庭生活教育工作者可以关注家庭、社区、社会、经济和政治因素如何影响被服务者的处境。即使非生态系统方面的专家,也可以帮助促进变革。①

只解决生态系统某一方面的"万全之策"通常是不够的,必须同时解决社会生态的多个方面。一个旨在教导父母平衡技能的工作与家庭平衡计划,同时也应教导企业如何制定家庭友好型政策。②

生态系统理论强调人类与环境的相互作用,使人们更加意识到所有生命的相互依存性,再进一步关注家庭作为环境的一部分与整个环境的关系。生态系统理论关注家庭的内部与外部环境,家庭的多个相关研究领域可以利用这种联系的视角来进行整合。当代家庭所面临的问题纷繁复杂,这些问题难以在单一学科的框架内得到解决。人类生态学对知识进行了重整,纳入行为科学以及物理和生物科学等,在研发家庭生活教育项目时使用生态方法,可以建立一种有效的方法来全面处理家庭生活中的问题,也有助于家庭研究的完整性。③ 生态系统方法不是使用因果关系来分析家庭问题,而是考察家庭内部过程,以及家庭及其与多种环境因素的动态互动,从而更有利于提出解决家庭所面临的复杂情境问题的有效方案。

家庭生态视角可以使家庭生活教育工作人员注重促进家庭成员间的亲密关系。团结和谐的家庭是个体成长的基石,通过培养家庭成员间的亲密关系,提高家庭满意度和幸福感。为此,就需要培养积极的家庭沟通技巧,增强情感交流和互助能力,提高家庭成员的情绪管理和解决问题的能力,从而实现良好的家庭沟通,有助于解决家庭内部的问题和冲突。

人类生态理论关注物质环境对个体和家庭的影响。在家庭生活教育中,重视和改善家庭的物质条件,提供舒适的居住环境和经济支持,有助于培养个体的自尊和安全感。家庭生活教育应将社会和文化因素纳入考虑,鼓励个体适应多样性和变化。

人类生态理论关注家庭在社区生态系统中的角色。家庭作为社会的基本单位,在社区生态系统中发挥着重要作用。家庭生活教育需要重视家庭与社区的互动关系,通过参与社区活动和志愿服务等方式,加强家庭的社会支持网络。

人类生态理论为家庭生活教育提供了理论基础和实践指导。通过关注家庭成员间的亲密关系、培养积极的家庭沟通技巧以及共同价值观,家庭生活教育可以帮助个体实现健康发展,并促进家庭的发展、和谐与稳定。

---

① ALLEN K. Theory, research, and practical guidelines for family life coaching[M]. Cham: Springer International Publishing, 2016: 48.

② DUNCAN S F, GODDARD H W. Family life education: principles and practices for effective outreach[M]. 2nd ed. Newbury Park: Sage Publications, 2011: 35.

③ DARLING C A. Family life education[M]//SUSSAN M B, STEINMETZ S K. Handbook of marriage and the family. New York: Plenum Press, 1987: 815-833.

第四章

家庭生活教育的重要领域

> 家庭生活教育课程的内容和重点也非常多样化。家庭生活教育的例子包括但不限于婚前教育、丰富婚姻生活、父母教育、性教育、财务管理、时间管理、愤怒管理、减压、沟通和解决冲突工作坊。[①]
>
> ——戴维·布雷德霍夫特

自1985年起,美国国家家庭关系委员会发起了唯一一项全国性的家庭生活教育工作者认证计划。认证家庭生活教育工作者需要接受过指定的家庭生活教育领域的培训并拥有相关实践经验。NCFR发布的《生命全程家庭生活教育架构》(*The Framework for Life Span Family Life Education*)对FLE的内容领域进行了界定。根据NCFR发布的最新版有十个内容领域:社会中的家庭与个体(families and individuals in societal contexts)、家庭的内部动力(internal dynamics of families)、毕生的成长与发展(human growth and development across the lifespan)、人类性学(human sexuality)、人际关系(interpersonal relationships)、家庭资源管理(family resource management)、亲职教育(parent education and guidance)、家庭法律与公共政策(family law and public policy)、家庭专业伦理与实践(professional ethics and practice)、家庭生活教育方法论(family life education methodology)。[②] 结合家庭生活教育内容领域的相关文献和家庭生活教育的实践项目,本章选取亲职教育(也称"家长教育")、子职教育、婚姻教育、性教育进行描述。

第一节 亲职教育

亲职教育与家政教育是家庭生活教育最早的内容范畴,也是当今家庭生活教育的主

[①] BREDEHOFT D J.The framework for life span family life education revisited and revised[J]. The Family Journal,2001,9(2):134-139.

[②] NCFR.Family life education content areas:content and practice guidelines(2020)[EB/OL].[2024-05-02]. https://www.ncfr.org/sites/default/files/2021-03/FLE%20Content%20and%20Practice%20Guidelines%202020. pdf.

要内容领域之一。亲职教育也可以理解为家长教育或父母教育,也就是如何做父亲和母亲的教育,是指导和帮助父亲、母亲尽自己职责和本分的教育。

与FLE所秉持的广义家庭生活教育概念不同,我国大陆采用的是狭义的家庭教育概念(即父母对子女的教育)。因此,亲职教育也就相当于我国大陆通常所言的"家庭教育指导",而FLE不只是针对家长的"家庭教育指导"。亲职教育只是FLE的众多内容领域之一。亲职教育可以进一步划分为父职教育和母职教育,也就是如何尽到父亲和母亲职责与义务的教育,尤其是面对丧偶式育儿、育儿过程中父亲的缺席,父职教育更具有迫切性。

亲职教育和狭义的家庭教育都是为了更好地培养孩子,但它们主要的区别在于教育的主体、对象和内容。亲职教育的主体是亲职教育工作者,狭义家庭教育的主体是家长。亲职教育的主要对象是家长或准家长,特别是那些已经成为父母或即将成为父母的成年人。家庭教育的主要对象则是孩子,家长通过对孩子的日常生活、学习、行为等方面的指导和教育,来达到培养孩子的目标。亲职教育主要包括如何与孩子进行沟通、如何处理亲子关系中的冲突、如何引导孩子的心理和行为发展等方面的知识和技能。狭义家庭教育则主要涉及孩子的道德教育、品格培养、学习习惯的养成等。简单来说,亲职教育是对家长的教育,旨在使他们成为更好的父母;而家庭教育是家长对孩子的教育,旨在促进孩子的全面发展。亲职教育通过提供科学、系统的育儿知识,旨在帮助父母了解儿童心理发展、行为特点、成长规律,树立正确的教育观念,掌握有效的育儿方法和沟通技巧,提升育儿能力和家庭教育水平,培养良好的家庭教育氛围,以实现儿童的全面发展与健康成长。

一、亲职教育的主要内容

亲职教育的主要内容就是如何育儿,内容涵盖了个体成长的方方面面,身体、认知、情感、行为等。其主要包括以下几个方面:第一,儿童发展知识,如关于认知、情感、社交、身体等方面的儿童发展知识,帮助家长了解孩子在不同阶段的成长特点和需求,认识到孩子的个体独特性,意识到孩子需要个别化的教育和照顾;第二,开展家庭教育技能,包括科学的育儿方法、有效的家庭教育技巧、如何激励孩子、如何培养孩子的自我学习能力、如何处理和孩子的冲突,以及如何引导孩子形成规则意识和建立良好的行为习惯等;第三,指导家长开展有效的亲子沟通是亲职教育的重点,指导父母与孩子之间的沟通技巧和方法,增进父母与孩子间的沟通与理解,培养良好的亲子关系,增强相互理解和信任;第四,还需要帮助家长了解孩子的心理状况,预防和处理孩子各种心理问题;第五,帮助家长调整自己的心态,用更积极的态度面对育儿的挑战。

关于育儿的知识体系和育儿方式,存在着不同的划分类型,如"教养方式框架"和多个家长教育课程框架。

(一)教养方式框架

布洛克(Brock)等从教养方式的相关综述中总结出了关于亲子关系的三个主题:养育(nurturance)、结构(structure)和互动模式(patterns of interaction)。"养育"指的是父母的"温暖、支持、承认每个孩子都是独立的个体、对孩子发展适当的期望、对孩子主动提出的互动做出回应、依恋"等一系列行为,这些行为构成了养育的积极、共情和关爱的一面;"结构"包括制定和执行规则,如设定限制、控制、行为期望和贯彻执行,这些行为为孩子划定界限,使他们能够在复杂的世界中定义自己;亲子互动不是一个线性过程,父母的行为影响孩子的行为,孩子的行为也影响父母的行为,父母和孩子之间的互动具有相互性或系统性。[①] 这三个主题提供了一个框架,既可用于总结已知的亲子互动关系,也可用于讨论选定的亲子教育计划。依据麦考比(Maccoby)和马丁(Martin)的观点,教养方式可以从两个不同的维度进行评估,这两个维度分别是回应性(responsiveness)和要求性(demandingness),前者表现为以儿童为中心,后者则是表现为控制。他们将这两个维度结合起来,得出四种教养类型:权威型(authoritative)、专制型(authoritarian)、放任型(permissive)和脱离型(disengaged)。[②] 不同的育儿方式对儿童成长具有不同的影响,有些有助于儿童成长,有些则不利于儿童成长。巴伯(Barber)等人在已有研究的基础上,提出了另外一个关于养育的重要框架,该框架认为父母养育包括三个关键维度,分别是父母支持(parental support)、行为控制(behavioral control)和心理控制(psychological control),分别预示着青少年功能的特定方面。[③] 该框架被认为是一个维度框架,因为所提出的维度是分开考虑的,而不是结合在一起形成具体的养育类型。[④]

(二)家长教育课程框架

家长教育文献中提到的家长教育课程框架主要有"全国推广家长教育模式"(the national extension parent education model,NEPEM)、"全国推广亲职教育工作者框架"(the national extension parenting educator's framework,NEPEF)和"家长教育核心课程框架"(the parent education core curriculum framework,PECCF)。

---

① BROCK G W,OERTWEIN M,COUFAL J D.Parent education theory,research,and practice[M]//ARCUS M E,SCHVANENELDT J D,MOSS J J.Handbook of family life education,Vol.2:the practice of family life education.Newbury Park:Sage Publications,1993:90-95.

② BORNSTEIN M.Parenting science and practice[M]//DAMON W,RENNINGER K A,SIGEL I E,et al.Handbook of child psychology,Vol.4:child psychology in practice.6th ed.Hoboken:Wiley & Sons,Inc.,2006:920.

③ BARBER B K,STOLZ H E,OLSEN J A.Parental support,behavioral control,and psychological control:assessing relevance across time,method,and culture[J].Monographs of the Society for Research in Child Development,2005,70(4):1-137.

④ STOLZ H E.Parenting education[M]//DUNCAN S F,GODDARD H W.Family life education:principles and practices for effective outreach.2nd ed.Newbury Park:Sage Publications,2011:191-210.

根据育儿的框架和研究，以及育儿指导项目的广泛经验，合作推广服务机构的专业人员创建了"全国推广家长教育模式"。该模式明确规定了"关键"或"优先"育儿实践。根据NEPEM，六种优先养育实践及其说明如下：

关爱自我：

管理个人压力；管理家庭资源；为其他家长提供支持；在需要时寻求并接受他人的支持；认识到自己的个人和育儿优势；在设定育儿目标时要有目标感；与育儿伙伴合作。

理解：

观察和了解自己的孩子及其发展；认识到孩子如何影响和回应周围发生的事情。

指导：

对适当的期望行为进行示范；建立并保持合理的限制；为儿童提供适合发展的机会来学习责任；传达基于人类尊严的基本价值观；教授解决问题的技能；监测儿童的活动，促进他们与同龄人和成人的接触。

培育：

表达爱意和同情心；培养孩子的自尊和希望；倾听并关注孩子的感受和想法；教导善良；为子女提供营养、住所、衣服、健康和安全需求；与孩子一起庆祝生活；帮助孩子感受到与家族历史和文化遗产的联系。

激励：

教孩子了解自己、他人和周围的世界；激发好奇心、想象力和对知识的探索；创造有益的学习条件；帮助孩子处理和管理信息。

提倡：

在需要时查找、使用和创建社区资源，以造福自己的孩子和儿童社区；刺激社会变革，为儿童和家庭创造支持性环境；与家庭、邻里和社区团体建立关系。①

NEPEM家长教育框架表明，家长教育首先包括对家长自身的教育，如关爱自我、管理个人压力、管理家庭资源，这是学习养育的前提条件；家长在学习为人父母的行为的过程中，自身也会从中受益；受益于学习如何支持和鼓励子女（包括回应和激励子女）以及如何在不控制子女思想和情感的情况下引导子女（包括设定限制和提供结构）。② NEPEM提供与亲职教育相关的核心概念框架，各州专家和实地教师可以很容易地对其进行调整和扩展。③ 开发该模型的目的是在州和县一级激发亲职教育项目并使之概念

---

① SMITH C A, CUDABACK D, GODDARD H W, et al. National extension parent education model[R/OL].[2023-08-11].https://www.k-state.edu/wwparent/nepem/nepem.pdf.

② STOLZ H E. Parenting Education [M]//DUNCAN S F, GODDARD H W. Family life education:principles and practices for effective outreach.2nd ed.Newbury Park:Sage Publications,2011:197.

③ SMITH C A, CUDABACK D, GODDARD H W, et al. National extension parent education model[M].Manhattan:Kansas Cooperative Extension Service,1994:12.

化，同时为亲职教育者提供内容指导。NEPEM 提出了与亲职教育项目内容相关的八项基本指导原则：注重父母提高子女幸福感的行动；对整个童年和青少年时期都具有重要意义的做法优先；核心事项优先；更注重技能和做法，而非实践的安排；对家长技能进行灵活分类；采用动态而非静态的模式；强调家长的优势和赋权；父母的优势足够广泛和灵活，有助于开发跨文化的项目。[1]

2000 年，由美国各州家庭与人类发展专家和工作人员以及全国家庭生活与人类发展项目负责人组成的推广团队召开会议，对亲职教育者的关键技能和实践进行梳理，在此基础上，该团队建议将 NEPEM 的"家长优先实践"（priority practices for parents）与"亲职教育者优先过程"（priority processes for parenting educators）结合起来，形成一个新的架构，即"全国推广亲职教育工作者框架"。[2] 在 NEPEF 中，家长的六项"内容实践"（content practice）与六项"过程实践"（process practice）有机结合起来，可以使亲职教育者更有效地与家长合作，"内容实践"包括关爱自我（care for oneself）、理解（understand）、指导（guide）、培育（nurture）、激励（motivate）和倡导（advocate），"过程实践"包括成长（grow）、框架（frame）、发展（develop）、拥抱（embrace）、教育（educate）和建设（build）（见图 4-1）。[3]

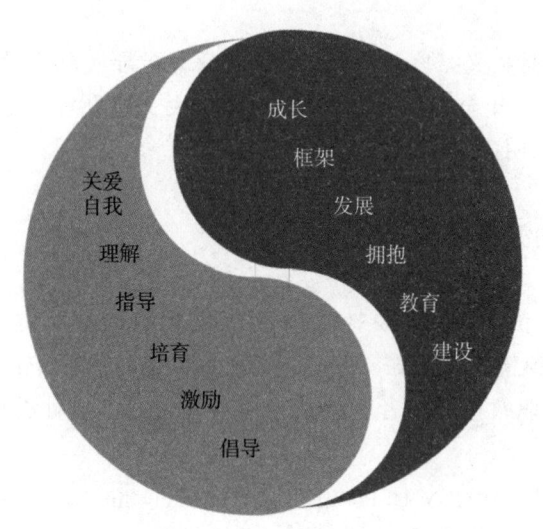

图 4-1　亲职教育的途径

---

[1] DARLING C A, CASSIDY D, POWELL L H. Family life education: working with families across the lifespan[M].3rd ed.Long Grove: Waveland Press,2014:286-287.

[2] DEBORD K, BOWER D, MYERS-WALLS J A, et al. A professional guide for parenting educators: the national extension parenting educator's framework[J].Journal of Extension,2006,44(3): 1-38.

[3] DEBORD K, BOWER D, MYERS-WALLS J A, et al. A professional guide for parenting educators: the national extension parenting educator's framework[J].Journal of Extension,2006,44(3): 1-38.

"家长教育核心课程框架"为家长教育计划的课程规划提供了指南,该框架虽然是专为幼儿家长设计,但也可适用于其他受众。① 该框架并未提供规定课程,而是对亲职教育中应当教授的内容进行了界定。亲职教育工作者可以据此开发课程以及对课程进行评估。

该框架包含四个层次的信息,分别是领域(domains)、组成部分(components)、类别(categories)、指标(indicators)。领域包括家长发展、亲子关系、幼儿发展、家庭发展、文化和社区;组成部分指每个领域中的内容;类别是指每个组成部分中更具体的学习内容单元;指标则是指家长的长期学习目标。② PECCF 将家长教育与子女教育相结合,具有多种潜在用途,可以用于规划课程和进行教学设计、评估亲职教育成效、评估公共政策的影响等。PECCF 还包括"在课程规划、开发和实施中使用家长教育核心课程框架和指标的程序"。该框架对于任何参与亲职教育项目开发或实施的人员而言是一个极佳的资源。③

麦克德莫特(McDermott)则把亲职教育工作者的专业发展领域概括为 10 个方面,分别是:儿童与一生的发展;家庭关系动态;专业实践与成人教育方法;指导与培育;家庭系统的多样性;学校与儿童保育关系;社区关系;评估与评价;健康与安全;公共政策、组织政策和法律。④

我国大陆采用的是狭义家庭教育概念,家庭教育指导实际上就是针对父母的教育,也就是亲职教育。2010 年全国妇联联合教育部、中央文明办等七部门首次联合发布《全国家庭教育指导大纲》明确了亲职教育的内容。⑤

二、亲职教育的开展方式

根据受教育对象的数量,亲职教育的教学模式可以分为三种,即个别模式(the individual mode)、小组模式(the group mode)和大众模式(the mass mode)。

个别模式是指亲职教育工作者对家长一对一地指导。这种类型的亲职教育通常是

---

① DARLING C A, CASSIDY D, POWELL L H. Family life education: working with families across the lifespan[M]. 3rd ed. Long Grove: Waveland Press, 2014: 285-286.

② Minnesota Association for Family and Early Education. Parent education core curriculum framework 2011[EB/OL]. [2023-08-11]. https://greatlakesequity.org/resource/parent-education-core-curriculum-framework-2011.

③ DARLING C A, CASSIDY D, POWELL L H. Family life education: working with families across the lifespan[M]. 3rd ed. Long Grove: Waveland Press, 2014: 285-286.

④ MCDERMOTT D. Table 1 core competence areas for parenting educators and professionals working with children youth parents and families across programs[EB/OL]. [2023-08-11]. https://npen.org/resources/Documents/Table-1-Core-Competence-Areas-for-Parenting-Educators-and-Professionals-Working-with-Children-Youth-Parents-and-Families-Across-Programs-1.pdf.

⑤ 新华社. 七部门首次联合发布《全国家庭教育指导大纲》[EB/OL]. (2010-02-26)[2023-08-26]. https://www.gov.cn/jrzg/2010-02/26/content_1542789.htm.

通过家访项目进行的,但也有越来越多的亲职教育工作者面向有需求的家长提供个别咨询。个别模式是最具有针对性的模式,能够就亲职教育的具体问题进行深入的分析和持续的指导。

小组模式是广泛使用的亲职教育方式,主要通过课堂教学、工作坊、研讨会或支持小组等形式向一群家长提供亲职教育指导。① 小组模式有利的方面是一同学习的家长可以形成学习共同体,彼此分享,互相参看。采取小组模式的亲职教育项目见表4-1。

表4-1 采取小组模式的亲职教育项目

亲职教育的小组教学项目	the group mode of parent education
家长效能培训	parent effectiveness training(PET)
有效育儿的系统性培训	systematic training for effective parenting(STEP)
积极育儿	active parenting
育儿技能培训	parenting skills training
亲子关系提升	parent-child relationship enhancement(PCRE)
自尊:家庭事务	self-esteem:a family affair
培育	nurturing
行为矫正计划	behavior modification programs

资料来源:BROCK G W,OERTWEIN M,COUFAL J D.Parent education theory,research,and practice[M]//ARCUS M E,SCHVANENELDT J D,MOSS J J.Handbook of family life education,Vol.2:the practice of family life education.Newbury Park:Sage Publications,1993:95-106.

亲职教育的大众模式是指面向广大家长群体的教育,其方式不是面对具体家长,而是通过新闻媒体、出版机构、期刊、互联网、移动通信设备,以广播和电视节目、出版物、宣传册、推文等形式进行的教育。大众模式的优点是可以接触到更多的受众,家长可以自主选择进行学习;不足之处是缺少个性化和针对性,而且没有亲职教育者和家长之间的直接接触。② 随着信息技术的发展,以大众模式提供的家长教育日益增多。

《婴儿护理》是大众模式亲职教育的典型案例。《婴儿护理》是美国儿童局于1914年首次出版的关于亲职教育的小册子。这是政府首次对家庭教育这一在传统上认为是私人的领域施加影响,代表着社会政策的重大进步。该刊已成为美国最畅销的出版物之一,到20世纪80年代,其发行量超过6000万份。③ 2019年全国妇联等九部门发布《全国家庭教育指导大纲(修订)》,修订版根据时代特征增加了"家庭道德教育""父辈、祖辈联

---

① DARLING C A,CASSID D,POWELL L H.Family life education:working with families across the lifespan[M].3rd ed.Long Grove:Waveland Press,2014:281.

② DARLING C A,CASSID D,POWELL L H.Family life education:working with families across the lifespan[M].3rd ed.Long Grove:Waveland Press,2014:281.

③ MALONE D M,ORTHNER D K.Infant care as a parent education resource:recent trends in care issues[J].Family Relations,1988,37:367-372.

合教养指导""多子女养育及互联网时代的家庭媒介教育"等内容。①

三、亲职教育的专业队伍

家庭生活教育中的亲职教育工作者就相当于狭义家庭教育中的家庭教育指导师。作为亲职教育的实施者,亲职教育工作人员是亲职教育项目的重要构成要素。亲职教育工作人员的专业素养决定着亲职教育项目的质量。

在不同的亲职教育场域,依据具体的亲职教育项目,亲职教育者以不同的身份出现。不同的角色范式反映了亲职教育工作者的教育理念,以及其对亲职教育、家长、亲职教育内容的假设。不同的角色范式各自具有优势和局限性。亲职教育工作者需要具备扮演不同角色的能力,才能满足其角色期望。

总体而言,亲职教育工作者的角色范式有专家(expert)、促进者(facilitator)、批判性探究者(critical inquirer)、合作者(collaborator)和干预者(interventionist)。②③ 专家型的亲职教育工作者视自己为知识的权威,拥有丰富的亲职教育理论知识和亲职教育经验,职责是向家长传授系统的知识体系,能够为家长们提供具有科学性和有效性的亲职教育指导。促进者范式注重家长的主体性,认为家长具备自主成长和开展亲子教育的能力,假定家长们已经掌握了他们所需要的信息和知识,由家长来确定亲职教育项目的目标和过程,亲职教育者要做的是提供一个讨论的视角或场所,为家长们提供适当的资源;持此种立场的家庭教育工作者不是将自己定位为一个领导者,而是将自己定位为一个引导小组进程的促进者——"站在身旁的向导",而不是"站在台上的圣人"。④ 这种范式旨在激发家长的亲子教育潜能和主动性,为家长有效开展亲子教育提供支持。采用批判性探究的亲职教育者通过提问来帮助学员对所提出的亲子问题进行批判性思考,帮助家长进行反思和对家庭相关的公共政策进行评估。⑤ 合作者范式是介于专家和促进者之间的一种范式。在合作者范式中,亲职教育工作者和家长共同确定亲职教育项目的目标和议程。在此种范式下,家长的知识得到了重视,而亲职教育工作者的知识基础和团体促进

---

① 刘丽君.全国妇联等九部门发布《全国家庭教育指导大纲(修订)》[EB/OL].(2019-09-02)[2023-08-26].http://www.cnwomen.com.cn/2019/09/02/99171042.html.
② DARLING C A,CASSID D,POWELL L H.Family life education:working with families across the lifespan[M].3rd ed.Long Grove:Waveland Press,2014:288.
③ DUNCAN S F,GODDARD H W.Family life education:principles and practices for effective outreach[M].2nd ed.Newbury Park:Sage Publications,2011:15-19.
④ DARLING C A,CASSID D,POWELL L H.Family life education:working with families across the lifespan[M].3rd ed.Long Grove:Waveland Press,2014:288.
⑤ DUNCAN S F,GODDARD H W.Family life education:principles and practices for effective outreach[M].2nd ed.Newbury Park:Sage Publications,2011:15-19.

技能也得到了展现与认可。①亲职教育工作者将基于研究的原则带入学习环境,家长带来自己与之相关的生活经验。在干预者范式下,亲职教育工作者被视为变革的推动者,他们寻求认知、态度和行为的改变,通过亲职教育帮助家长改变思维方式和行为方式。②

亲职教育工作者的不同角色与亲职教育项目的实施模式之间存在对应关系。课程的实施模式主要包括传递(transmission)、交易(transaction)和转化(transformation)三种类型。③采用传递模式的亲职教育项目旨在通过传递知识、态度或技能,以改善亲子关系,在这种模式中,亲职教育工作者被视为分享知识的专家,控制着家长的学习;交易模式旨在促进学习者的成长,提高其解决问题的能力,家长被视为一个具有能动性的个体,同时也是一个学习者,亲职教育工作者扮演促进者的角色,其任务是促进家长的学习;在转化型项目中,家长是一个积极的参与者,对学习过程负有主要责任,亲职教育工作者扮演合作者的角色,为父母提供机会,促进其进行反思,承担起学习的主要责任。④

亲职教育工作者的角色不是一成不变的,而是会随着项目目标、对象、内容、场地的不同而做出调整。亲职教育工作者应当具备扮演不同类型角色的能力,适宜地进行角色切换,以保证亲职教育项目的成效。面向众多家长开一次亲职教育的专题讲座,主持系列亲子工作坊,提供一对一指导,撰写亲子关系方面的科普文章,不同的任务决定了亲职教育工作者要扮演截然不同的角色。

随着亲职教育被确立为一个专业领域,亲职教育工作者作为专业人员所应当具备的能力受到关注。哪些知识和技能是有效开展亲职教育所需的?亲职教育工作者如何获得这些知识和技能?怎样确保亲职教育工作者已经具备了这些知识和技能?为此就需要进行相关的研究、培训和认证。依据坎贝尔(Campbell)和帕尔姆(Palm)的研究,亲职教育工作者的专业成长和发展分为新手、中级和大师三个阶段,每个阶段涉及五个发展领域,分别是知识、小组协助技能、教学技能、专业身份和边界、对多样性的理解。⑤二人还研制出了自我评估清单供亲职教育工作者检测自我的专业发展程度。成立于1996年的全国亲职教育网络(the National Parenting Education Network,NPEN)是由亲职教育从业者组成的志愿小组非正式地聚集在一起,共同关心、支持和加强亲职教育领域工作的组织;该组织致力于通过信息共享、促进成员专业发展、促进联系、领导和宣传等方式

---

① DARLING C A,CASSID D,POWELL L H.Family life education:working with families across the lifespan[M].3rd ed.Long Grove:Waveland Press,2014:288.

② DUNCAN S F,GODDARD H W.Family life education:principles and practices for effective outreach[M].2nd ed.Newbury Park:Sage Publications,2011:18.

③ MILLER J,SELLER W.Curriculum:perspectives and practice[M].New York:Longman,1985:5-9.

④ DARLING C A,CASSID D,POWELL L H.Family life education:working with families across the lifespan[M].3rd ed.Long Grove:Waveland Press,2014:289.

⑤ CAMPBELL D,PALM G F.Group parent education:promoting parent learning and support[M].Newbury Park:Sage Publications,2004:206-207.

推动亲职教育领域的发展。① NPEN 在其官方主页提供了关于亲职教育工作者专业成长与认证的丰富文献资源,如《亲职教育工作者的专业准备系统:身份认同、价值感知和对全国证书的需求》(*Professional Preparation Systems for Parenting Educators:Identification,Perceived Value,and Demand for a National Credential*)②、《十项亲职教育项目中亲职教育工作者的能力》(*Parenting Educator Competencies across Ten Programs*)③、《亲职教育工作者的能力:亲职教育工作者需要知道什么和做什么?》(*Competencies of a Parent Educator:What Does a Parent Educator Need to Know and Do?*)④等。

现今社会对孩子教育的期望值不断攀升,这给父母带来了巨大的压力和焦虑。在追求优质教育的同时,父母也需要平衡工作与家庭的关系,保持良好的心理状态,共同创造积极的教育环境。

第二节 子职教育

虽然美国 NCFR 的家庭生活教育内容框架没有明确使用"子职教育"的表述,但是其框架中"毕生的成长与发展"关于儿童和青少年部分的内容实际上就属于子职教育的范畴。我国《台湾地区家庭教育有关规定施行细则》中,明确子职教育为"增进子女或被监护人对父母或监护人应尽义务与应享权益之教育活动及服务"。⑤ "子职"的定义,顾名思义,"子"即子女,"职"即职责本分,"子职"就是指为人子女者在家庭生活中应当担负起的责任和义务。⑥ 子职教育是专门针对子女实施的,是使其成为称职子女的一种教育。文献中关于子职教育的英文有不同的表述方式,用得比较多的是"filial education"⑦,但"filial education"一般指的是孝道教育。虽然孝道教育是子职教育的主要内容之一,但把

---

① The National Parenting Edecation Network. About NPEN[EB/OL].[2023-08-26].https://npen.org/about-npen.

② STOLZ H E,HENKE T M,BRANDON D J,et al.Professional preparation systems for parenting educators:identification,perceived value,and demand for a national credential[J/OL].[2023-08-26].https://npen.org/resources/Documents/profprep.pdf.

③ MCDERMOTT D.Parenting educator competencies across ten programs[J/OL].[2023-08-26].https://npen.org/resources/Documents/Parenting-Educator-Competencies-across-Ten-Programs.pdf.

④ COOKE B.Competencies of a parent educator:what does a parent educator need to know and do? [J/OL].[2023-08-26].https://npen.org/resources/Documents/competencies.pdf.

⑤ 台湾地区家庭教育资源网.台湾地区家庭教育有关规定施行细则[EB/OL].(2020-06-23)[2023-08-26].https://familyedu.moe.gov.tw/docDetail.aspx? uid=8848&pid=1030&docid=101789.

⑥ 杨帆.子职教育对儿童亲子关系的影响:以小学中年级为例[D].杭州:浙江师范大学,2008:14.

⑦ 江帆.代际伦理视角下大学生子职知觉、子职实践现状调查研究[D].成都:四川师范大学,2008:Ⅲ.

子职教育等同于孝道教育则显然不妥。虽然"child-duty education"①的译法采用得比较少,但笔者认为"child-duty education"一词更能准确反映子职教育的内涵,因为孝道教育毕竟不是子职教育的全部。

一、子职教育的意义

作为家庭这一社会基本单位的成员,子女和父母一样都是一种社会角色(social role)。角色是社会学中的重要概念之一,指个体在特定的社会或团体中所占有的位置和被社会或团体所规定的行为模式。② 社会角色就是"社会结构中与某一特定位置相关的期望和行为的集合"。③ 角色有多种划分方式,根据个体获得角色的方式,角色可以分为先赋角色和自致角色,前者指"个人与生俱来或在成长过程中自然获得的角色,它通常建立在遗传、血缘等先天的或生物的基础之上",后者指"个人通过自己的努力和活动而获得的角色"。④ 可见父母和子女都属于先赋角色,是个体无法自主选择的角色。

作为子女这一社会角色,其角色的内涵是在家庭中与其身份、家庭地位相一致的权利、义务和行为模式。⑤ 当然,这里的权利和义务是在平等的前提下而言的。子职也就是子女的责任,可以理解为为人子女者在日常家庭生活中,应当承担起的"社会及父母所期待并赋予的责任与义务"和表现出的"子女所处的身份地位应有的行为模式",在享有子女权利的同时善尽自己所应履行的责任和义务。⑥ 根据社会学的角色理论,角色行为过程包括角色学习和角色扮演。⑦ 父母是第一次做父母,孩子也是第一次做孩子。无论是父母还是孩子都需要学习如何扮演自己的社会角色,这样才能把角色扮演好。子女能否表现出社会及父母所赋予自己身份地位的行为模式,符合社会对子职的期待与规范,很大程度上取决于其对子职内涵的认识与了解。⑧ 只有子女对自己的职责形成正确的认知,才能进一步产生良好的子职实践。⑨ 否则就可能会因为对自身角色相关的行为模式不太清楚而出现角色模糊(role ambiguity)或角色无能(role incapacity)现象。⑩ 这种学习如何扮演角色的过程也就是个体的角色调适过程。社会应当为家庭成员的这种角色

---

① 王明.基于代际伦理视角的中国子职教育研究[D].重庆:重庆师范大学,2011:Ⅱ.
② 喻安伦.社会角色理论磋探[J].理论月刊,1998(12):40-41.
③ 郭瑜.浅析角色理论在社会工作实务中的应用[J].中国青年政治学院学报,2011,30(1):127-131.
④ 喻安伦.社会角色理论磋探[J].理论月刊,1998(12):40-41.
⑤ 乐善耀.今天怎样当儿女:亲职教育的另一面:子职教育[J].家庭教育:幼儿版,2001(2):4-7.
⑥ 杨帆.子职教育对儿童亲子关系的影响:以小学中年级为例[D].杭州:浙江师范大学,2008:14.
⑦ 喻安伦.社会角色理论磋探[J].理论月刊,1998(12):40-41.
⑧ 杨帆.子职教育对儿童亲子关系的影响:以小学中年级为例[D].杭州:浙江师范大学,2008:14.
⑨ 卢慧玲.浅谈子职知觉与子职实践[J].家庭教育双月刊,2012(38):35-45.
⑩ 郭瑜.浅析角色理论在社会工作实务中的应用[J].中国青年政治学院学报,2011,30(1):127-131.

学习提供条件,针对父母开展如何成为称职父母的教育(即亲职教育),针对子女开展如何成为称职子女的教育(即子职教育)。毋庸置疑,父母对孩子的教育包含了子职教育的内容,但这不应当是子职教育的全部。社会、学校也应承担起子职教育的任务,并且这种来自家庭外部的子职教育可能会具有家庭中子职教育难以产生的影响。家庭、学校、社会协同方能使子职教育相得益彰。

孝道是中国子职教育的重要内容,这与我国的传统文化和伦理思想密切相关。虽然随着社会的发展,传统养儿防老的观念已逐渐淡化,但子女感恩、孝敬与回馈父母仍然是家庭应该遵守的伦理。① 随着时代变迁,传统道德观念的影响力逐渐减弱,这些因素使得子女未能意识到自己在家庭系统中所应担负的责任与义务,因而不能只是通过亲职教育教导父母如何成为称职的父母,却忽略要求子女顺从与感恩。② 但也不能把子职教育简单地等同于孝道或者感恩教育,尤其是一些愚孝行为更是与现代的子职教育理念相悖。现代子职教育应倡导平等的理念,无论是传统社会忽视子女权益的父为子纲,还是放弃对子女的要求而选择放纵与溺爱,都是现代子职教育需要警惕的内容。在现代社会中,为了孩子能够成长为称职的子女,子职教育变得愈发重要。

二、子职教育的主要内容

子职教育,顾名思义,就是教导孩子们自己应该承担的角色和职责,主要包括孩子作为一个家庭成员应承担的职责。作为家庭的一分子,需要教育子女尊重家庭规则,尽自己的一份力量来做好分内的事情。在传统社会的子职教育中,家风被视为宝贵的资源。传统社会重视将家族的价值观和生活方式传递给子辈,以确保他们在道德品质和行为规范上与祖辈保持一致。《礼记》《弟子规》和一些著名的家训、家规等是传统子职教育内容的范例,代表了传统中国社会对子女职责的期待与训示。③ 随着社会的发展,子职教育的内涵也发生了很大的变化。

子职教育的内容因子女的年龄而异。不只是儿童和青少年,父母健在的成年人也扮演着子女的角色。随着人们平均寿命的延长,甚至一些老年人依然为人子女,在此意义上,子职实践贯穿了各个年龄阶段,子职教育的内容也就呈现出很大的年龄差异。本研究关注的是学校开展的子职教育,对象主要是儿童和青少年。

张耐在介绍子职教育活动方案时,列举了方案的目标:给予青少年正确的家庭观——包括家庭功能与价值等;引领青少年了解自己的角色与发展阶段相关议题;帮助

---

① 吴琼洳,蔡明昌.台湾南部地区未成年子女及其父母之子职实践研究[J].嘉大教育研究学刊,2019(43):1-32.
② 卢慧玲.浅谈子职知觉与子职实践[J].家庭教育双月刊,2012(38):35-45.
③ 杨帆.子职教育对儿童亲子关系的影响:以小学中年级为例[D].杭州:浙江师范大学,2008:20.

青少年了解父母亲的角色与父母养育之恩;教导青少年与父母相处之道及亲子沟通之技巧。① 通过子职教育,子女能够更好地理解他们在家庭中所扮演的角色,并对自己的行为产生责任感。

梳理相关文献(表 4-2),可以发现儿童时期的子职教育主要强调配合父母教导和独立,也就是听父母的话和自己的事情自己做,因此此时子女能为家庭做的还很少,更多的是需要家庭的照看;随着年龄的增长,则在此基础上增加了情感支持与体恤照顾,当子女能为家庭分担事务时则应主动分担,比如在力所能及的情况下分担家务;成年时期的子职实践内容则更多地体现为照顾、赡养、文化反哺。无论哪个阶段的子职教育,提升沟通的有效性都应当包括在内。

表 4-2 不同发展阶段子职教育的内容

发展阶段	作者	观点
儿童时期	龚仁棉	配合教导;主动沟通
	郑凰君	学习的责任是学习与同侪相处、把握课业、扮演适合自己的性别角色、自我照顾、分担家务;相对于父母的责任是配合父母的教导、给予父母情感上的回应;成为一个人的基本责任是孝顺、尊敬
	李玉珍	配合父母教导;主动与父母沟通;情感回馈;维持家庭和谐;分担家务;独立自制
	庄雅雯	陪伴体恤;生活协助;遵守服从;联系安心;独立自制;文化反哺
青少年时期	曾玲真	情感支持与关怀;陪伴体恤与协助;主动沟通与尊重;独立自制与照料;联系安心
	吴恩婷	照顾回馈;受教;文化反哺;接受父母心理支持;提供父母心理支持
	吴顺发	陪伴体恤与沟通分享;情感支持与反哺回馈;独立自制与自我照料;传讯安心
成年时期	陈若琳 李青松	独立自制;陪伴体恤;生活协助;传讯安心;反哺回馈
	蔡嫈娟	独立自制;配合教导;情感支持、主动关心;维持家庭和谐;家务与经济上分担;分享荣耀共同成长
	江帆	自我照料、经济供养、生活协助;联系沟通、陪伴关心、体恤支持;接受教导、文化反哺、自我发展

资料来源:卢慧玲.浅谈子职知觉与子职实践[J].家庭教育双月刊,2012(38):35-45.
江帆.代际伦理视角下大学生子职知觉、子职实践现状调查研究[D].成都:四川师范大学,2008:6-7.

---

① 张耐."子职教育":为人子女之道[J].师友,2000,11:37-39.

三、子职教育的开展方式

传统的子职教育注重培养子女的孝顺之心,使其能够尽到对父母和家庭的责任。这种教育方式通过学习尊重长辈、理解家庭内部的角色分工以及尽己所能地照顾家人等方式来实现。现代的子职教育注重促进子女的全面发展。子职教育旨在全面发展孩子的个性和潜力,帮助孩子们成为具有适应力、能独立思考和有解决问题能力的称职子女,注重培养孩子们的同理心、表达能力、团队合作和决策能力,使他们能够与不同背景的人建立良好的人际关系。

子职教育的实施需要家庭、学校与社会三者的合力。子职教育并非只是家庭、学校或社会某一方的责任,而是需要各方协同一起努力才能真正达到目的。

作为最初的教育场所,家庭在子职教育中扮演着至关重要的角色。家长应该给予孩子足够的关爱、支持和引导,为他们提供适宜的学习环境和培养机会。家庭中的子职教育更多地体现在父母的言传与身教之中,子女在耳濡目染中学习,父母的行为重于父母的说教,家庭开展子职教育的最大败笔就是父母的言行不一。

学校教育是子职教育的重要组成部分。作为专门的教育机构,学校是最有效率的教育场所。学校应该整合现有课程资源,对现有的子职教育相关的内容进行统整,同时改进教学方式。学校中教师们应协同设计子职教育方案,自编符合学区家庭状况的教材,实施子职教育课程,利用班会、周会对学生们开展子职教育讲座等,让学生在接触子职角色的责任及义务中,了解其在家庭中子职实践的情形。① 教师需持续改进子职教育课程设计,促进学生全面素质的培养,并与家庭和社会密切合作,共同协调和推进子职教育的实施工作。

子职教育的教学方式应当避免空洞的说教,应当注重营造情境体验,结合具体案例,为学生创造分享和讨论的机会,让子女在分享中认识自己的角色义务。让子职教育在体验中进行,比如可以选择双休日或假期的一天,开展"家庭角色互换",父母与子女互换角色,让孩子当一天父母,从而体会当父母的辛劳。② 子职教育课程的实施应当建立在师生伙伴关系的基础上,采取班级小团体分组的方式,来进行子职教育课程活动,以增加学生在小组中与同伴互动和分享的机会,进而获得彼此的支持性力量,从而减少集体教学的不足与个别工作所带来的压力,通过学习彼此合作以解决子职实践面临的共同问题。③

社会机构可以结合自己的领域开展相应的子职教育。比如电视台栏目《少年说》就为改进亲子沟通提供了很好的资源。观众可以通过观看其他家庭的亲子沟通来反思自

---

① 唐佩钰.被忽略的子职教育[J].师友月刊,2009,3:72-73.
② 乐善耀.今天怎样当儿女:亲职教育的另一面:子职教育[J].家庭教育:幼儿版,2001(2):4-7.
③ 吴顺发.子职教育课程实施模式初探[J].台湾教育,2010,662:45-49.

己家庭的沟通问题。

只有通过家庭、学校与社会的密切合作,才能确保子职教育的有效实施,培养出更多称职的子女,为社会的发展做出贡献。

第三节　婚姻教育

当代社会面临着离婚率上升、催婚、不婚、恐婚等现象凸显婚姻教育的重要性。婚姻教育旨在使人们了解婚姻,为婚姻做好准备,懂得如何维系亲密关系和经营婚姻,从而拥有幸福的家庭生活。婚姻美满幸福的家庭能够培养出具有积极健康人格的下一代,减少问题青少年的发生,进而有助于社会的和谐与稳定。美满幸福的婚姻对夫妻双方、子女以及社会均具有积极意义。

婚姻教育和性教育是两个不同但相关的概念,二者虽然存在交叉之处,但在诸多方面存在差异。婚姻教育是指面向夫妻、准夫妻或有意结婚人士的关于婚姻生活的知识、技能和理解,旨在促进健康、幸福、和谐的婚姻关系而进行的教育活动。婚姻是个体生命中重要的组成部分,关系到个体的幸福、家庭的稳定和社会的发展。因此,婚姻教育的目标是帮助个体建立健全的婚姻观念,增强夫妻之间的沟通能力,提高解决问题和冲突的技巧,促进婚姻关系的稳定和提升夫妻之间的相互理解与沟通,并为夫妻关系长久持续提供支持。而性教育的目标群体是不同年龄段的个人,旨在帮助个人获得正确的性观念、了解性知识、培养性健康的态度和行为。婚姻教育的内容包括夫妻沟通、冲突处理、家庭经济管理、子女教育等婚姻生活中的方方面面;而性教育的内容主要包括生理性别知识、性关系、性健康、性心理等与性有关的各个方面,注重培养健康的性态度和行为。

一、婚姻教育的主要内容

婚姻教育的内容粗略可以分为婚前准备(marriage preparation)教育和婚姻培育(marriage enrichment)教育。婚姻乃人生大事,但准夫妻往往把更多的时间花费在婚礼准备上而不是用于提升自己关于婚姻的知识和拥有幸福持久婚姻的能力。此外,婚姻也需要经营和培育,这样才能避免通常而言的"3年之痛""7年之痒"。婚姻准备教育与婚姻培育教育的内容存在交叉,但是二者也存在区别。这种区分很有必要,甚至有必要根据婚姻的不同阶段对婚姻教育的内容进行更细致的划分。有针对性的婚姻教育内容将有助于准夫妻和夫妻面对婚姻的挑战。

婚姻教育旨在预防,因而婚姻教育的内容指向婚姻中常见的问题和挑战。奥尔森概述了夫妻在婚姻中面临的一些较为常见的问题,以及婚姻教育内容所涉及的相应领域(表4-3)。

表 4-3　婚姻中常见的问题与婚姻教育内容领域

婚姻中常见的问题	婚姻教育内容领域
表达自我(expressing self) 自尊(self-esteem) 否认/回避(denial/avoidance) 控制问题(control issues)	**个性问题(personality issues)** 果断(assertiveness) 自信(self-confidence) 逃避(avoidance) 伴侣主导地位(partner dominance)
理想化/社会可取性(idealization/social desirability) 个性/习惯(personality/habits) 价值观/信仰不一致(incompatible values/beliefs) 兴趣/活动(interests/activities) 期望(expectations) 满意度(satisfaction)	**个人内部问题(intrapersonal issues)** 理想主义扭曲(idealistic distortion) 个性问题(personality issues) 精神信仰(spiritual beliefs) 休闲活动(leisure activities) 婚姻期望(marriage expectations) 婚姻满意度(marriage satisfaction)
沟通交流(communication) 争吵/愤怒(arguments/anger) 儿童(children) 承诺(commitment) 婚姻角色(marital roles) 性/情感(sex/affection)	**人际问题(interpersonal issues)** 沟通交流(communication) 解决冲突(conflict resolution) 儿童与养育(children and parenting) 夫妻亲密度(couple closeness) 角色关系(role relationship) 性关系(sexual relationship)
亲戚/朋友(relatives/friends) 金钱/工作(money/work) 家庭问题(family issues)	**外部问题(external issues)** 家人和朋友(family and friends) 财务管理(financial management) 家庭亲密度和灵活性(family closeness and flexibility)

资料来源：OLSON D H,OLSON A K.Prepare/enrich program:version 2000[J].Prepare,1999:197.

(一)婚前准备教育

美国家庭生活教育中婚姻教育、婚姻准备教育拥有相当长的历史，主要是由牧师来承担,结婚前的准备工作通常包括在结婚前与牧师的一两次会面；会面的内容主要集中在婚礼策划和讨论婚姻的精神和宗教方面,真正涉及婚姻教育的内容很少。[①] FOCCUS 婚姻部是婚前准备教育和婚姻培育教育的著名机构之一,该机构始于开创性的婚姻准备工具——婚前调查表"促进开放式的夫妻沟通、理解和研究"(facilitating open couple communication,understanding and study,FOCCUS)；随着研究人员开始为婚前夫妇开

---

① POWELL L H,CASSIDY D.Family life education:an introduction[M].California:Mayfield Publishing Company,2001:174.

发科学可靠、有效的关系评估工具,如奥尔森的"婚前准备问卷"(the prepare inventory)①和 FOCCUS 婚前调查表(pre-marriage inventory)②,婚姻教育在 20 世纪 80 年代以后开始发生改变。③

自 1985 年以来,已有 100 多万对夫妇参加了 FOCCUS 婚前调查,FOCCUS 的课程被 30 多个国家和地区的 8000 多个组织使用。④ FOCCUS 婚前调查表包括以下内容:生活方式期望、朋友和兴趣、性格匹配、个人问题、沟通、解决问题、宗教与价值观、为人父母、大家庭、性、财务、婚姻准备、婚姻盟约、关键问题表征、原生家庭、双重职业、跨信仰婚姻、再婚、同居夫妇。⑤

我国香港特别行政区的明爱全人发展培训中心开发的婚前准备课程内容包括:婚姻期望、沟通技巧、加强了解和默契、自我认识、姻亲关系、性与家庭计划;采用婚前预备评估表、婚前准备课程可以发掘准夫妻双方在关系中的长处和需要成长的地方,通过学习和运用"积极聆听""十个步骤""伴侣及家庭方位图"等技巧来提升沟通、化解冲突、探索双方的关系及原生家庭中的问题,建立可行的预算和财务计划,订家庭目标,剖析双方的个性。⑥

我国关于婚姻教育课程的系统研究起步较晚,相关实践也欠缺体系性。"中国婚姻教育开展得很不充分,内容比较零散,有的内容甚至存在严重偏差","有关研究极为有限,婚姻教育人才严重匮乏"。⑦ 2020 年 9 月民政部、全国妇联印发《关于加强新时代婚姻家庭辅导教育工作的指导意见》,提出"探索开展婚前辅导,开发婚前辅导课程,帮助当事人做好进入婚姻状态的准备,努力从源头上减少婚姻家庭纠纷的产生"⑧。随着《中华人民共和国家庭教育促进法》的落实和推进,婚姻教育研究和实践均会丰富起来。

(二)婚姻培育教育

婚姻是需要经营和精心维系的,夫妻双方的共同学习与成长是良好婚姻关系的前提。婚姻教育的重要内容之一就是亲密关系的营造与维系。因此,婚姻教育又被称为

---

① OLSON D H,OLSON A K.Prepare/enrich program:version 2000[J].Prepare,1999:196-216.
② FOCCUS.FOCCUS© pre-marriage inventory[EB/OL].[2023-08-29].https://www.foccusinc.com/foccus-inventory.aspx.
③ POWELL L H,CASSIDY D.Family life education:an introduction[M].California:Mayfield Publishing Company,2001:174.
④ FOCCUS. History:FOCCUS marriage ministries [EB/OL]. [2023-08-29]. https://www.foccusinc.com/about-us-history.aspx.
⑤ FOCCUS.FOCCUS© pre-marriage inventory[EB/OL].[2023-08-29].https://www.foccusinc.com/foccus-inventory.aspx.
⑥ 明爱全人发展培训中心.婚前辅导/婚姻培育[EB/OL].[2023-08-29].https://www.counselling.caritas.org.hk/pmcc.
⑦ 李宝明.中国婚姻教育的基本原则和推广措施[J].经济研究导刊,2011(32):203-205.
⑧ 民政部、全国妇联印发《关于加强新时代婚姻家庭辅导教育工作的指导意见》[EB/OL].(2020-09-09)[2023-08-29].https://www.gov.cn/xinwen/2020-09/09/content_5541839.htm.

"婚姻与关系教育"(marriage and relationship education,MRE)或"伴侣关系教育"(couple relationship education,CRE)。成功的婚姻培育教育能够减轻婚姻的压力和降低离婚率。

1988年,根据婚姻促进者和夫妻的反馈,FOCCUS 婚姻部推出了婚姻培育量表"促进开放式夫妻沟通、理解和研究的关系强化"(relationship enrichment facilitating open couple communication,understanding and study,REFOCCUS);该调查表是为已婚夫妇设计的工具,可以帮助他们研究、理解和沟通他们的关系;随着其使用范围的不断扩大,该量表已被用作小组环境中的婚姻增益工具。①

马克曼(Markman)发起并与弗洛伊德(Floyd)、斯坦利(Stanley)和布隆伯格(Blumberg)一起实施了预防和加强关系项目(the prevention and relationship enhancement program,PREP)。PREP 有四个主要目标,分为两个维度。减少风险因素维度的两个主要目标分别是教导夫妇进行更好的沟通和冲突管理(communication and conflict management)与帮助夫妇澄清和评估期望(expectations);提高保护性因素维度的两个主要目标分别是提高对承诺的理解和选择(dealing with commitment),以及加强由乐趣、友谊和性感(fun,friendship,and sensuality)而产生的积极的联系。②

2002年左右,来自美国各州合作推广系统(the cooperative extension system)的专家组建了"全国推广关系与婚姻教育网络"(the national extension relationship and marriage education network,NERMEN)③,共同确定了婚姻研究的关键主题。为了指导婚姻教育工作者选择或开发婚姻教育课程,NERMEN 用5年多的时间开发了"全国推广关系与婚姻教育模式"(national extension relationship and marriage education model,NERMEM),NERMEM 的特征是以实证研究为基础、以理论及最佳实践为依据,提炼了健康、稳定的夫妻关系的关键思维和行为模式模型,可以用于开展婚姻教育。④

虽然 NERMEM 本身并不是一门具体课程,但其为课程开发奠定了基础。⑤ 其核心内容包括7个维度,分别是选择(choose)、关爱自我(care for self)、了解(know)、关怀

---

① FOCCUS. History:FOCCUS marriage ministries [EB/OL]. [2023-08-29]. https://www.foccusinc.com/about-us-history.aspx.

② STANLEY S M, BLUMBERG S L, MARKMAN H J. Helping couples fight for their marriages:the PREP approach[J]//BERGER R, HANNAH M T. Preventive approaches in couples therapy.Routledge,1999:279-303.

③ DUNCAN S F,HAWKINS A J,GODDARD H W.Marriage and relationship education[M]//DUNCAN S F,GODDARD H W.Family life education:principles and practices for effective outreach.2nd ed.Newbury Park:Sage Publications,2011:174.

④ FUTRIS T G,ADLER-BAEDER F.The national extension relationship and marriage education model:core teaching concepts for relationship and marriage enrichment programming[EB/OL].[2023-08-29].https://www.fcs.uga.edu/docs/NERMEM.pdf.

⑤ DUNCAN S F,HAWKINS A J,GODDARD H W.Marriage and relationship education[M]//DUNCAN S F,GODDARD H W.Family life education:principles and practices for effective outreach.2nd ed.Newbury Park:Sage Publications,2011:174.

(care)、分享(share)、管理(manage)和联结(connect)。这7个维度囊括了健康婚姻关系必备的要素:选择指的是稳固、健康、持久的关系,是有意识地选择的结果,需要经过深思熟虑方能做出;关爱自我要求保持身体、性、情感和心灵的健康,身心健康与健康的婚姻关系相辅相成;了解维度要求保持对伴侣世界的了解,包括需求、兴趣、情感和期望等;关怀则意味着采取滋养、关怀和亲昵的行为,向伴侣敞开心扉,表达善意、尊重、理解和同情;分享维度是指发展并保持夫妻间的身份认同,共度有意义的时光,培养共同的夫妻认同感;管理维度强调以健康的方式处理分歧,解决矛盾和冲突,接受差异并管理压力;联结维度要求夫妻参与积极的社会支持网络,与家人、同伴和社区建立积极的联系。[1] NERMEM为婚姻教育提供了系统的内容框架体系,为相关课程开发提供了指引。

霍金斯(Hawkins)等人2004年提出了"婚姻教育综合框架"(comprehensive framework for marriage education,CoFraME);内容维度是该框架的第一个维度,内容维度又分为三个子维度,分别是关系技能(relational skills)、意识/知识/态度(awareness/knowledge/attitudes)、动机/美德(motivations/virtues)。[2]

当今社会的离婚率上升,因而婚姻教育的内容还应当包括如何结束一段关系和开始一段新关系,也就是体面地分手,理性地离婚与再婚。[3]

二、婚姻教育的开展方式

NERMEM侧重于婚姻与关系教育的内容维度,CoFraME则是一种全面的婚姻教育模式,包含了婚姻教育的实施方式。CoFraME包括7个维度:内容(content)、强度(intensity)、方法(methods)、时机(timing)、场所(setting)、目标群体(target)和交付(delivery)。CoFraME提出者霍金斯等人的目标是"提供一个框架,帮助婚姻教育工作者更全面、系统、广泛和创造性地思考加强婚姻的干预机会"[4]。

强度维度是婚姻教育实施所需要考虑的维度之一。实施的强度不够可能起不到作用,效果不明显;而强度过高,则可能过犹不及。当然,理想状况是用最小的量取得最优的效果。强度分为低、中、高三个水平。低程度的婚姻教育方式包括通过宣传册和出版媒体开展的婚姻教育,高程度的婚姻教育包括多时段、面对面的夫妻教育,中等强度的婚

---

[1] FUTRIS T G, ADLER-BAEDER F. The national extension relationship and marriage education model:core teaching concepts for relationship and marriage enrichment programming[EB/OL].[2023-08-29].https://www.fcs.uga.edu/docs/NERMEM.pdf.

[2] HAWKINS A J, CARROLL J S, DOHERTY W J, et al. A comprehensive framework for marriage education[J].Family Relations,2004(53):547-558.

[3] STAHMANN R F, SALTS C J. Educating for marriage and intimate relationships[M]// ARCUS M E,SCHVANEVELDT J D,MOSS J J.Handbook of family life education,Vol.2:the practice of family life education.Newbury Park:Sage Publications,1993:50-54.

[4] HAWKINS A J, CARROLL J S, DOHERTY W J, et al. A comprehensive framework for marriage education[J].Family Relations,2004(53):547-558.

姻教育包括讲座、单次的工作坊等。当然，这些程度只是相对而言，不同程度之间并没有严格的界线。方法维度指婚姻教育的教学方式，主要涉及教师、学习方式和维持三个子维度。教师能力是影响婚姻教育成效的关键因素之一，即使有好的内容，但教师教学能力不足也会影响到婚姻教育的质量。婚姻教育的开展还需要考虑教育对象的学习风格，针对不同学习风格的学员采取相应的教学方式，选用有助于学员维持和巩固学习效果的教学方法。时机是指婚姻教育何时进行。虽然婚姻教育关注的主要群体为准夫妇、新婚夫妇，但从生命历程的角度来看，婚姻教育考虑到处于不同人生阶段的人群，从青少年、成年早期、婚前、新婚到为人父母、中年甚至是老年人。婚姻教育项目需要加强对处于生命历程转换阶段家庭的关注。场所是指开展婚姻教育的地点。婚姻教育开展的场所包括家庭、邻里和社会、教堂、学校、健康中心、医院、工作场所、政府和公共服务部门等现实世界的场所，也包括电视、广播、报纸和互联网等媒体。随着移动通信、人工智能的发展，婚姻教育的场所变得越来越灵活和个性化。目标群体指婚姻教育的教育对象。婚姻教育者应考虑到教育对象的个体经历和社会背景，开展有针对性的教育。交付维度是指婚姻教育以何种途径提供给大众，也就是婚姻教育的提供者如何向公众传播婚姻教育。婚姻教育既需要正规的、专业的形式，也需要非正规的途径，如社区宣传、媒体普及等。

总之，霍金斯模式为婚姻教育项目的开发与实施提供了一个全面的框架。它使专门从事婚姻教育的家庭生活教育工作者了解到社区中需要关注的多个方面以及多种可能性。[①] 当然，婚姻教育的成功开展绝非易事，婚姻教育目标的达成是通过改变教育对象与婚姻成败相关的认知与行为来实现的[②]，而一个人固有的认知和行为是非常难以改变的。

三、婚姻教育的专业队伍

婚姻教育工作者既包括接受过系统的专业教育并获得资格认证的专业人员，也包括社区或婚姻登记机关提供婚姻相关服务的工作人员，还包括教会的牧师、学校的教师、媒体相关栏目的编辑。

FOCCUS促进者是婚前准备教育组织的成员。他们会与订婚的夫妇在婚前私下会面数次，帮助他们发现彼此在关系中的优点，并就他们可能尚未彻底解决的问题进行积极沟通；当一对夫妇为结婚做准备时，促进者的主要目标是帮助准夫妻公开、尊重地对终身健康婚姻满意度很重要的话题进行探讨，以便他们能够将这些知识应用于共同的未来。[③]

---

① DUNCAN S F,HAWKINS A J,GODDARD H W.Marriage and relationship education[M]//DUNCAN S F,GODDARD H W.Family life education:principles and practices for effective outreach.2nd ed.Newbury Park:Sage Publications,2011:172-173.

② STANLEY S M, BLUMBERG S L, MARKMAN H J. Helping couples fight for their marriages:the PREP approach[J]//BERGER R, HANNAH M T. Preventive approaches in couples therapy.Routledge,1999:279-303.

③ FOCCUS. FOCCUS facilitators[EB/OL].[2023-08-29]. https://www.foccusinc.com/facilitators.aspx.

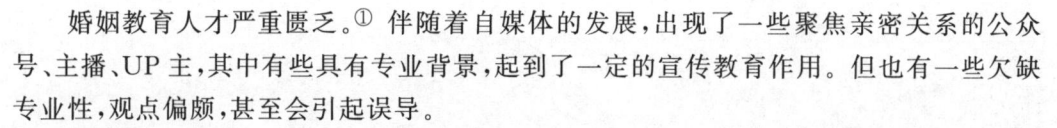

婚姻教育人才严重匮乏。① 伴随着自媒体的发展,出现了一些聚焦亲密关系的公众号、主播、UP主,其中有些具有专业背景,起到了一定的宣传教育作用。但也有一些欠缺专业性,观点偏颇,甚至会引起误导。

总之,婚姻教育对于夫妻的幸福和家庭的稳定具有重要意义,它能够帮助夫妻更好地理解和适应婚姻生活中的挑战,建立牢固的婚姻基础,实现夫妻共同成长和幸福美满的生活。

第四节 性教育

性教育是家庭生活教育中最具争议的部分。"从历史上看,性教育一直是引发争议的导火索,围绕许多问题的争论激情四射,其中最基本的问题是,性教育到底应不应该教,其次是应该教什么,在什么年龄段教,在哪里教,谁来教,以及性教育是否有效?"②争议往往和历史、传统文化、宗教、政治、健康等因素有关。在家庭生活教育的发展历史中,性教育曾经是中小学开展家庭生活教育的阻力。如今性教育的重要性已为大众所认可,争议更多的是性教育的时间、内容和方式。

一、性教育的主要内容

性教育与性行为的教育不是对等的概念。性教育的范围相当广泛。

当代的性教育课程建立在相关研究基础上,这些研究强调:传授实用的性健康信息;培养必要的人际交往技能,采取、实践和保持增进健康的性行为;建立重视健康生活方式的团体和个人规范。此外,还确定了有效的性教育课程的特点,包括内容、教学过程、实施、流程和评估。③

性教育课程所涵盖的内容因学生的需求、年龄、场地和课程长度而异。性知识模型(见图4-2)可用于帮助组织课堂或课程内容,并根据课程参数进行调整。该模型包括认知、心理和生理过程随时间发生的变化,性别和文化影响之间的相互作用。

从时间发展维度来看,就与性相关而言,时间有两个平行的维度:历史时间和个人时间。从历史时间维度来看,在文化、人际关系以及与爱情、性别转换和了解性生理有关的

---

① 李宝明.中国婚姻教育的基本原则和推广措施[J].经济研究导刊,2011(32):203-205.
② CALAHAN S. Sexuality education [M]//DUNCAN S F, GODDARD H W. Family life education:principles and practices for effective outreach.2nd ed.Newbury Park:Sage Publications,2011:211.
③ CALAHAN S. Sexuality education [M]//DUNCAN S F, GODDARD H W. Family life education:principles and practices for effective outreach.2nd ed.Newbury Park:Sage Publications,2011:232.

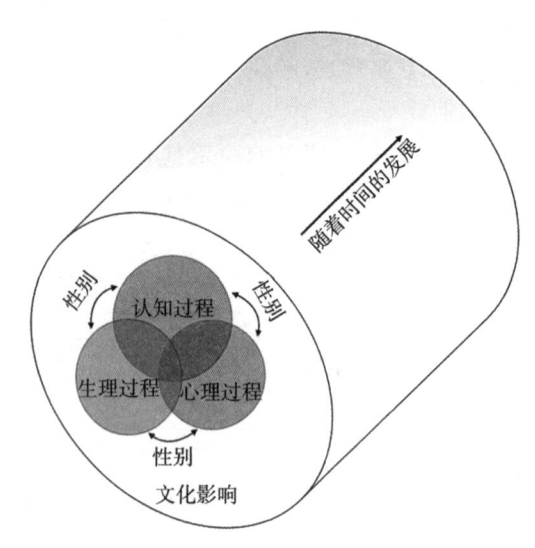

图 4-2 性教育模式

资料来源：DARLING C A,CASSIDY D,POWELL L H.Family life education:working with families across the lifespan[M].3rd ed.Long Grove:Waveland Press,2014:209.

科学方面,课程内容已经发生了许多变化。

个人时间,正如我们的衰老和发展所指出的,是课程内容变化的另一个因素。性教育课程的参与者对影响他们个人年龄的问题更感兴趣。例如,参加大学性教育课程的学生可能对老年人的性活动、变化和担忧不感兴趣,反之亦然。然而,家中有子女的父母可能不仅会对自己作为父母或单亲成年人的性问题感兴趣,还会对子女在他们所处的成长时期面临的性问题感兴趣。随着个人和家庭生命周期的变化,这些性兴趣领域也会随之变化和发展。[1]

美国性信息和教育委员会(Sexuality Information and Education Council of the United States,SIECUS)成为美国性教育和性教育领域公认的领导者,为专业人士、父母和公众出版了大量书籍、期刊和资源。

《全面性教育指南:幼儿园至十二年级》(*Guidelines for Comprehensive Sexuality Education:Kindergarten-12th Grade*,以下简称《性教育指南》)由美国全国青少年发展、医疗保健和教育领域的专家工作组开发,提供了关键概念、主题的框架,以及所有性教育方案在理想情况下都应包含的内容。

关键概念是有关性和家庭生活的知识分类。《性教育指南》包括6个关键概念,每个概念都包含性教育的重要领域(表4-4)。

---

[1] DARLING C A,CASSIDY D,POWELL L H.Family life education:working with families across the lifespan[M].3rd ed.Long Grove:Waveland Press,2014:209-212.

表 4-4 《性教育指南》的关键概念和主题

关键概念	主题
关键概念 1：人类发展	主题 1：生殖和性解剖生理学 主题 2：青春期 主题 3：生殖 主题 4：身体形象 主题 5：性取向 主题 6：性别认同
关键概念 2：关系	主题 1：家庭 主题 2：友谊 主题 3：爱 主题 4：浪漫关系与约会 主题 5：婚姻与终身承诺 主题 6：养育孩子
关键概念 3：个人技能	主题 1：价值观 主题 2：决策 主题 3：沟通 主题 4：自信 主题 5：协商 主题 6：寻求帮助
关键概念 4：性行为	主题 1：性生活 主题 2：手淫 主题 3：共同的性行为 主题 4：性节制 主题 5：人类的性反应 主题 6：性幻想 主题 7：性功能障碍
关键概念 5：性健康	主题 1：生殖健康 主题 2：避孕 主题 3：妊娠和产前护理 主题 4：堕胎 主题 5：性传播疾病 主题 6：艾滋病毒和艾滋病 主题 7：性虐待、袭击、暴力和骚扰

续表

关键概念	主题
关键概念6:社会与文化	主题1:性与社会 主题2:性别角色 主题3:性与法律 主题4:性与宗教 主题5:多样性 主题6:性与媒体 主题7:性与艺术

资料来源:National Guideline Task Force. Guidelines for comprehensive sexuality education: kindergarten[M/OL].3rd ed.Fulton:Fulton Press,2018.[2023-08-30].https://siecus.org/wp-content/uploads/2018/07/Guidelines-CSE.pdf.

关键概念1是人类发展,涉及身体、情感、社会和智力成长之间的相互关系;关键概念2是关系,人际关系在人的一生中起着核心作用;关键概念3是个人技能,健康的性行为需要发展和使用特定的个人和人际交往技能;关键概念4是性行为,性行为是作为人的核心部分,个体以各种方式表达自己的性行为;关键概念5是性健康,促进性健康需要具体的信息和态度,以避免性行为造成不必要的后果;关键概念6是社会与文化,环境决定了个体了解和表达性行为的方式。

二、性教育的开展方式

尽管人们普遍认为性教育是在公立学校的课堂上对青少年进行的,但学校并不是需要性教育的唯一场所。① 性教育可以作为教育课程的一部分在学校进行,也可以在社区机构,如美国红十字会、计划生育组织和男孩女孩俱乐部进行,或者在健康诊所和家里开展,抑或是服务学习或青年发展计划的一部分。② 因而,性教育的场所多种多样,包括学校、青少年/家庭服务组织和机构、宗教团体和教堂,以及医疗/健康组织;不同场所的性教育项目包括:学校中的性教育(sexuality education in the schools)、其他组织和机构中的性教育(sexuality education in other organizations and agencies)、青少年怀孕预防计划(adolescent pregnancy prevention programs)、性传播疾病/艾滋病预防计划(STD/AIDS

---

① POWELL L H,CASSIDY D.Family life education:an introduction[M].California:Mayfield Publishing Company,2001:146.

② CALAHAN S. Sexuality education [M]//DUNCAN S F,GODDARD H W. Family life education:principles and practices for effective outreach.2nd ed.Newbury Park:Sage Publications,2011:218.

prevention programs)、儿童性虐待预防计划(child sexual abuse prevention programs)等。①

美国已经建立了从幼儿园到高等教育的家庭生活教育课程体系,性教育作为家庭生活教育的主要内容之一,学校中的性教育已经形成了成熟的实施模式。大多数州都要求(也有一些州是建议)在公立学校开展性教育和/或艾滋病教育,并提供了配套的课程或课程指南供学校使用。②

性教育预防计划通常在结构、目标人群、场所、持续时间或内容方面体现出不同的特征。③ 一些预防计划涉及特定的问题,如预防怀孕或感染性病或艾滋病,而另一些则针对特定的性行为,如推迟性活动的开始或增加避孕套或避孕药具的使用。性教育项目中既有仅针对节欲的(推迟性行为的开始时间或者是减少性行为数量),也有综合性的。综合性的性教育项目不仅鼓励节欲,同时也提供有关避孕的知识。④

科比(Kirby)总结了最有效的性教育和艾滋病教育课程的10个共同特征。这些特征包括:

①聚焦于减少导致意外怀孕或感染艾滋病(HIV)/性传播疾病(STD)的性行为。

②基于已被证明能影响其他与健康相关行为的理论,并确定要针对的特定重要性行为前因。

③传递并不断强化关于节制性行为和/或使用安全套或其他避孕方式的明确信息。这是区分项目是否有效的最重要特征之一。

④提供关于青少年性行为风险的基础、准确知识,以及避免性交或使用避孕措施来防止怀孕和性传播疾病的方法。

⑤包括针对影响性行为的社会压力的活动。

⑥提供沟通、协商和拒绝技巧的实例和练习。

⑦采用参与式的教学方法,并让他们将信息个性化。

⑧融入适合学员年龄、性经验和文化的行为目标、教学方法和材料。

⑨持续足够长的时间(即几个小时以上)。

---

① ENGEL J W, SARACINO M, BERGEN M B. Sexuality education [M]//ARCUS M E, SCHVANEVELDT J D, MOSS J J. Handbook of family life education, Vol.2: the practice of family life education. Newbury Park: Sage Publications, 1993: 62-86.

② ENGEL J W, SARACINO M, BERGEN M B. Sexuality education [M]//ARCUS M E, SCHVANEVELDT J D, MOSS J J. Handbook of family life education, Vol.2: the practice of family life education. Newbury Park: Sage Publications, 1993: 62-86.

③ SAUNDERS J A. Adolescent pregnancy prevention programs: theoretical models for effective program development[J]. American Journal of Sexuality Education, 2005(1): 63-84.

④ CALAHAN S. Sexuality education [M]//DUNCAN S F, GODDARD H W. Family life education: principles and practices for effective outreach. 2nd ed. Newbury Park: Sage Publications, 2011: 218-219.

⑩选择相信该方案的教师或同伴领袖,并为他们提供充分的培训。①

性教育应当采取多样的教学策略。由于与性话题相关的文化和个人敏感性,因此为学生营造安全的学习环境很重要。有几种方法可以营造安全的环境,如提供《班级参与指南》,开展班级活动,如一分钟坐立不安、班级契约和问题箱;价值澄清,两个有助于澄清价值观的练习示例包括"认知层次"和"关系中的价值观";拒绝的技巧。② 具体的教学策略还包括案例研究、关键事件、头脑风暴、角色扮演、嗡嗡小组、游戏、句子补全、价值澄清、辩论、资源发言人、教学媒体、以学习者为中心的活动。③

三、性教育的专业队伍

性教育工作者不同于性咨询师或性治疗师。性教育工作者旨在预防,而其他的性咨询师或治疗师则提供与性相关的问题和疾病的解决与治疗。

性教育的专业队伍是决定性教育项目成效的关键因素之一。开展贯穿整个生命周期的明确而积极的性教育需要训练有素的专业教育工作者。④ 成为一名性教育工作者可能听起来令人兴奋,性教育工作有趣但也充满了挑战性,甚至令人生畏。美国许多公立初中和高中都开设了人类性行为课程(最常见于中学和高中的健康课程中),但任课教师们表示在这一领域的专业准备和培训较少。⑤ 只有61%的学院和大学要求开设性教育课程以获得健康教育认证,近三分之一的负责性教育的教师报告其没有接受过这方面的职前或在职培训。⑥ 得到有效的培训对于成为一名性教育工作者而言至关重要,性教育专业队伍存在的问题就是缺少正规培训,培训性教育工作者的学术课程很少,导致其在教授这个被认为是敏感的话题时困难重重,力不从心。

性教育是一个极易引起争议的话题,有没有必要开展性教育、针对多大的儿童适宜开展性教育、性教育内容与方式均是人们关注的焦点。承担性教育课程的教师承受着很

---

① KIRBY D. Emerging answers: research findings on programs to reduce teen pregnancy (summary)[J]. American Journal of Health Education, 2001, 32(6):348-355.

② DARLING C A, CASSIDY D, POWELL L H. Family life education: working with families across the lifespan[M]. 3rd ed. Long Grove: Waveland Press, 2014:217-223.

③ BRUESS C F, GREENBERG J S. Sexuality education: theory and practice[M]. 2nd ed. New York: Macmillan Publishing Company, 1988:245-262.

④ POWELL L H, CASSIDY D. Family life education: working with families across the lifespan[M]. 2nd ed. Long Grove: Waveland Press, 2007:163.

⑤ WALTERS A, HAYES D. Teaching about sexuality[J]. American Journal of Sexuality Education, 2007(2):27-49.

⑥ Sexuality Informationand Education Council of The United States. National teacher preparation standards for sexuality education[EB/OL]. [2023-09-03]. https://siecus.org/resources/national-teacher-preparation-standards-for-sexuality-education/#:~:text=The%20National%20Teacher%20Preparation%20Standards%20for%20Sexu-ality%20Education, Legal%20and%20Professional%20Ethics%3B%20Planning%3B%20Implementation%3B%20and%20Assessment.

大的压力，稍一疏忽就可能受到质疑、招致批评、引起非议，导致教师害怕教授性教育课程。对职前和在职教育工作者的培训不足，使教师感到除了解剖学、性传播感染和怀孕预防这些最基本、最"安全"的话题，对其他话题毫无准备，因害怕争议导致寒蝉效应。此外，性教育工作者缺乏培训也导致教师觉得自己没有能力处理更具挑战性但又至关重要的话题，如性取向、性行为、堕胎、安全性行为（尤其是安全套的使用）、多样性和性别角色等。① 中小学和大学的教师都存在缺乏培训的问题。虽然大学里的大多数从事性教育的教师都拥有高等学位，但却没有接受过人类性行为领域的专业培训。其原因是能获得性教育学位的学术课程非常少。虽然一些系（如心理学系、社会学系、社会工作系、医学系、卫生系和家庭科学系）会开设一门性学课程，但这些课程因学科的视角差异而有很大的不同。②

海德（Hyde）描述了性教育工作者必须具备的三个条件：适当的教育和人类性知识；在有关性的交流中表现自如；有能力倾听、理解问题和评估需求。③

美国性信息和教育委员会颁布的《全国性教育教师培养标准》确定了七个基本标准，教师候选人必须达到这些标准，才能在毕业后有效开展性健康教育教学工作。具体包括：

标准1：专业态度。教师候选人在性教育教学中感到舒适、信守承诺和有自我效能感。

标准2：多样性与平等。教师候选人尊重可能影响学生学习性知识的个人、家庭和文化特征和经历。

标准3：内容知识。教师候选人对人类性行为的生物、情感、社会和法律方面具有准确和最新的知识。

标准4：法律和职业道德。教师候选人根据适用的联邦、州和地方法律、法规和政策以及职业道德做出决策。

标准5：规划。教师候选人能够规划与受教育者年龄和发展相适应的性教育，与标准、政策和法律保持一致，并反映社区的多样性。

标准6：实施。教师候选人使用各种有效的策略开展性教育。

标准7：评估。教师候选人实施有效的策略来评估学生的知识、态度和技能，以改进性教育教学。④

承担性教育教师培养任务的大学如果能够执行这些标准，性教育教师的专业能力将得以保证，继而会提高学校和机构开展性教育的质量。

---

① GOLDFARB E.What teachers want, need, and deserve[R/OL].[2023-09-03].https://siecus.org/wp-content/uploads/2015/07/31-6.pdf.
② DARLING C A, CASSIDY D, POWELL L H.Family life education: working with families across the lifespan[M].3rd ed.Long Grove: Waveland Press, 2014: 224.
③ HYDE J S.Understanding human sexuality[M].4th ed.New York: McGraw-Hill, 1990: 643.
④ Future of Sex Education Initiative.National teacher preparation standards for sexuality education [S/OL].[2023-09-03].https://siecus.org/wp-content/uploads/2018/07/teacher-standards.pdf.

针对教师职前培养存在的不足,应当完善性教育教师的职前培养课程,构建系统的实践取向的课程体系。同时强化教师的在职培训,在职培训应当突出实用性和针对性,为教师提供行之有效的教学建议和教学活动,增强教师教授具有挑战性内容的自信心和技能。[1] 在职教育还应注意搭建教师学习的平台,促进教师的相互交流与研讨。终身学习对于性教育教师而言非常重要,SIECUS 和 NCFR 提供了大量关于性教育的项目、案例、报告等资源,也为教师提供了交流的平台。

开展性教育工作者的资格认证可以确保性教育专业人员的专业素养。NCFR 的 CFLE 课程将人类性行为列为 10 个内容领域之一,这一内容领域的主题范围很广,涉及生理、心理与社会多个方面,包括生殖生理学、生物学决定因素、性行为的情感和心理方面、性行为、性价值观与做决定、家庭计划、性反应的生理因素与心理因素、性功能障碍与性对人际关系的影响等。[2] 必须系统学习完成上述专门的性知识课程,才有资格获得 NCFR 的 CFLE 认证。美国性教育者、咨询师和治疗师协会(the American Association of Sex Educators, Counselors and Therapists, AASECT)也制定了性教育者认证计划。专业性教育工作者必须具备广泛的性课程知识、小组工作经历、监督实习经历、研究生学位和多年经验,才有资格获得 AASECT 的认证。[3] 各种专业组织的课程可以帮助有志于成为性教育工作者的人提高自己在性教育方面的知识、技能和能力,从而更自如地胜任这一角色。

除了有关性的专业知识,开展性教育的教师还需要具备教学内容知识(pedagogical content knowledge, PCK)和人格特征。性教育教师的 PCK 与个体特点、个性和过去的性教育经历(作为学生和实习)相关,教师的 PCK 体现为实践知识(practical knowledge),而关于学生的知识对于确定适当的教学策略和风格至关重要。[4] 能否成为一名性教育者的一个重要因素是其对自己的性取向的接受程度。在帮助别人接受自己的性取向之前,性教育教师需要先接受自己的个人特质和性取向,包括自己的性观念、性欲望、男性气质和女性气质、身体形象、性行为以及幽默感等。[5] 性教育工作者需要接受自己的女性气质和男性气质以及自己的外表,对自己的身体持积极态度。性教育工作者还最好具有一定的幽默感,因为幽默有助于营造轻松、欢快的学习氛围,提高学生的兴

---

[1] BUSTIN K, WIGHT D, HART G, et al. Implementation of a teacher-delivered sex education programme: obstacles and facilitating factors[J]. Health Education Research, 2002(17): 59-72.

[2] DARING C A, HOWARD S. Human sexuality[M]//BREDEHOFT D, WALCHESKI M. Family life education: integrating theory and practice. National Council on Family Relations, 2009: 142.

[3] ENGRL J W, SARACINO M, BERGEN M B. Sexuality education[M]//ARCUS M E, SCHVANEVELDT J D, MOSS J J. Handbook of family life education, Vol.2: the practice of family life education. Newbury Park: Sage Publications, 1993: 81.

[4] TIMMERMAN G. Teaching skills and personal characteristics of sex education teachers[J]. Teaching and Teacher Education, 2008(25): 500-506.

[5] BRUESS C F, GREENBERG J S. Sexuality education: theory and practice[M]. 2nd ed. New York: Macmillan Publishing Company, 1988: 27-39.

趣,使课堂话题更容易讨论。同理心对于性教育工作者而言也是必不可少的,作为学生倾诉的对象,性教育教师应当纾解学生的担忧,倾听他们的心声。[①]

独立开设性教育课程学时有限,而中小学的一些学科中或多或少涉及性教育的内容,这就意味着除了专职的性教育工作者,其他中小学教师也承担部分性教育的责任。这些教师也应当接受性教育的相关培训。

性教育是一个极易引起争议的话题。但性教育作为家庭生活教育不可或缺的内容,对个体的发展和幸福生活的实现具有重要意义。需要持续推进相关研究,优化教育内容和方式,提高专业人员素养,以确保性教育的质量。

---

① DARLING C A,CASSIDY D,POWELL L H.Family life education:working with families across the lifespan[M].3rd ed.Long Grove:Waveland Press,2014:224-226.

第五章

家庭生活教育的比较研究

仅仅这一事实就证明对任何公共政策问题的每一种研究,首先是对教育问题的研究,比较的观点是正确的,因为教育究其本质来说,就是为了塑造未来或为未来做准备。[①]
——埃德蒙·金

不同国家和地区的家庭政策、历史和文化传统存在差异,因而各自的家庭生活教育实践具有不同的特征。对不同国家和地区的家庭教育实践进行对比分析,可以获得完善我国家庭教育政策,助推《中华人民共和国家庭教育促进法》落地实施的有益启示。本章对印度、日本、罗马尼亚、匈牙利、法国、挪威等国家的家庭政策与家庭生活教育实践进行了分析,以期获得对我国开展家庭生活教育的镜鉴。

第一节 印度的家庭生活教育

印度的家庭生活教育具有浓厚的宗教和文化色彩。家长们会教育孩子要尊重和遵守宗教的规则和仪式,培养孩子的信仰和虔诚。家长们注重培养孩子的品德和道德观念,他们会教育孩子要尊重长辈、遵守社会规则等。家长们也会教育孩子要学会自我控制和管理,培养独立自主的能力。此外,在印度的家庭生活教育中,家庭成员之间的互动和关系也非常重要。家长们会鼓励孩子与家庭成员之间保持密切联系,学会关心和照顾家庭成员,建立良好的家庭关系。

一、印度家庭的变迁

(一)印度家庭变化的趋势

印度地处南亚,拥有超过14.1亿(截至2023年4月)的庞大人口,以其丰富古老的文

---

① 埃德蒙·金.别国的学校和我们的学校:今日比较教育[M].王承绪,等译.北京:人民教育出版社,2001:4.

化遗产、悠久的历史和宗教而闻名世界。"家庭"对印度人来说是生活中的重要组成部分,是印度社会中个人最重要的身份支柱。印度人高度重视维系家庭关系,家庭成员间有着强烈的情感联系。婚姻也被视作印度人一生中重要的里程碑,是代表宗教理想的圣事,标志着一个家庭的开始。新人婚后通常会和多代人居住在一个屋檐下,即"联合家庭"。这种特点鲜明的家庭往往拥有共同的价值观和强大的凝聚力,家庭成员们相互依赖,为彼此分享资源、提供情感支持、经济援助和社会认同,集中力量为大家庭的共同目标而努力奋斗。总之,形式多样的印度家庭是印度社会最强大的机构,是印度精神的中心,是最为重要的"群体"。①

随着20世纪工业化和城市化的到来,印度的家庭制度发生了变化,大多数城市和农村居民更喜欢生活在小的核心家庭单位中。② 近几十年来,受全球化和现代化、教育(尤其是女性教育)的广泛发展、性别角色变化、经济自由化等转变的影响,印度的家庭结构发生了进一步的重组。③ 妇女受教育和进入就业市场的机会增加,更多的妇女选择推迟结婚、自主决定生育子女的数量。这导致印度的家庭规模逐渐缩小,出现了由联合家庭转向核心家庭的趋势。年轻一代的夫妇更加重视自主权,越来越多的年轻人选择建立新的家庭独立生活、自己抚养孩子。根据印度人口普查报告,21世纪初,在所有家庭中,核心家庭占70%,而大家庭和联合家庭加起来仅占所有家庭的20%。这是印度全国的总体情况,而在城市地区,核心家庭的比例略高。④

总之,在21世纪快节奏变化的社会经济生活中,随着个人主义和独立趋势的增长,印度人对家庭和婚姻的态度逐渐复杂,传统的家庭结构和关系面临挑战。

(二)家庭生活教育的必要性

1. 新旧家庭制度冲突

查克拉沃蒂(Chakravorty)等人的研究显示,印度的家庭规模在略有增加后或多或少保持稳定。换句话说,与其他国家的趋势特征相反,印度家庭至少在规模方面保持稳定。联合家庭制度的文化、宗教和人口重要性在印度任何时候都大于其实际流行程度。此外,正如乌贝罗伊(Uberoi)所指出的,尽管核心家庭在绝对数量方面占主导地位,但更多

---

① BETEILLE A. The family and the reproduction of inequality[M]//UBEROI P. Family, kinship and marriage in India. New Delhi: Oxford University Press, 1993: 435-451.

② SINHA D. Some recent changes in the Indian family and the implications for socialization[J]. The Indian Journal of Social Work, 1984, 45: 271-286.

③ CARSON D K, CARSON C K, CHOWDHURY A. Preparing families for the 21st century: the need for family life education in India[M]//CARSON D K, CARSON C K, CHOWDHURY A. Indian families at the crossroads: preparing families for the new millennium. New Delhi: Gyan Publishing House, 2007: 299-327.

④ SINGH J P. Family in India: problems and policies[M]//ROBILA M. Handbook of family policies across the globe. New York: Springer, 2014: 289-304.

的人可能生活在联合或类似于联合家庭的家庭系统中。① 尽管预测未来几十年亚洲的一人家庭将增加,但与亚洲其他地区相比,印度的一人家庭仍然罕见。② 年长的父母、成人和儿童共同生活的联合家庭是继儿童与老年人同住的家庭之后最常见的家庭类型。庞大的联合家庭拥有众多家庭成员,他们扮演诸多不同的家庭角色,家庭关系的处理于其而言是更重要的课题。即使年轻一代出现了转向核心家庭的趋势,但他们依旧希望与联合家庭保持丰富的互动与密切的关系,并在生活中获取家庭的支持,这就导致了家庭成员之间更大的角色紧张和权威关系的冲突。千百年来,印度家庭的内部权威主要掌握在族长手中,家庭成员的态度甚至可以说是对其言听计从。类似的关系还包括父母与子女、丈夫与妻子。而如今受过教育的年轻一代往往更有自己的思想,不再表现得像从前一样敬畏,家庭内部的权力结构正在发生变化。总而言之,独特的联合家庭制度依旧占据主导地位,并与新的家庭制度产生冲突。

2.思想碰撞引发混乱

(1)女性角色转变

越来越多接受了西方理想和规范而要求平等权利和地位的印度女性接受了教育,致力于打破传统角色,并在生活与社会的各个领域倡导性别权利的平等,促进印度家庭的传统价值观、理想和角色关系发生改变。数据显示印度女性的平均结婚年龄从80年代初的15岁上升到了18岁。③ 这使女性们拥有更充裕的时间获得生理与心理上的成熟,进而使她们对建立理想婚姻关系和家庭生活做更长远的思考。随着大量的女性作为劳动力投入市场,女性的家庭角色从哺育者转向家庭经济支柱者,家庭成员承担的家庭责任出现了变动,需要配偶双方更多的调适与参与;但妇女投入工作往往缺少来自社区和家庭的支持与认同,职业妇女面临着角色紧张加剧、婚姻内部冲突和地位混乱等困难。④ 与此同时,年轻的家庭成员为了求学或就业而进行的远距离迁移也使大家庭的帮助鞭长莫及,这都急需通过家庭生活教育来提升家庭应对问题的能力。

(2)育儿观念转变

育儿是家庭生活的重要组成部分,是一个动态的过程,通常会受到社会文化因素的影响。随着西方的教育思想传入印度,传统的育儿观念受到冲击。更多的年轻夫妇尤其是受过高等教育的夫妇开始倾向选择西方强调个人目标的育儿方式,重视培养下一代的自我表达能力、独立性、竞争力和自给自足的能力。而在印度这样相互依赖的集体主义

---

① UBEROI P.The family in India[M]//DAS V.Handbook of Indian sociology.New Delhi:Oxford University Press,2004:275-307.

② DOMMARAJU P.One-person households in India[J].Demographic Research,2015,32:1239-1266.

③ SINHA D.The family scenario of a developing country and its implications for mental health: the case of India[M]//DASEN P R,BERRY J W,SARTORIUS N. Health and cross cultural psychology:towards application.Newbury Park:Sage Publications,1988:48-70.

④ CHOWDHURY A.Employed mothers and their families in India[J].Early Child Development and Care,1995,113:65-75.

社会,传统上更强调家庭和共同目标超过重视个人需求,通常致力于培养孩子服从、从众、尊重老年人和社会相互依存等特点。① 新生家庭的父母们一方面致力于探索西方先进的养育方式,一方面却由于在等级结构分明和相互依赖的社会群体中长大而难以完全摒弃印度传统观念的渗透,或夫妇双方在决定方面缺乏共识,导致儿童和青少年的价值观塑造结果模棱两可,产生了一种更大的"疏离感"②,最终给自己和孩子带来焦虑。

总而言之,年轻一代的印度成年人接触到了全新的生活模式和一套新的习俗、价值观和标准,这些习俗、价值观和标准被他们广泛接受,但与其父母和祖父母所提倡的价值观和标准形成了鲜明对比。新旧思想的碰撞引发了混乱,相关的家庭问题不断增加。

3.环境隐含多重危机

(1)社会因素

家庭系统的一系列变化导致新问题不断浮出水面的同时,一些印度国内存在已久的社会问题也进一步加剧,如种姓制度、性别不平等、代际贫困的延续和心理健康问题等。种姓制度除了在工作方面制约着个人的社会地位与经济收入,在日常生活方面也产生了很大影响,如人们在缔结婚姻等方面会考虑到种姓地位的高低,从而产生家庭内部矛盾;③在获取教育机会、就业机会和同工同酬方面,印度女性依然面临着严重的不平等,这样的不平等可能会从社会延续至家庭内部,最终发生关乎性别的暴力与歧视;在婚姻方面,婚姻生活的不幸与离婚的责任总被加诸妇女,使她们难以在家庭生活的各个方面获得完全的平等;许多印度家庭依然饱受贫困与失业之苦,医疗保健和教育的成本上升给他们带来了新的经济压力;在心理健康问题方面,塔拉(Thara)的调查研究显示,印度有超过20万人需要精神卫生服务④,农村人口的精神疾病患病率为每48人中有9.1人,城市人口为每80人中有6.1人。⑤ 而印度的心理健康问题多与家庭内部的冲突有关,甚至青少年的精神障碍具有普遍性⑥,而在如何对待患有精神疾病的家庭成员上,印度人民又普遍存在技能不足的问题,整个家庭的心理健康覆盖很少受到关注,这给家庭带来了负担和难以言表的负面情绪。因此,在提供心理健康服务方面非常急需以家庭为基础的治疗。

---

① JOSEPH M V,JOHN J.Impact of parenting styles on child development[J].Global Academic Society Journal:Social Science Insight,2008,1(5):16-25.

② HENRY J A. Protecting our fledgling families: a case for relationship-focused family life education programs[J].Indian Journal of Community Medicine,2010,35(3):373-375.

③ 李建阁.印度种姓制度的嬗变[D].石家庄:河北师范大学,2019:37.

④ THARA R.Community mental health in India:a vision beckoning fulfillment? [J].Canadian Journal of Community Mental Health,2002,21:131-137.

⑤ GANGULI H C.Epidemiological findings on prevalence of mental disorders in India[J].Indian Journal of Psychiatry,2000,42(1):14-20.

⑥ CARSON D K,CARSON C K,CHOWDHURY A.Preparing families for the 21st century:the need for family life education in India[M]//CARSON D K,CARSON C K,CHOWDHURY A.Indian families at the crossroads:preparing families for the new millennium.New Delhi:Gyan Publishing House,2007:299-327.

(2) 学校因素

近年来印度的辍学率不断下降,性别平等指数增高,但留校率低、教育质量不佳等问题依旧持续存在。印度学校的环境与课程难以满足青少年在学业方面的需求,尤其在落后的农村地区,教师依旧使用传统的体罚、严厉的斥责来维持课堂秩序。这种刻板的行为给青少年的心理带来了创伤,从而对家庭产生影响。除此之外,家境良好的青少年可能承受来自父母的期待而产生学业压力,处于低社会阶层的印度青少年则面临被更高阶层和种姓的同学歧视的情况,因此青少年焦虑、抑郁和辍学等问题并不罕见。① 由于观念问题,家校协同合作遭受阻碍,许多家长不愿意越过学校与家庭的界限,教师和学校管理人员也很少鼓励家长参与青少年在学校的学习过程。

(3) 家庭因素

婚姻初期观察到的以夫妻为导向的问题包括原生家庭和姻亲的界限、对夫妻缺乏信任、对彼此的期望很高、难以调整工作和家庭、适应身体关系、权力斗争以及适应公婆等。近年来加剧的还有诸如殴打妻子、酗酒、忠诚问题、导致冲突的工作压力增加和儿童管理相关情况。② 由于种姓制度和联合家庭的特点,从前离婚在印度相当罕见。但随着现代工业发展带来的个人主义抬头,婚姻不再像过去那样神圣化,只被视为一种纽带和培养终身关系的友谊,这导致印度城市的离婚率正在缓慢上升,传统的婚姻和家庭制度逐步瓦解。③

家庭环境中的暴力也是影响家庭生活的严重问题,通常来源于父权制、对性别角色的定型观念以及社会中实际或感知的权力分配。④ 针对印度北部3642对夫妇的调查显示,38%的男性表示,在过去12个月中,他们曾对妻子实施过一次或多次身体暴力或性暴力,其中12%仅报告了身体暴力,17%仅报告了性暴力,9%同时报告了身体暴力和性暴力。⑤ 受虐待的妇女经常会产生抑郁、焦虑、自卑等不健康的心理状况,药物滥用、酗酒和自杀的风险增加。同样,家庭暴力提高了儿童发生精神疾病的风险,被迫目睹暴力可能会导致他们自卑、学业失败、对他人施加暴力行为。从古至今,印度妇女一直是饱受羞辱与酷刑的受害者,联合家庭的破裂给妇女造成了更大的危机。家庭本应是妇女的避风港,却变成了妇女遭受胁迫与虐待的地狱。

---

① CHOWDHURY A, CHOUDHURY R. Peer socialization: a new direction towards socio-personal growth[J]. Trends in Social/Science Research, 1996(3):105-112.

② THOMAS B, PARTHASARATHY R. An analysis of parental behaviors by adolescents[J]. Journal of Social Sciences, 2011, 10(1):49-53.

③ SINGH J P. Changing marital practices in India[J]. Guru Nanak Journal of Sociology, 2008, 29:89-108.

④ SINGH J P. Family in India: problems and policies[M]//ROBILA M. Handbook of family policies across the globe. New York: Springer, 2014:289-304.

⑤ STEPHENSON R, KOENIG M A, AHMED S. Domestic violence and symptoms of gynecologic morbidity among women in north India[J]. International Family Planning Perspectives, 2006, 32(4):201-208.

二、印度的家庭生活教育的发展

家庭生活教育在印度的发端可以追溯至20世纪初,圣雄甘地和泰戈尔等社会改革者们开始意识到教育在促进家庭价值观和社会和谐方面的重要性。而时至今日,家庭生活教育对印度来说依旧是一个比较新的概念,正式的家庭生活教育课程和培训罕见。除了少数例外,家庭生活教育尚未在当前的心理健康、社会福利或教育计划中实施。从广义上讲,家庭和社区科学即家庭科学领域,特别是人类发展和家庭研究(human development and family sciences,HDFS)领域,是迄今为止培养学生家庭生活教育专业知识的唯一正式途径。

(一)印度家庭生活教育的发展历程

汉考克(Hancock)认为,家庭科学领域自20世纪30年代开始就在英属印度进行传授。1947年印度独立后受到国际女权运动和民族主义自由运动的影响,家庭科学领域得到了极大的扩展。[1] 随着印度妇女运动的展开,承载着全印度妇女声音的全印度妇女会议(All India Women's Conference,AIWC)应运而生,并在1932年对进行计划生育大力支持。来自AIWC的丹万蒂·拉玛·劳(Dhanvanthi Rama Rau)和阿瓦拜·瓦迪亚(Avabai Wadia)等几名主要成员是最早的FLE倡导者,她们在1949年创立了印度计划生育协会(Family Planning Association of India,FPAI),通过传播计划生育的知识与方法,意图改善妇女生活,降低出生率,控制人口,为整个国家的经济释放资源。正如拉梅什瓦里·尼赫鲁(Rameshwari Nehru)所说,"那些无知和贫穷的人没有这种避孕手段,他们被频繁生育的压力压垮了,他们需要我们的指导和建议"[2]。家庭科学领域在印度独立后呈指数级增长,并继续为妇女提供与文化相适应的技能和社区发展培训。

汉萨本·梅塔(Hansaben Mehta)在巴罗达大学建立了印度的第一个家庭科学学院,她认为家庭科学的定义在过去受到了误解与窄化。家庭科学不是传统意义上的家政学,不仅仅意味着做饭、洗衣服和缝纫,家庭科学指的是以家庭为中心的教育,涉及多个学科。家庭科学教育与生活密切相关,目的是改善家庭生活的条件,使人们意识到家庭是幸福生活的重点。[3] 家庭科学作为FLE的基础教育在印度全国范围内已经存在,但针对FLE的重点课程纳入没有取得有效的效果。

FPAI是第一个为印度年轻人提供家庭生活教育项目的政府机构。目前,FPAI通过36个中心(性教育、咨询、研究、培训/治疗)提供家庭生活、婚姻和性咨询方面的专门服务

---

[1] HANCOCK M.Home science and the nationalization of domesticity in colonial India[J].Modern Asian Studies,2001,35(4):871-903.

[2] SREENIVAS M.Feminism,family planning and national planning[J].Journal of South Asian Studies,2021,44(2):313-328.

[3] KATARIA D. MEHTA H:New identity to Indian women[J]. Paripex-Indian Journal of Research,2012,1(10):80-81.

和培训。根据指导方针,家庭生活教育应从6年级开始,一直持续到12年级。① 现如今,印度的家庭生活教育主要通过两种途径运作。一是政府自上而下地通过一系列的家庭领域相关政策或福利推行,二是由非政府机构,如志愿组织展开家庭生活教育领域的相关活动。国家官方机构通常与非政府机构展开紧密的合作,有效地实施监督与提供支持。在基层执行政策的现场工作人员能受到家庭科学研究者与来自社会学、教育学、心理学等多领域专业人员的指导与培训。②

(二)印度家庭生活教育的成效

家庭生活教育将有助于减少预期生育和意外生育,但教育的同时需要增加妇女获得控制自己生育能力的手段,并减少在使用避孕方面设置的障碍。投资于教育和帮助每个教育类别中的妇女——尤其是受教育程度较低的妇女——满足她们想要的生育能力,将对印度的人口预测产生极大的影响。比较各种情况的结果,投资满足预期生育率的影响因素,包括重新改善计划生育方案和增加获得生殖健康服务的机会以及消除使用避孕药具的其他障碍,这将比仅仅对教育进行投资更加直接和重要。截至2023年,印度的生育率为每名妇女生育2.139个孩子。

家庭生活教育能够通过提高人们的意识、激励个人成长,促进家庭发展以应对减贫产生的影响,是人力资源发展的一种手段。例如在性别不平等方面,家庭生活教育能够让个人和家庭意识到关于性别不平等的危害,并提供家庭中健康的性别功能与角色特长的相关教育;在支持妇女为社会和经济发展做出贡献的社区中提供关于男女关系的教育,从而改善人们的婚姻关系,最终使国家的总体收入增加。在儿童教育方面,家庭生活教育能为父母提供支持并参与对儿童的教育,促进青少年的技能发展以增加他们的就业或自营职业的机会,使他们在力所能及的经济发展领域取得进步,从而提高家庭收入。③ 蒋(Jiang)和哈迪(Hardee)的研究则显示,印度教育过渡率的提高不仅有助于实现有利于经济增长的人口年龄结构,而且还将提供更大的熟练劳动力份额,有助于实现更高的经济增长率。④ 家庭生活教育还能够干预个人和家庭,帮助他们从干扰生产力的关于家庭和情感的问题中解脱出来。家庭对劳动力和经济的影响对于工作组织来说是一个值得关注的问题,但长久以来一直受到人们的忽视。简(Jane)认为,家庭关系会对在职员工的士气、稳定性和生产力产生影响,旷工、酗酒、赌博、雇员之间的沉重债务是家庭制度受损

---

① HENRY J A. Protecting our fledgling families: a case for relationship-focused family life education programs[J].Indian Journal of Community Medicine,2010,35(3):373-375.

② BHANGAOKAR R,PANDYA N.Family life education in India:policies and prospects[M]//ROBILA M,TAYLOR A C.Global perspectives on family life education.Cham:Springer,2018:75-92.

③ CARSON D K, CHOWDHURY A. The potential impact of family life education and lay counselor training on poverty in developing countries:the example of India[J].The International Journal of Community Development,2018,6(1):5-20.

④ JIANG L,HARDEE K.Women's education,family planning,or both? Application of multistate demographic projections in India[J].International Journal of Population Research,2014(36):1-9.

的反映。因为在大多数情况下,无论是男性还是女性,都会与他们的家庭角色、人际关系和经历紧密联系在一起。因此应当注重采取促进和预防的战略来解决影响员工能力、认知和情绪状态的家庭问题。[①]

现如今,印度许多公司都开始为雇主提供基础的家庭支持,如提供儿童保育福利、设置灵活的工作时间表、聘请家庭生活教育者和心理健康专业人员为员工提供支持、通过群体互动和经验学习处理家庭生活冲突等。这些支持能够行之有效地提高员工处理家庭事务的能力,从而改善他们的工作表现、提高满意度。总之,工作和家庭之间的关系是一个互惠的过程,工作和家庭以一种循环或反馈的方式相互影响。

三、印度家庭生活教育的挑战与机遇

(一)印度家庭生活教育面临的挑战

1.多元文化的复杂

印度多文化和多种族人口之间的多层次影响和差异背景,使家庭生活教育工作者需要考虑到诸多问题。卡森(Carson)等人的一项研究反映了家庭生活教育从业者和研究人员需要思考的若干挑战,包括农村和城市差异、语言多样性、跨文化家庭互动的差异、处理大家庭的界限、等级关系的病理性质、原生家庭的重要性、尽量有限制地保持关系的概念、社会经济和种族背景、家庭权力结构、家庭生命周期阶段、婚姻子系统成员以及发展任务。[②]

2.传统观念的束缚

在印度,文化和宗教规范可能会阻碍家庭生活教育思想的传播与具体实施。印度人往往对于家庭的问题"讳疾忌医",在许多传统家庭中,来自内部的冲突不被认为是问题。任何由专业人士推动的暗示夫妻和家庭需要教育或培训的活动或运动,特别是关于婚姻或育儿等神圣领域的活动或运动,都很容易受到贬斥。印度人就与关系有关的问题寻求帮助的消极态度没有改变,寻求家庭和婚姻相关问题的帮助在印度社会中带有很深的耻辱感。因此家庭生活教育的发展与推行会受到传统观念带来的一定阻力。

3.缺乏培训人员

目前,在家庭生活教育理论和方法方面接受过培训和有监督经验的专业人员严重短缺。关于家庭生活教育的信息在传统学科中几乎是不存在的。虽然印度政府在每个邦都建立了家庭咨询中心,还有几个非政府组织提供家庭和婚姻支持的服务,但这些机构

[①] HENRY J A, PARTHASARATHY R. The family and work connect: a case for relationship-focused family life education[J]. Indian Journal of Occupational and Environmental Medicine, 2010, 14: 13-16.

[②] CARSON D K, CHOWDHURY A. Family therapy in India: a new profession in an ancient land[J]. Contemporary Family Therapy, 2000, 22: 387-406.

运作不良，工作人员缺乏培训、经验、执照，对此类服务的提供宣传不力，没有统一的实践和家庭治疗的统一培训方案，人员之间缺乏交流网络，缺乏循证研究和出版物，这些因素导致夫妇和家庭很少利用该服务。这些都是家庭生活教育面临的挑战，因此需要专业人员及时改进相关的干预战略。

(二)印度家庭生活教育面临的机遇

印度的家庭生活教育得到了政府与非政府组织的支持。印度政府采取了若干有益的立法措施，涉及寡妇再婚、妇女的财产权、童婚习俗、童工、继承、收养和抚养、嫁妆、家庭法庭、反家庭暴力等，对印度家庭制度产生了巨大的影响。印度政府以及各邦政府在必要时颁布、修订和实施的各种立法表明了国家对家庭问题的敏感性，这些政策法规统称为"家庭法"。家庭法被用于处理与家庭有关的问题和家庭关系的领域，包括婚姻的性质、民事结合和家庭伴侣关系，婚姻存续期间出现的问题如虐待配偶、嫁妆、婚生、收养、代孕、虐待儿童和绑架儿童以及关系的终止和附属事项，附属事项包括离婚、废止、财产和解、赡养费和父母责任令。[①] 印度政府在每个邦都建立了家庭咨询中心，以帮助问题家庭。但这些机构运作不良，主要辅导人员缺乏培训和经验，以至于很少有家庭和夫妇寄希望于此。除此之外，印度还有几个非政府组织提供家庭和婚姻支持服务。一些非政府组织，如个体经营妇女协会(Self Employed Women's Association，SEWA)、Azad基金会则致力于赋予妇女权利，使她们能过上有尊严的生活，在安全环境中工作，在幸福的家庭中生活，并与身边的人共同建立起社会资本。[②]

四、我国开展家庭生活教育的镜鉴

家庭是社会的细胞，创造一个和谐稳定的社会与高质量的家庭生活密不可分。与印度相似，受全球化发展、经济技术变革、城市化进程推进、人口迁移等多重因素的影响，中国家庭在结构、规模与功能等诸多方面正经历一场复杂多变的现代化转型。

在这样一个各方面都急剧变化的时代，与家庭生活切实相关的一系列社会问题随之出现。如结婚率降低、离婚率攀升、人口老龄化、长期的低水平生育、青少年犯罪、家庭缺乏凝聚力等，这些问题导致家庭的传统功能逐渐弱化，家庭与社会都面临着巨大的风险与挑战。中国社会亟须构建完善的家庭生活教育体系、提供具有中国特色的家庭生活教育服务以提高人们的家庭生活质量、维持家庭的现代功能、缓解由于社会变迁和与家庭相关的社会问题所带来的消极影响。家庭生活教育作为一门学科和专业领域，其具有巨大的潜力。家庭生活教育可以教育和帮助人们过上有回报的、促进个人和家庭共同成长

---

① SINGH J P.Family in India：problems and policies[M]//ROBILA M.Handbook of family policies across the globe.New York：Springer，2014：289-304.

② BHANGAOKAR R，PANDYA N.Family life education in India：policies and prospects[M]//ROBILA M，TAYLOR A C.Global perspectives on family life education.Cham：Springer，2018：75-92.

的美好生活,并预防许多心理健康问题和相关社会问题。

　　家庭生活教育在印度与我国都是一个相对较新的概念,除了少数例外,目前的社会福利、心理健康或教育项目中都没有对这一概念的具体实践。但显然,从多方面对家庭生活教育进行研究与推广是非常有必要的。

　　首先,政府需要发挥主导作用,制定、完善和推行适用于中国的家庭生活教育的支持政策和相关法律法规。例如将家庭生活教育纳入更广泛的社会政策中,与医疗保健、就业、社会福利等相关政策结合,以确保全面支持家庭生活教育。确立家庭生活教育的地位,积极开展公众意识运动,强调家庭生活教育可以帮助家庭和家庭成员适应新时代的发展需求,提高家庭生活质量,让人们重新认识家庭生活教育的概念内涵,意识到家庭生活教育的重要性。由于家庭生活教育在我国尚未广泛开展,与西方国家相比还处于萌芽阶段,大众对这一新概念的了解不足,推行的基础较为薄弱,因此在推广的过程中,政府可以利用大众媒体向更广泛的人群传播家庭生活教育的相关信息,创建综合丰富的内容吸引公众兴趣。在资金与补助方面,政府应提供充足的资金支持家庭生活教育的资源开发,向致力于研究和推广家庭生活教育的研究院和各类组织机构提供资助。印度多文化和多种族人口之间的多层次影响和背景差异,使家庭生活教育工作者需要考虑到诸多问题。而中国幅员辽阔,民族众多,多样的文化风俗和不同地区的经济发展状况的差异塑造了差异化的家庭模式与结构,因此政府在家庭生活教育的实践中应考虑多方面因素,因地制宜,精准施策。

　　其次,社会各组织机构应提高对家庭生活教育的认识,参与家庭生活教育体系的建设。印度的非政府机构如志愿组织多次展开家庭生活教育领域的相关活动,部分企业则为雇主提供家庭生活教育知识学习、儿童保育福利等支持。中国社会组织应积极承担责任,认识到家庭生活教育在促进劳动力与经济发展方面的重要性,并以多种方式开展丰富的家庭生活教育,为家庭提供支持。

　　最后,理解和履行重要的家庭职能是家庭中所有成员的责任。家庭成员应培养积极的态度,认识自我潜能,平等分配家庭资源与责任,建立起良好的交流模式,加强家庭成员与社区之间有意义的联系,提高家庭凝聚力与家庭自我发展能力。在面对家庭问题时,应克服讳疾忌医的思想,主动向社区和相关机构寻求帮助,并通过接受科学的指导提升家庭生活的质量。

第二节　日本的家庭生活教育

　　经济的高速发展、社会的多样化和生活环境的变化,对家庭生活教育提出了新的要求。家庭生活教育致力于家庭教育的专业化,开始于美国,主张学校也可以作为家庭生活教育的主体,通过培养家庭成员关于家庭生活教育的基本知识和基础技能,发挥家庭的最佳功能。① 日本小学在家庭生活教育方面卓有成效,在课程目标、课程内容、课程评价、家校协同等方面形成了较完备的体系。通过对《小学校学习指导要领》和《小学校学习指导要领解说——家庭编》的分析可以管窥日本小学家庭生活教育课程的特征,为我国小学开展家庭生活教育提供参考。

一、日本小学家庭生活教育溯源

日本小学家庭课程自诞生至今,其演进过程总体上可以分为5个阶段。1945年之前是日本家庭课程的萌芽阶段,主要包括专门为女生设置的传统家庭教育科目;1945年之后,课程演变为男女共学必修的实用主义家庭课程,开始出现了真正意义上的现代家政科;20世纪50年代之后,随着经济的高速发展,日本小学家庭生活教育呈现出本土化和技术主义特征;80年代之后,转变为男女必修的人文主义家庭课程;进入新世纪后,受新学力观的影响,日本小学家庭生活课程更加注重生存能力的培养。②

(一)1945年前的传统家庭教育科目

日本近代学校教育制度形成之初,女子小学中设置了一门课程——"寻常小学教科之外的女子手艺教学",课程内容主要包括裁缝和礼仪,这门课程就是日本小学家庭科的原型。③ 此后日本小学出现了专门针对女生的裁缝科,相当于女子高中的高等女学校则设置了家事科和裁缝科。这一时期是日本家庭课程的萌芽阶段,此阶段家庭课程主要有以下特征:首先是封建父权思想的影响,浓厚的封建遗风和男尊女卑的社会传统观念等影响着当时的教学理念;其次是家庭课程的性别化,家庭课程针对女性而设,其教学内容主要包括家庭生活技能,旨在培育"贤妻良母";其三缺少纲领性文件的指导,家庭课程尚处于起步阶段,课程设置与课程内容不统一。④

(二)1945至1951年真正意义上的现代家政科诞生

第二次世界大战结束后,日本文部科学省开始了教育改革的进程。⑤ 此阶段家庭教育的特征包括:首先是修改了此前只针对女性的家庭课程,开始强调男女平等,家政课程

---

① 索磊,郑薪怡,万冰梅.家庭生活教育:美国公立中小学的家庭教育[J].教育学术月刊,2022(11):31-37.
② 蒲建利.日本中小学家政课程设计研究:基于2008版与2017版《学习指导要领》的比较分析[D].重庆:西南大学,2022:15-19.
③ 苏春鹏.日本中小学家政科教育研究:基于家政科课程的分析[D].上海:华东师范大学,2016:13.
④ 蒲建利.日本中小学家政课程设计研究:基于2008版与2017版《学习指导要领》的比较分析[D].重庆:西南大学,2022:15.
⑤ 苏春鹏.日本中小学家政科教育研究:基于家政科课程的分析[D].上海:华东师范大学,2016:16.

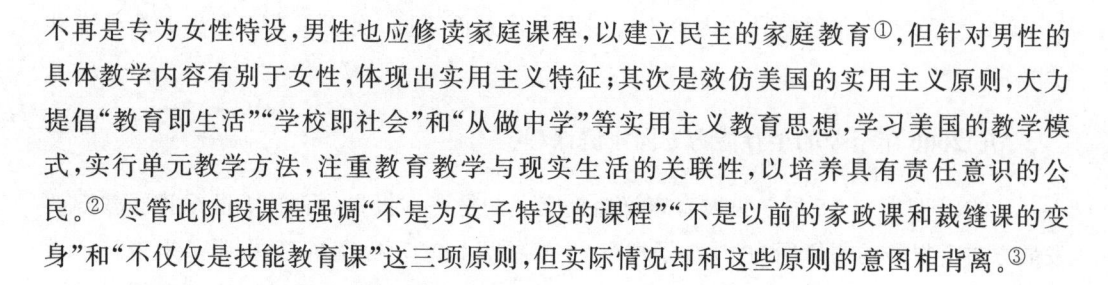

不再是专为女性特设,男性也应修读家庭课程,以建立民主的家庭教育[1],但针对男性的具体教学内容有别于女性,体现出实用主义特征;其次是效仿美国的实用主义原则,大力提倡"教育即生活""学校即社会"和"从做中学"等实用主义教育思想,学习美国的教学模式,实行单元教学方法,注重教育教学与现实生活的关联性,以培养具有责任意识的公民。[2] 尽管此阶段课程强调"不是为女子特设的课程""不是以前的家政课和裁缝课的变身"和"不仅仅是技能教育课"这三项原则,但实际情况却和这些原则的意图相背离。[3]

(三)1951 至 1980 年的技术主义家庭课程

1951 年至 1955 年期间,针对小学家政科的独立设置出现了争议,有观点认为小学不必单独设置家政科,家政教育可与小学其他课程整合开展。1956 年,《小学学习指导要领家政科篇》的发布表明家政科被确定为特别设置,此后,日本小学家政科进入稳定发展的阶段。[4] 该时期的小学家庭课程具有本土化和技术主义的特征。首先,家庭课程与当时日本的政治、经济和文化相适应,主张与现代技术及其成果相结合,并根据家庭产业的人才需求情况对课程内容进行调整;其次,日本小学家庭课程具有技能养成的倾向,日本小学家庭课程引导学生学习饮食和住所等方面的基础知识,强调培养学生的家庭生活技能。[5]

(四)1980 年至 2000 年的人文主义家庭课程

1979 年 12 月 18 日,联合国大会第 34/180 号决议通过《消除对妇女一切形式歧视公约》,要求缔约各国"在所有领域,特别是在政治、社会、经济、文化领域,采取一切适当措施",以"保证妇女得到充分发展和进步""确保她们在与男子平等的基础上,行使和享有人权和基本自由"。[6] 日本也开始积极改革,小学家庭课程具有较为明显的人文主义特征,在对学生生活所必需的知识和技能进行培养的同时,对学生的学习兴趣和爱好、实践过程与体验感受给予了更多的关注,注重培养学生的个性。[7] 1989 年版的《学习指导要

---

[1] 于洪波.日本家政教育比较研究[M].济南:山东人民出版社,2005:51-52.

[2] 蒲建利.日本中小学家政课程设计研究:基于 2008 版与 2017 版《学习指导要领》的比较分析[D].重庆:西南大学,2022:16.

[3] 管斌.日本学校的男女平等教育发展状况和课题:以中小学的家政课教育为焦点[J].外国中小学教育,2007(5):43-46.

[4] 苏春鹏.日本中小学家政科教育研究:基于家政科课程的分析[D].上海:华东师范大学,2016:18.

[5] 蒲建利.日本中小学家政课程设计研究:基于 2008 版与 2017 版《学习指导要领》的比较分析[D].重庆:西南大学,2022:16-17.

[6] 联合国.消除对妇女一切形式歧视公约[EB/OL].[2023-12-20].https://www.ohchr.org/zh/instruments-mechanisms/instruments/convention-elimination-all-forms-discrimination-against-women.

[7] 蒲建利.日本中小学家政课程设计研究:基于 2008 版与 2017 版《学习指导要领》的比较分析[D].重庆:西南大学,2022:17.

领》颁布之后,家庭课程的具体内容不再因男女性别而不同,实现了真正意义上的男女共学必修。①

(五)2000年至今的生存能力导向家庭课程

1996年日本第15届中央教育审议会提交了一份咨询报告《面向21世纪我国教育的发展方向》,报告的副标题为"让孩子拥有'生存能力'和'轻松宽裕'",指明了未来日本教育的培养目标。②面对国际化、信息化、老龄化、环境问题出现以及科学技术突飞猛进的时代背景,社会进入快速发展的充满未知和不确定的时期,培养学生的生存能力就成为未来教育的基本出发点。1998年的《学习指导要领》将生存能力定义为知、德、体的综合能力,强调培养学生的知识、道德和体能;2008年的《学习指导要领》对"生存能力"这一概念进行了更深层次的拓展,明确提出要培养学生"扎实的学力"。③ 进入2022年,随着家庭环境的多样化,日本政府在提供家庭教育方面发现了一些问题,例如,在照顾孩子方面感到不安全和孤立的家庭数量增加,有必要建立一个系统来支持整个社区的家庭教育。④

二、日本家庭生活教育的内容

2017年修订的《小学校学习指导要领》和《小学校学习指导要领解说——家庭编》旨在将日本新一轮基础教育课程改革理念外显化,从家庭科的培养目标、课程内容、课程评价三个方面阐明了21世纪日本小学开展家庭科的具体要领。

"教育从生活中来"是日本家庭生活教育的核心理念。日本的家庭生活教育注重培养孩子的独立能力,如自我管理和自我控制能力,以及对社会的责任感和关注。鼓励孩子要学会自己做事、自己处理问题、自己做决定,培养独立自主的能力。日本的家庭生活教育内容不仅涵盖了孩子们日常生活所需的技能,如烹饪、清洁、自理等,还包括尊重传统价值观,重视礼貌和感恩文化理念等方面。此外,日本家庭生活教育还注重家风、家规、道德等方面的培养。

(一)课程目标强调学生"资质与能力"的全面养成

2017年的《小学校学习指导要领解说——家庭编》中规定小学家庭科课程的目标是

---

① 苏春鹏.日本中小学家政科教育研究:基于家政科课程的分析[D].上海:华东师范大学,2016:20.
② 赵中建.在"轻松宽裕"中培养学生的"生存能力":日本《面向21世纪我国教育的发展方向》咨询报告述评[J].现代教育论丛,1997(5):26-28,20.
③ 蒲建利.日本中小学家政课程设计研究:基于2008版与2017版《学习指导要领》的比较分析[D].重庆:西南大学,2022:18.
④ 文部科学省.令和4年度文部科学省による委託事業家庭教育の総合的な推進に関する調査研究事業報告書[R/OL].[2023-03-29].https://www.mext.go.jp/content/20230329-mxt_chisui02-000028847_1.pdf.

通过实践和体验与衣食住行有关的活动,形成自己的观点和思想,提高改善生活的素质和能力[①],其中,"培养对家庭、住宅、衣食住行、消费和日常生活所需环境的基本认识,并掌握这些方面的必要技能"指向知识与技能的培养;"在日常生活中发现问题,设置问题,考虑各种解决方案,评价和改进做法,并表达自己的想法,从而培养解决问题的能力"指向思考力、判断力和表现力的养成;"重视家庭成员的心态,思考与家庭成员和当地人的关系,养成实事求是的态度,想办法改善家庭成员的生活"指向学力和高尚品格的培养。课程目标符合新修订的《小学校学习指导要领》对学生资质与能力的培养要求,有利于教师在日本小学家庭科的授课过程中,有效地将与现实生活相关的问题情境引入其中,用经营生活的视角和思考方式将课程目标的三个维度相互联结(图5-1),从而进一步培养学生的资质与能力。

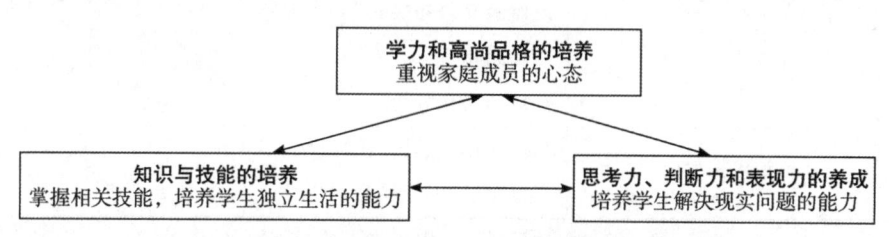

图 5-1　日本小学家庭科《小学校学习指导要领》课程目标

(二)课程内容强调"面向社会的课程"

2017年的《小学校学习指导要领解说——家庭编》,将生存能力具体化为资质与能力,资质与能力贯穿于日本小学中的各个课程,课程内容重视与社会热点问题、学生现实生活之间的相关性,是面向社会的课程。面向社会的课程具有以下三个特点:第一,注重课程的纵向跨学年组织。明确小学、初中和高中内容的系统化,注重幼儿园、小学、初中和高中各阶段课程内容的一贯性设计。根据学生的发展情况,将小学和初中的内容组织成三个框架,分别涉及"家庭与家居生活""衣食住行生活""消费生活与环境"(表5-1),这样就可以看出小学、初中和高中内容之间的联系。这个框架也是基于有关日常生活活动的观点和想法。第二,以时间空间的视角选择内容。从空间轴和时间轴的角度阐明了小学、初中和高中的学习科目,空间轴的观点是从家庭、社区和社会的空间扩展来考虑学习对象,时间轴的观点是从过去、现在、未来的生活和生命的时间扩展来考虑,并根据学校的阶段来组织教学内容。第三,在学习过程的基础上明确了要培养的资质与能力。它强调了一系列的学习过程,如在日常生活中发现问题、设定任务、研究解决方案、计划、实践、评价和改进等,并在此基础上组织了与获得知识和技能有关的内容,以及与运用这些技能发展思考、判断和表达有关的内容。

---

① 文部科学省.小学校学习指导要领(平成29年告示)解说:家庭编[EB/OL].[2024-05-02]. https://ww,kw.mext.go.jp/content/20230411-mxt_kyoiku01_09.pdf.

表 5-1　日本小学家庭科《小学校学习指导要领》课程内容

主题	项目
家庭与家居生活	个人成长、家人与家庭生活
	家庭生活与工作
	与家人和社区间的相处
	有关家庭和家庭生活的课题与实践
衣食住行生活	食物的作用
	烹饪的基础知识
	饮食要注意营养
	衣服的穿着和保养
	织物制作
	舒适的居住方式
消费生活与环境	如何使用物品、金钱，购物
	环保生活

(三) 课程评价强调以目标为基准的多样化

在 2017 年公布的《小学校学习指导要领》中，学习评价主要是回答有关"学生掌握了什么"的问题。在改善学生学习评价的同时，应注重改善课程与学习及教学的关系。[①] 以"知识与技能""思考力、判断力、表现力""向学力与人性"为三要素评价方式，在单元学习和主题学习中，根据教学过程和学习内容有侧重地进行评价，同时也要注重学生日常教育活动中的表现。日本小学家庭生活教育课程评价包括六个步骤，第一，根据《小学校学习指导要领》中家庭科的课程目标以及注意事项设定需要的题材目标。第二，根据学校的特点及其所处地区的特色、学生的身心发展水平和学习兴趣等制定相应题材的评价标准，并将评估标准具体化。第三，将题材评价标准具体化为学习活动。第四，在授课开始前，教师应当先明确课程目标和评价标准，再根据教学计划、课程目标与评价标准开展备课工作，并将评价标准进一步具体化为学习活动并贯穿于学习活动全过程，以此对学生的学习状态进行准确的评估。例如，如果评价标准是关于向学力与人性的，那么上课时应该设置向学力与人性的情境。第五，在实施评价上，日本小学家庭科的评价方式主要是根据课程标准，从不同的角度出发，来评估学生的学习状况。第六，总结评定，即将各个分观点进行总结概括。（如图 5-2 所示）

通常在某个单元、某个学期、某个学年临近结束时，通过评价结果 A、B、C、D 的数量进行总结，例如进行 5 次评价的结果是 A、A、A、B、B，A 的数量比 B 多，其总结结果则为 A。

---

① 文部科学省.小学校学习指导要领（平成 29 年告示）[EB/OL].[2024-05-02].https://www.mext.go.jp/content/20230120-mxt_kyoiku02-100002604_01.pdf.

```
设定题材目标
   ↓
制定题材的评价标准
   ↓
将题材评价标准具体化为学习活动
   ↓
开展备课工作
   ↓
实施评价
   ↓
总结评定
```

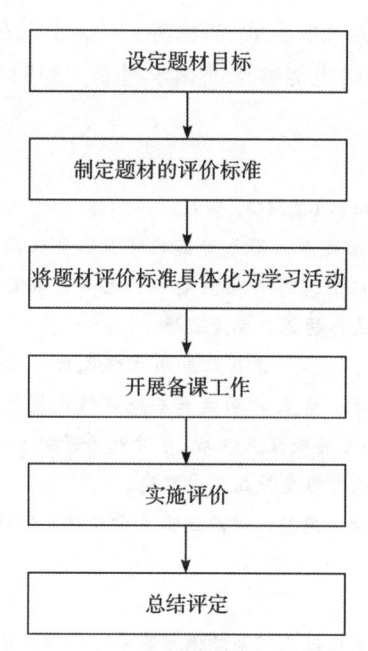

图 5-2　日本小学家庭科课程评价流程

三、日本家庭生活教育的实施

日本国立小学从五年级开始开设家庭科，不同于中国的兴趣班、劳动课程以及综合实践活动课程，日本开设的家庭科有系统完整的教科书，有专门开展家庭科的教室。《教育基本法》和《社会教育法》等法案增加了关于家庭教育和支持家庭教育的内容，强调父母和其他监护人对子女的教育负有主要责任，国家和地方政府应在尊重家庭教育自主权的同时，发布家庭教育手册，并号召整个社会都支持家庭教育。

（一）日本国立小学的家庭科

日本国立小学五年级家庭科有 60 个课时，六年级家庭科有 55 个课时，规定每周两节课，引导小学生在衣、食、住、行的具体实践中，提高对家庭生活的关心度，理解成长的意义，从而培养家庭成员积极参与家庭生活的价值体系。在家庭科设施方面，日本国立小学规定，必须设置专门的家庭科教室，配备有水、锅、煤气罐等基础设施，以供学生学习制作家常饭菜的基础知识与基本技能。在缝纫课方面，会为每一个学生分发相对应的工具，教学生观察样本、探究制作方法、学习缝纫机的使用、使用缝纫机制作围裙、总结方法等，这一过程充满实践性和体验性。在日本小学家庭科教科书中，包括四个方面的内容，即家庭生活与家人、制作家常饭菜的基本技能、舒适的衣服与家居、消费生活与环境，与日本小学《小学校学习指导要领解说——家庭编》中的课程内容相契合。如《日本国立小学 365 天》一书中的檀聪日记（图 5-3），孩子们通过接触天然气炉，从而学会烧水泡茶，班主任对他的留言是以后还会学做炒蔬菜、酱汤等。① 孩子们在这过程中,不仅能够掌握基本的生活常识与生活技能,同时也能够帮助孩子树立正确的生活价值观。

> **檀聪日记**
>
> 2009年4月14日(星期二,雨)
>
> 今天有家庭课,因为中国的学校没有这门课,所以感觉很新鲜。从点煤气开始到烧水、泡茶,最后是喝茶。小学生居然有这样的课,真是太棒了。
>
> 在家里,妈妈一直不让我用天然气炉,热饭热菜都要求用微波炉。今天的家庭课主要讲的就是如何安全使用天然气炉,一定要确认点燃后,手才能离开炉子的开关旋钮,之后还要确认火苗是否在正常燃烧。
>
> 今天只学了泡茶,以后还要多学几样,做到饿不着。
>
> **班主任留言**
>
> 那太好了!以后还会学做炒蔬菜、酱汤、米饭等等。

图5-3 《日本国立小学365天》檀聪日记

(二)日本小学家庭生活教育的社会协同

日本文部科学省发布家庭教育手册幼儿编、小学(低学年—中学年)编、小学(高年级)—中学生编,三本手册汇集了孩子在幼儿阶段、小学阶段、中学阶段,在家庭中需要考虑的有关教育和纪律的内容,将其作为养育孩子的一个提示,这些手册旨在指导父母如何进行家庭教育工作。以小学(低学年—中学年)编为例,该书主要由什么是家庭、儿童的生活节奏、纪律和儿童的不当行为、家庭规则、安全与健康、游戏与放松、同情和个性与梦想等八方面内容组成②,为每个家庭提供家庭教育和纪律方面的内容,以此教导父母如何养育孩子。日本政府支持社区家庭教育的基础设施建设,据调查,约70%的父母对养育孩子有担忧和焦虑,且由于家庭的孤立,逃学现象增加,虐待儿童的风险增加。③ 为了孩子的健康发展,日本政府建立支持家庭教育的促进系统,支持家庭教育的举措有:培训当地参与支持家庭教育的人力资源;促进当地不同人力资源的参与,例如具有育儿经验的人、前教师、福利和儿童福利志愿者以及公共卫生护士;加强邻近社区的家庭教育支持

---

① 谭琦.日本国立小学365天[M].北京:生活·读书·新知三联书店,2017:75.
② 文部科学省.家庭教育手帳:小学生(低学年—中学年)编[R/OL].(2010-09-15)[2023-07-22]. https://www.mext.go.jp/component/a_menu/education/detail/__icsFiles/afieldfile/2010/09/15/1246192_1.pdf.
③ 文部科学省.地域における家庭教育支援基盤構築事業[R/OL].(2022-05-13)[2024-05-02]. https://www.mext.go.jp/a_menu/shougai/katei/20220513-mxt_kouhou02-1.pdf.

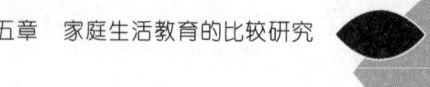

系统,例如,向小学派驻家庭教育支持人员等。

四、我国小学开展家庭生活教育的镜鉴

日本小学家庭生活教育在课程目标、课程内容、课程评价、家校协同等方面均取得较大成效,我国在借鉴日本小学开展家庭生活教育的经验时,既要强调家庭生活教育目标的明晰性,又要看到日本在新一轮课程改革中,以核心素养为参照,发展学生的资质与能力。因此,我们既要注重利用家庭生活教育的课程内容来发展学生的核心素养,还要把握重视课程评价机制的时代性与创新性,以此来指导学校、教师、家长如何开展家庭生活教育,从而为解决我国小学劳动教育资源分配不均、学段差异大、评价机制较为单一等问题[①]提供有益的参考。此外,还需加强学校家庭生活教育与社会的协同,形成教育合力,为小学开展家庭生活教育提供保障。

(一)强调家庭生活教育目标的明晰性

课程目标在开展家庭生活教育的过程中起旗帜作用。日本小学家庭科课程目标三个维度相辅相成,共同指向学生资质与能力的养成。我国小学教师在制定劳动课教学目标时,要根据课程标准,把握三维目标与核心素养,结合不同学段学生的身心发展规律,合理设置课程目标。首先,目标表述应当具体化、可操作性强,不仅能为学生提供学习的具体标准,也能为教师教学提供思路。在劳动课授课过程中可以选用学习任务单的方式向学生展示目标,明确学习内容,将目标的可操作性落到实处,以提高学习效率和学习质量。其次,家庭生活教育目标应立足于中国学生核心素养,培养学生从个体生活和家庭生活中养成未来社会发展所需的必备品格和关键能力。家庭生活教育目标与中国学生核心素养相结合,引领具体的实践活动,帮助学生在真实的情境中以明确的目标为导向,获得丰富的实践经验,形成并逐渐提高对自我、家庭和社会内在联系的整体认识,进而培养自己的价值体系与责任担当意识,提高解决问题的能力。最后,充分发挥家庭生活教育目标的导向作用。为了达到培养学生资质与能力这一目标,日本小学家庭科做到了课程内容和教学方式与课程目标相适应,我国在开展家庭生活教育时,应当把握课程目标、课程内容、教学方式与教学评价等方面的一致性。

(二)注重利用家庭生活教育的课程内容来发展学生的核心素养

日本新一轮课程改革的关键词"资质与能力"和我国当下热词"核心素养"不谋而合,均指向个体在未来社会发展所必备的关键能力。[②] 日本对学生资质与能力的培养和我国

---

① 陈锟春.中小学劳动教育的现状与提升:基于大规模调查数据的分析[J].教育研究,2022,43(11):102-112.

② 李婷婷,王秀红.日本新一轮基础教育课程改革新动向:文部科学省"学习指导要领"(2017)述评[J].外国教育研究,2019,46(3):103-116.

对学生核心素养的培养有所不同,日本小学在培养学生资质与能力上更加注重整合性,小学家庭科与其他课程对学生资质与能力的养成都有着特定的作用,共同指向培养资质与能力的三大要素,且日本小学家庭科在课程内容的选择上,贴近学生的日常生活,会根据学生身心发展规律为其安排适合的内容。故我国小学在开展家庭生活教育时,在选择课程内容上,首先要注重所选内容与其他年级、其他学段是否相互联系、相互协调,重视各个学科之间的相互融合,能够与中高等教育相衔接,共同促进学生核心素养的养成。其次,重视课程内容的生活性与开放性。加强与学生日常生活相联系,且根据不同地区、不同学校的实际情况因地制宜,积极开发相关的地方课程与校本课程,在家庭生活教育中注入人文色彩,打造地方特色与学校特色。最后,要加强家庭生活课程的安全教育,在确定活动场所、选用实践材料、使用工具设备和活动的具体流程方面制定注意事项。

(三)重视课程评价机制的时代性与创新性

构建有效的劳动教育课程评价体系有利于在小学推进劳动教育。[①] 日本小学课程评价强调以目标为基准的多样化,在评价方法上采用分观点评价为主的绝对评价。我国小学家庭生活教育在课程评价机制上应当把握其时代性与创新性,可以从以下几方面入手。首先,在实施评价时以课程目标为基础,实行多级多维评价。小学劳动课程中,要围绕课程目标,发展评估手段,针对不同的学习内容、实践活动,采用作品展示、实践操作评价记录表和自由论述等评价方式,对学生的学习情况进行评估。其次,过程性评价与终结性评价相结合,发挥表现性评价的作用,以改善学生学习过程并借此提升学生的学习结果和发展水平。可以效仿日本,制定明确、具有可操作性的评价标准,对评估的维度进行界定与量化,再将评价标准具体化为学习活动,有利于实现教、学、评一体化。在教学过程中,对学生学习的最新动态有一个全面的了解,再以学生的学习水平为依据,对教学进行改进,从而提升课程的质量,充分发挥出评价的发展性功能。最后,构建素养导向的评价体系。核心素养导向的评价是各个小学都要面临的现实课题[②],家庭生活教育的评价体系不能因循传统的评价方式,应树立科学的评价理念,积极开发与之相适应的评价机制,站在终身教育的角度思考评价内容并进行改进,注重触动学生深度思考、促进学生核心素养养成的协同解决问题能力的评价。

(四)学校家庭生活教育应契合社会的需求

家庭生活教育的有效落实离不开与社会的协同发展。一方面,随着社会的发展,课程目标、课程内容、课程评价与课程实施应顺应时代、社会的发展,培养出与未来社会经济发展相适应的人才;另一方面,未来社会发展也对人才提出了新的要求,经济的高速发展必然需要高质量的人才。那么,在家庭生活教育的实施过程中,不仅需要社会提供相

---

① 殷世东.中小学劳动教育课程评价体系的建构与运行:基于CIPP课程评价模式[J].中国教育学刊,2021,342(10):85-88,98.

② 俞晓云.养根竢实:素养导向下的学生评价新探索[J].中小学管理,2022(11):28-30.

应的设施保障,也应从现实角度出发对各阶段孩子开展家庭生活教育。官方发布的教育指导手册,可以帮助父母或其他监护人更好地养育孩子。家庭生活教育应重视与社会的联系,构建以学校为主导、以家庭为基础、以社区为依托的协同机制,整合校内外资源,结合当地特色,大胆创新。积极运用互联网与多媒体技术,把培养学生能力作为基本方向。家庭生活教育的实施需要学校、家庭与社会的共同努力,形成教育合力,全社会形成重视家庭生活教育的氛围。

第三节 欧洲的家庭生活教育

在全球化、现代化与城市化等多重力量的推进下,社会发展所依赖的主要基本组织——家庭正发生着巨大的变化。家庭结构与关系的不断转变带来家庭功能的逐步衰退,不仅使日常家庭生活面临着严重的压力,还会导致各种各样家庭问题的产生。更为严重是,一系列家庭贫困、家庭赡养、儿童保育、青少年犯罪、家庭暴力及精神疾病等家庭生活问题将溢出家庭范畴演变为社会问题。面对如此繁复的家庭问题,传统的家庭知识和技能已不能满足需求,"必须有专业人员的干预与事先预防措施,需要社会政府在一定价值观指导下有针对性地应用科学智慧干预家庭生活问题,以此来提升家庭成员自身发展能力,恢复与增强家庭生活的基本功能,促进家庭和谐稳定与幸福"[①]。

作为一门学术性学科、专业研究领域以及社会服务内容的家庭生活教育,是一种通过教育的作用干预、支持与服务家庭生活现实的生动实践活动。[②] 20世纪初,在公民运动的倡议下,FLE作为一个独立的专业和学科领域在美国和西欧发展起来。[③] 历经百余年,这个领域已有相当大的进展。现在,FLE在许多不同的场合实施,包括健康照顾、社区教育、义务教育、信仰社群、社会服务单位、军队,以及越来越多的商业机构。[④] 家庭虽然属私领域,但免不了受公共政策的影响。公共政策在支持家庭及其成员及社会发展所展现的重要功能上,扮演着重要角色。因此,本节基于高蒂尔(Gauthier)提出的欧洲家庭政策四种主要模式即亲传统(pro-traditional)、亲生育(pro-natalist)、支持平等(pro-egalitarian)和不干预(non-interventionist)[⑤],分别选取匈牙利、法国、挪威和罗马尼亚四

---

① 杨启光.发展型家庭生活教育:理论、实践与制度创新[M].上海:上海交通大学出版社,2017:5.

② 杨启光.发展型家庭生活教育:理论、实践与制度创新[M].上海:上海交通大学出版社,2017:前言.

③ ENGLER A,KOZEK L K,NEMETH D.The concept and practice of family life education[J].Central European Journal of Educational Research,2020,2(3):55-61.

④ ARCUS M E.Advances in family life education:past,present,and future[J].Family Relations,1995,44(4):336-344.

⑤ IULIAN S.Romania:a non-interventionist family support policy? [J].Mediterranean Journal of Social Sciences,2014,5(19):19-24.

个国家,对不同政策模式背景下的 FLE 的推广与实践进行比较研究,发现在不同政策模式背景下通过 FLE 来促进个体与家庭的能力发展的社会运作方面的共性、差异和普遍发展规律,为推进中国家庭生活教育的研究提供可借鉴的参照。

一、家庭政策模式的分类

FLE 需要家庭政策的支持,不同国家的家庭政策存在很大差异。发达国家的家庭政策大多是 20 世纪七八十年代开始逐步形成的。① 各国政府的政策最初仅限于保护母亲和儿童,后来逐步扩大,以涵盖家庭生活的其他方面和更多的家庭,并提供更多的支持和帮助。因此从广义上讲,家庭政策涵盖政府对家庭福祉的干预领域以及针对有儿童的家庭的措施。② 但是,家庭政策的目标、国家干预的水平和支持的程度因国家而异。比如,一些政府选择旨在鼓励生育或促进传统家庭结构的干预政策,另一些政府则选择了较少干预的办法,仅限于家庭严重贫困或功能失调的情况。这些差异表明存在着不同的家庭政策模式。在高蒂尔提出的家庭政策分类学中,包括四种家庭政策模式,即不干预主义、亲传统主义、亲生育主义和支持平等主义。本节将简要探讨每种模式的主要特点,然后选择符合相应政策设置的国家进行进一步的 FLE 分析。

(一)不干预主义模式

不干预主义模式的特征是对出生率方面没有目标要求。在这种模式下,政府只为需要帮助的家庭承担支持的责任,并且对其作为福利提供者的角色有着完全不同的态度。在家庭自给自足的理念以及对市场不管制的价值观的影响下,国家在现金转移、在职父母福利(产假、陪产假以及儿童保育服务)方面的支助水平非常低。政府会通过限制福利提供来鼓励职业母亲参与劳动力市场,而且贫困家庭获得福利支助的条件受限,必须在经过严格的经济调查的前提下才能获得针对性的津贴。③ 罗马尼亚是这种政策模式最典型的例子。首先,罗马尼亚不存在与提高出生率相关的家庭政策。其家庭政策主要关注其他目标,例如工作与生活的平衡、对贫困家庭的支持以及对被遗弃儿童的社会照顾。其次,虽然有针对在职父母的现金支持和福利制度,但水平较低。此外,近年来国家的财政紧缩政策推动了这些福利的削减和更多的经济状况调查。④ 总的来说,罗马尼亚政府的总体政策可以概括为不干预主义。

---

① 王列军.发达国家的家庭政策实践及其对我国的启示:基于经合组织国家的分析[J].经济社会体制比较,2023(1):155-164.
② HELENE A G. The state and the family: a comparative analysis of family policies in industrialized countries[M].New York:Oxford University Press,1996:1.
③ HELENE A G. The state and the family: a comparative analysis of family policies in industrialized countries[M].New York:Oxford University Press,1996:204.
④ IULIAN S.Romania:a non-interventionist family support policy? [J].Mediterranean Journal of Social Sciences,2014,5(19):19-24.

(二)亲传统主义模式

亲传统主义模式源于维护家庭的政策目标。在这种模式下,政府在一定程度上认可支持家庭的责任,同时鼓励男性养家糊口的传统家庭模式。总体而言,虽然国家强调家庭支持,但家庭自身和一些志愿组织(如社区组织、教会)被视为最重要的物质支持来源。国家向家庭提供的现金支持的水平最多只是中等水平,对在职母亲的福利也是如此。[①] 由于传统观念认为母亲负责抚养孩子,因此女性就业依然存在一些障碍,这导致妇女很难将工作和家庭的责任进行平衡。相应的儿童保育服务的提供率也很低。匈牙利是这种政策模式的一个例子。匈牙利是世界上第一个把政府的核心使命放在巩固家庭和应对人口危机上的国家,并且在过去十年里建立了欧洲最广泛的家庭支持系统。[②] 近年来,虽然在人口危机的解决方案中,政府也推出了一系列鼓励生育的家庭政策来提高生育率,但仍提倡女性作为母亲和妻子、男性作为养家糊口者的传统价值观念。[③] 这种倾向于让女性专注于家庭和孩子、鼓励生更多的孩子的观念,是匈牙利为了提高生育率而采取的有利于生育的价值观。

(三)亲生育主义模式

亲生育主义模式的特点是政府对低生育率的关注以及政策制定的明确目标是通过广泛的措施提高出生率或生育率。因此,对家庭的支助被视为政府的职责,其任务是通过降低抚养孩子的成本和中长期时间内改变人们对生育观念的普遍态度来实现鼓励家庭生育的目的。在这种模式下,政府一方面非常重视现金津贴,包括儿童津贴和在职父母生育期间的工资补贴;另一方面为产假和育儿设施提供了较高水平的支助,比如针对产假和陪产假制定了强有力的立法。法国是这种政策模式最典型的例子。[④] 面对19世纪以来的低出生率问题,提高生育率是法国家庭政策明确且长期的目标之一。法国家庭政策的核心是对家庭提供直接援助,包括家庭福利、社会行动以及住房和贫困福利。受健康危机的影响,法国自2014年以来出生人数持续下降,2020年的法国出生人数接近74万,这是自1945年以来的最低出生率。[⑤] 尽管如此,法国仍然是欧盟生育率最高的国

[①] IULIAN S.Romania:a non-interventionist family support policy?[J].Mediterranean Journal of Social Sciences,2014,5(19):19-24.

[②] NOVOSZÁTH P.Fighting the demographic winter:an evaluation of Hungarian family policy for the last ten years[J].Urban Studies and Public Administration,2022,5(1):1-19.

[③] COOK L J,LARSKAIA-SMIRNOVA E R,KOZLOV V A.Trying to reverse demographic decline:pro-natalist and family policies in Russia,Poland and Hungary[J].Social Policy and Society,2022,22(2):355-375.

[④] IULIAN S.Romania:a non-interventionist family support policy?[J].Mediterranean Journal of Social Sciences,2014,5(19):19-24.

[⑤] Vie Publique.La politique familiale a-t-elleune incidence sur la natalité?[EB/OL].(2016-02-17)[2023-10-10].https://www.vie-publique.fr/fiches/37962-politique-familiale-et-natalite.

家,这一结果归功于积极的家庭政策的实施。

(四)支持平等主义模式

支持平等主义模式的主要目标是通过帮助妇女平衡就业和家庭生活,实现性别平等,同时加强父亲在儿童保育中的作用。① 这种政策类型与其他模式形成鲜明的对比,该政策主要关注的不仅仅是提高传统的家庭福祉,而是实现男女之间更大的平等。高福利政策的北欧国家——挪威,是该模式的典型范例。国家提供广泛的家庭服务,包括公立学校系统(10年制义务小学教育,以及公立中学和大学)、保健和医疗服务以及儿童保育服务。而且挪威的社会保障制度还提供广泛的家庭津贴以支持有子女的家庭,例如单亲家庭津贴。育儿假福利在子女出生的第一年为父母提供带薪休假,并确保养育子女的机会平等。父母共享47周的育儿假津贴(或57周的缩减的薪资津贴)。第一年后,父母可以选择领取护理现金福利或将孩子安置在有补贴的日托机构。新手父亲可以申请特有的父母福利,即至少10周的陪产假。据2015年的统计数据,37%的新手父亲使用超过分配的10周假期。② 在可以预见的未来,使用陪产假的父亲人数还会持续增加。

二、家庭生活教育与家庭政策的相互关系

FLE是国家和社会帮助家庭预防问题、提升家庭生活质量的举措;家庭政策是国家对家庭事务、家庭福利和家庭发展的管理和调控。家庭政策引导和规范FLE的内容和实施方式,为FLE提供资源、条件和支持。同时,家庭政策也是FLE的内容主题之一。

(一)家庭政策推动家庭生活教育事业的发展

FLE的成功开展需要相应的家庭政策的支持。"在一个拥有支持性政策的环境下,所有家庭都会有比较好的表现,举例来说,学校主动寻求家长参与、雇主认同员工同时也是家庭成员的意愿,机构与组织以家庭中心为哲学并运作,而法律支持家庭成员担任雇员、父母、伙伴及照顾者的角色。因此,政策形塑可以让家庭发挥功能的环境,从而促进人类与家庭的发展,一如其他专业所致力的。"③总体而言,政策对家庭生活教育具有不可否认的力量,即创造情境让家庭得以运用优势尽其所能。公共服务供给涉及教育、文化、医疗、社会保障、基础设施、生态环境等方面的基本需求。FLE运动包含了相当广的学科领域,例如健康科学、社会学、心理学、咨询、生物学、人类学、药学、法律、宗教、社会工作、

---

① IULIAN S.Romania:a non-interventionist family support policy? [J].Mediterranean Journal of Social Sciences,2014,5(19):19-24.
② BARAN M L,JONES J E.Family and child welfare in Norway:an analysis of the welfare state's programs and services[M]//ROBILA M,TAYLOR A C.Global perspectives on family life education. Cham:Springer,2018:297-310.
③ 博根施耐德.家庭法律公共政策[M]//瓦尔切斯基,布雷德霍夫特.家庭生活教育:理论与实务的整合.林淑玲,张燕满,潘维琴,译.新北市:心理出版社,2016:331.

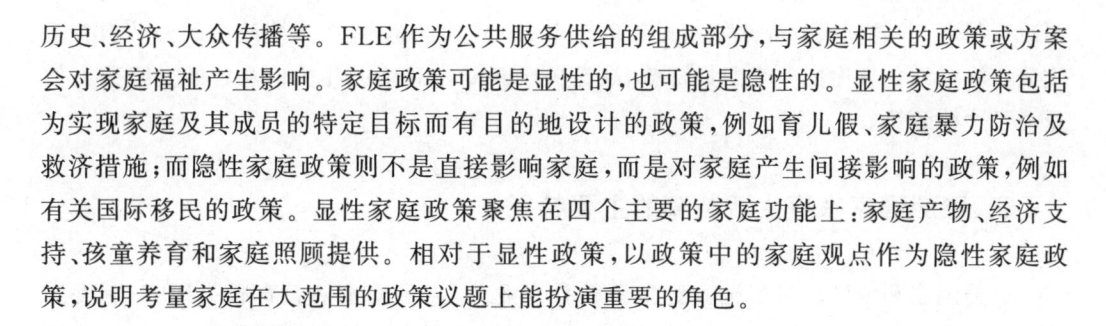

历史、经济、大众传播等。FLE 作为公共服务供给的组成部分,与家庭相关的政策或方案会对家庭福祉产生影响。家庭政策可能是显性的,也可能是隐性的。显性家庭政策包括为实现家庭及其成员的特定目标而有目的地设计的政策,例如育儿假、家庭暴力防治及救济措施;而隐性家庭政策则不是直接影响家庭,而是对家庭产生间接影响的政策,例如有关国际移民的政策。显性家庭政策聚焦在四个主要的家庭功能上:家庭产物、经济支持、孩童养育和家庭照顾提供。相对于显性政策,以政策中的家庭观点作为隐性家庭政策,说明考量家庭在大范围的政策议题上能扮演重要的角色。

(二)家庭政策作为家庭生活教育实践的组成部分

首先,家庭政策是家庭生活教育人员的责任。① 从实践的角度来看,家庭生活教育者需要了解影响与他们教育工作相关的儿童和家庭的法律。虽然高等院校在培养家庭生活教育工作者时会教授有关家庭法律和公共政策方面的内容,但这些内容通常在直接与家庭一起进行的教育实践活动中没有体现。② 事实上,法律和政策已渗透到 FLE 的各个方面,通常会影响 FLE 发生的环境以及项目的资金来源。此外,家庭生活教育的实践领域,如父母合作育儿或离婚教育,以及提供这些家庭服务专业人员的资格认定,都可以直接由国家政策决定。③ 对政府资助的家庭援助项目、移民政策和健康相关项目的改变都可能对家庭以及纳入 FLE 项目的内容和提供方式产生影响。

NCFR 认为家庭生活教育工作经验涉及与 10 个家庭生活教育内容领域相关的个人和家庭的预防和教育。④ NCFR 确定的 FLE 实践的 10 个主题领域分别是:社会背景下的家庭和个人;家庭的内部态势;人类一生的成长和发展;人类性行为;人际关系(人际交往);家庭资源管理;育儿教育和指导;家庭法和公共政策;职业道德和实践;家庭生活教育方法论。⑤ 其中,家庭法和公共政策是最常被用作实践的内容领域之一。家庭生活教育人员在公共领域可以做的一件重要贡献为:当需要公共政策提出改变时,帮助政策制定者看见家庭议题。家庭生活教育人员可以催化并传播政策相关、家庭敏感的研究与评估;当政策被发展并执行以检视家庭福祉受到的影响时,家庭生活教育人员能进行对家庭影响的分析;家庭生活教育人员能够教育家庭政策专业人员的下一代、使社区公民参

---

① 博根施耐德.家庭法律公共政策[M]//瓦尔切斯基,布雷德霍夫特.家庭生活教育:理论与实务的整合.林淑玲,张燕满,潘维琴,译.新北市:心理出版社,2016:339.

② DARLING C A, CASSIDY D, REHM M. The foundations of family life education model: understanding the field[J].Family Relations,2020,69(3):427-441.

③ DARLING C A, CASSIDY D, REHM M. The foundations of family life education model: understanding the field[J].Family Relations,2020,69(3):427-441.

④ National Council on Family Relations.Work experience for full certification [EB/OL].[2023-10-18].https://www.ncfr.org/cfle-certification/become-certified/work-experience-full-certification.

⑤ National Council on Family Relations .Family life education content areas: content and practice guidelines 2020 [EB/OL]. [2023-08-25]. https://www.ncfr.org/sites/default/files/2021-03/FLE%20Content%20and%20Practice%20Guidelines%202020.pdf.

与政策制定,并鼓励大学介入家庭政策的范畴。① 重要的是,有关家庭政策的公共教育是政策实施和评估程序的一个组成部分,缺乏关于新制定政策的相关信息可能会阻碍人们受益于这些政策。

三、欧洲国家家庭生活教育的主要特征

欧美国家和地区较早实施家庭生活教育专业化,且家庭生活教育相关研究、制度和实施较为成熟,这就是为何近年来国内外论及有关家庭生活教育的研究中,纷纷提及欧美国家家庭生活教育的理念与经验,并将其作为未来 FLE 发展的范本。欧洲地区大多数国家根据其政策目的,出台了各类家庭支持政策,在差异性很强的具体政策中,也体现了国家发展 FLE 的规律性。

(一)历史缘起:具有浓厚的道德和宗教色彩

虽然正式的和非正式的 FLE 干预措施在 20 世纪上半叶形成,但是对 16 世纪(罗马尼亚最早的文本诞生之时)到现在的一系列教育作品的主题分析,可以确定当代 FLE 方法的前提和概念根源。② 写于前现代罗马尼亚时期的宗教文本是真正的父母教育戒律的集合,包括如何给孩子取名字的建议,以及与未来基督徒洗礼相关的规范和行为。1512 年出版的《马卡里福音书》(*Evangheliarullui Macarie*)提出了一个明确的指导方针,该方针使家庭走向更负责任的信仰和宗教行为,针对每代人的主题是"我祈祷青年、成年人和老年人能够更好地做自己!"。虽然这些主题很复杂,但通常集中在知识、道德行为和国家认同之间的关系上。③ 直至二战后,FLE 进入世俗化的缓慢过程,其目标和内容从现代的政治、社会和道德重建目标的角度被重新定义。但是,宗教在挪威、法国、匈牙利和罗马尼亚国家公民的日常生活中仍具有重要的影响。

FLE 是在教会、教育和公民运动的推动下组织起来的。宗教是欧洲国家社会中的一种制度,一个家庭的所有成员可能都是某个宗教的信徒。教会作为一个信徒跨越从出生到死亡的生命周期的机构,它与家庭生活教育的目标具有显著的亲和力。④ 另外,教会不仅有可能将家庭的全部成员作为其信徒的一部分,家庭和教会的事务还会以多种方式融合在一起,使教会成为处理家庭问题的合乎常理和令人信任的地方。宗教信仰的意义通过与家庭生活周期有关的仪式和典礼得以体现,例如婴儿洗礼、割礼或儿童祝福、坚信

---

① 博根施耐德.家庭法律公共政策[M]//瓦尔切斯基,布雷德霍夫特.家庭生活教育:理论与实务的整合.林淑玲,张燕满,潘维琴,译.新北市:心理出版社,2016:340.

② MOMANU M,LAURA-POPA N,SAMOILA M E.A brief history of family life education in Romania[J].Paedagogica Historica,2018,54(3):266-286.

③ MOMANU M,LAURA-POPA N,SAMOILA M E.A brief history of family life education in Romania[J].Paedagogica Historica,2018,54(3):266-286.

④ SAWIN M M.Family life education in religious institutions:Catholic,Jewish,and Protestant[J].Family Relations,1981,30(4):527-535.

礼/成人洗礼、婚姻、葬礼等，这些活动都是家庭团体活动，包括可能的代际交流。① 由于父母和孩子都参与其中，就形成一个组织环境，通过这个环境，他们可以直接或间接地处理家庭问题，同时也促进教会的重视。特别值得强调的是，家庭和教会的利益是互惠的，因为两者都致力于寻找生活的意义。因此，许多信徒希望当地政府在对教会的发展规划中，加强对家庭生活教育最新理论和实践的关注。

FLE 在正规专业培训逐渐完善的同时，宗教这一非正规领域也得到了发展。例如，在匈牙利，教会在婚前教育中处于主导地位。早在 1972 年教会出版的一本基于婚姻教育主题和方法的牧灵问题（pastoral questions）的书籍中，从宗教神学和相关教会法、教育教学、礼仪和组织性质等方面，就如何进行婚姻准备进行了讨论。直至今日，匈牙利的宗派婚前教育，已成为帮助发展高质量的家庭关系的重要力量。② 罗马尼亚的布加勒斯特反堕胎协会（PRO VITA）由基督教和社会团体合作组成，是罗马尼亚家庭联盟和废除代孕国际联盟的成员。该协会的宗旨是"保护和促进人类生命、家庭和父母职业，特别是所有人从受孕到自然死亡的生命权"。PRO VITA 通过多种方式开展教育和信息活动，例如组织培训课程、研讨会、辩论会，公开放映电影以及利用信息丰富的网站等，以此来提高公众对未出生儿童生命权的认识。③ 目前，教派和理事会官员正致力于在家庭生活教育的许多表达方式上紧跟当前的思想和趋势。④ 越来越多的神职人员正在对这一需求做出反应，为神职人员举行的家庭问题会议的数量有所增加就证明了这一点。

（二）基本原则：专注于教育取向与预防功能

四个国家的 FLE 均专注于教育取向和预防功能，这也是 FLE 的基本原则。家庭面临的许多问题是由于缺乏关于人类发展、养育子女、人际关系、目标设定、决策和资源管理（包括时间、金钱和精力）方面的知识和技能造成的。⑤ 因此，提供有关这些问题的教育不仅可以增强家庭功能，还有助于避免和减少这些问题的发生。例如，如果儿童在满足他们需求的支持性环境中长大，包括父母的关爱以及积极的情感关系，那么他们就有最大的机会发挥自己的潜力。⑥ 对不良童年经历的研究表明，童年创伤经历对以后的生活

---

① SAWIN M M.Family life education in religious institutions：Catholic，Jewish，and Protestant[J]. Family Relations，1981，30(4)：527-535.

② ENGLER A，KOZEK L K，NEMETH D.The concept and practice of family life education[J]. Central European Journal of Educational Research，2020，2(3)：55-61.

③ PRO VITA. București, Asociația PRO VITA București [EB/OL]. [2023-08-25]. https://asociatiaprovita.ro/despre/pro-vita-bucuresti/.

④ SAWIN M M.Family life education in religious institutions：Catholic，Jewish，and Protestant[J]. Family Relations，1981，30(4)：527-535.

⑤ DARLING C A，CASSIDY D，REHM M. The foundations of family life education model：understanding the field[J].Family Relations，2020，69(3)：427-441.

⑥ Child Trends. Charting parenthood：a statistical portrait of fathers and mothers in America [EB/OL].[2023-08-25].https://cms.childtrends.org/wp-content/uploads/2013/03/ParenthoodRpt2002.pdf.

健康有影响。而这些经历,例如虐待、忽视或者家庭功能失调,都是可以通过预防性FLE最大限度地减少或避免。重要的是,当得到注重培养沟通、冲突管理、养育和金融知识等技能的教育支持时,人际关系会变得更牢固、更健康。[1] 预防性工作可以确保这些积极影响在家庭及其成员中得到落实。

首先,教育是FLE的基石。FLE强调教育而非治疗,让学习者运用所学,做出最适当的判断。[2] FLE作为一项立足家庭生活发展的教育实践活动,包括从在学校教授人际关系到提供婚前教育的所有内容,并且与个人和家庭的整个生命周期密切相关。[3] 通过教育活动和计划,使学习者获得在家庭生活中具有积极作用的概念和技能。多年来,提供家庭相关教育的模式和授课方式发生了改变,从传统的师生课堂讲授转向小组学习、个人指导、辅导关系和在线学习,但所有这些都是通过分享信息和知识来加强家庭。例如,匈牙利的中等和高等教育的入学考试,家庭和家庭教育主题的内容以各种考查方式出现在考试中。[4] 在法国则是创建家庭资源中心网络,支持并指导父母进行网络实践。网站提供相关问题解答的服务,例如,"我的孩子在社交媒体上受到骚扰,我不知道该怎么办""在电视、游戏和手机之间,我不再知道我的孩子有多少屏幕时间,该怎么办"。[5] 此外,还可以通过家长研讨会讨论家庭实践、遇到的问题和找到的解决方案;或者参加家长会议,让家长了解问题并获取信息。

其次,FLE采取预防取向来促进家庭幸福。过去,提供给家庭的服务主要是以一种介入的模式来进行——当问题出现的时候才处理家庭的需求。等到病态出现才处理,会让社会付出更大的代价,而且对个别家庭的危害更高。[6] FLE的经典逻辑是预防问题、解决问题、开发潜力。北欧福利和社会问题中心发布的关于"家庭早期干预"的报告指出:普遍提供育儿支持非常重要,因为它为预防工作提供了独特的机会,并改善了干预结果。[7] FLE主要有两种类型的预防措施:一种是初级预防——在事情发生之前保护人们,例如向新生儿父母提供的育儿教育课程。法国通过家庭津贴网站为不同类型父母提供了各种资源:备孕的父母在怀孕期间可以采取哪些准备;孩子出生以后,父母尤其是母

---

[1] DARLING C A, CASSIDY D, REHM M. The foundations of family life education model: understanding the field[J]. Family Relations, 2020, 69(3): 427-441.

[2] DOHERTY W J. Boundaries between parent and family education and family therapy: the levels of family involvement model[J]. Family Relations, 1995, 44(4): 353-358.

[3] DARLING C A, CASSIDY D, REHM M. The foundations of family life education model: understanding the field[J]. Family Relations, 2020, 69(3): 427-441.

[4] ENGLER A, KOZEK L K, NEMETH D. The concept and practice of family life education[J]. Central European Journal of Educational Research, 2020, 2(3): 55-61.

[5] Pour Les Familles. Vous recherchez un service Soutien à la parentalité numérique près de chez vous ? [EB/OL].[2023-10-12]. https://www.pourlesfamilles.fr/etre-parent/parentalite-numerique/.

[6] 博根施耐德.家庭法律公共政策[M]//瓦尔切斯基,布雷德霍夫特.家庭生活教育:理论与实务的整合.林淑玲,张燕满,潘维琴,译.新北市:心理出版社,2016:16.

[7] SUNDSBØ O A. Parenting support in Europe's north: how is it understood and evaluated in research? [J]. Social Policy and Society, 2018, 17(3): 431-441.

亲如何应对产后抑郁症；未来选择什么类型儿童保育方式；等等。① 另一种是二级预防——在事情发生后进行干预，以在早期阶段阻止或减缓问题的进展②，例如为长期逃学或有暴力行为学生的父母开设的课程。"我们呢？"(what about us?)是挪威父母可以免费获得的一门课程，用来协助父母养育有特殊需要的子女，如身体残疾、学习障碍或有慢性疾病。③ 该课程提供了有关如何改善沟通、如何避免争吵、如何与兄弟姐妹相处以及如何作为亲密伙伴照顾彼此需求等主题的信息。

(三)组织体系：政府主导与多元协同

匈牙利、法国、挪威和罗马尼亚的家庭生活教育服务都是由政府组织与非政府组织共同提供，二者分工明确，相互配合。一方面，政府在其家庭生活教育服务的推进中发挥了主导作用，从注重立法建设到系统的家庭政策体系，各国政府从战略、信息、财政等多方面，为包括家庭生活教育在内的家庭事务的应对提供支持。另一方面，除了政府的一系列帮扶政策和举措，非政府组织提供了直接综合化服务的运作模式。众多组织围绕家庭整体状况，横跨家庭生命周期，提供灵活自如、专业化的同家庭生活相关的课程、专题、讨论会和服务。

匈牙利政府提供了充足的家庭生活教育服务经费。2021年发布的统计数据显示，匈牙利将GDP的近5%用于家庭支持，其中政府实施的家庭保护行动计划，也通过直接和间接的财政津贴来减轻抚养子女的负担。例如，为"大家庭"提供抵押贷款支持，对有4个或4个以上孩子的母亲免税，提高"大家庭"购房折扣以及"大家庭"购车补贴计划等。④ 其中为有子女的家庭提供的所得税抵免计划是政府推出的一系列家庭政策措施中最独特、最昂贵的福利。⑤ 挪威政府则是建立了系统的服务体系。在挪威，家庭生活服务供给主要由政府负责，分为3个级别：中央、郡和市。中央和地方高度分权且给予地方很大的自治权力，地方政府可以根据自身需要来决定儿童事务。⑥ 挪威儿童、青少年和家庭局(The Norwegian Directorate for Children, Youth and Family Affairs,简称Bufdir)是儿童、青少年和家庭部(Barne-og familiede partementet, BFD)下属的政府行政机构，也是负

---

① Monenfantfr. Vous accompagner dans votre vie de parent[EB/OL].[2023-10-04]. https://monenfant.fr/je-suis-un-parent.

② DARLING C A, CASSIDY D, REHM M. Family life education: translational family science in action[J]. Family Relations, 2017, 10(66): 741-752.

③ BARAN M L, JONES J E. Family and child welfare in Norway: an analysis of the welfare state's programs and services[M]//ROBILA M, TAYLOR A C. Global perspectives on family life education. Cham: Springer, 2018: 297-310.

④ NOVOSZÁTH P. Fighting the demographic winter: an evaluation of Hungarian family policy for the last ten years[J]. Urban Studies and Public Administration, 2022, 5(1): 1-19.

⑤ COOK L J, LARSKAIA-SMIRNOVA E R, KOZLOV V A. Trying to reverse demographic decline: pro-natalist and family policies in Russia, Poland and Hungary[J]. Social Policy and Society, 2022, 22(2): 355-375.

⑥ 戴建兵. 我国适度普惠型儿童社会福利制度建设研究[D]. 上海：华东师范大学, 2015: 179-180.

责儿童和青少年的抚养、保护和收养、家庭保护、两性平等和非歧视以及亲密关系中的暴力和虐待等领域的专业机构。Bufdir 的下属机构儿童、青少年和家庭机构（Barne-，ungdoms-ogfamilieetaten，简称 Bufetat）分布在 5 个地区，每个地区代替国家为儿童和家庭提供福利服务。① Bufetat 负责为全国范围内有需要的儿童、青少年等家庭成员提供高质量支持和服务。

除了国家高度重视家庭和家庭生活教育，各国的许多社会团体也通过不同方式积极为家庭提供相关支持。例如，法国的全国家庭协会联盟（Union Nationale des Associations Familiales, Unaf），发展至今已经收集了 72 个家庭运动组织和 6006 个多样化的家庭协会，成为居住在法国领土上的 1800 万家庭的官方发言人，也是法国处理家庭事务最主要的社会团体之一。② 罗马尼亚家庭联盟（Alianța Familiilor din România, AFR）也是一个致力于促进家庭价值观和人类生活的民间社会组织。在男女婚姻结合的基础上形成的家庭是儿童身心发展的最佳环境，它是社区生活的基础，对于社会正常运转至关重要。AFR 于 2007 年由委员会成员成立，该委员会发起了第一个公民倡议。此外，匈牙利天主教会推行的"教师培训"计划以及挪威教会提供的家庭咨询办公室服务，都是由非政府组织直接提供的家庭生活教育服务。

(四) 总体目标：实现家庭幸福

FLE 的运作前提是，许多的家庭问题都是由个体缺乏与日常生活相关的知识或技能造成的。而家庭问题又不仅仅是单个家庭的问题，它会通过多种方式与途径演化、外溢，进而造成一系列社会问题，因此家庭问题与社会和谐稳定、健康发展形成直接关系。通过家庭生活教育来为家庭提供专门的用以充实家庭个体关于家庭生活所需要的知识与技能，提高个体家庭生活的满意度与幸福感，以此达到增进个人与家庭幸福、强化家庭在社会稳定与发展中的价值的目的。③

首先，家庭生活教育的理想结果是使每个家庭成员都获得幸福感。虽然幸福感是一种主观的感受，但 FLE 目标强调的是积极情绪的积累和心理健康的培养，包括对生活满意度、满足感和积极性发展的整体判断。家庭生活教育者不一定教授幸福，但其项目成果的总体目标是提高参与者的幸福感。④ 在法国，为了让年轻人（12 至 25 岁）拥有一个可以自由、私密地进行谈话的空间，全国各地建立了 360 个青年接待和倾听点（Point Accueil Écoute Jeunes，PAEJ）。在 PAEJ，青少年可以与心理学家交流，可以谈论其正在

---

① Bufdir. Om Bufdirog Bufetat[EB/OL].[2023-10-04].https://www.bufdir.no/om/.
② Unis Pour Les Familles. Défendre les familles[EB/OL].[2024-10-29]. https://www.unaf.fr/defendre-les-familles/.
③ 杨启光.发展型家庭生活教育：理论、实践与制度创新[M].上海：上海交通大学出版社，2017：35-40.
④ DARLING C A, CASSIDY D, REHM M. The foundations of family life education model: understanding the field[J].Family Relations,2020,69(3):427-441.

经历的生活困难,如感到不快乐、家庭矛盾、学业或职业困难还是暴力、成瘾等。① PAEJ的专业人员会倾听年轻人的困惑,并为其提供建议和支持。这种支持有助于化解正在面临的一些问题,并帮助年轻人获得更好的幸福感。

其次,家庭生活教育的终极目的在于实现家庭幸福,确保社会和谐发展。近年来,几乎每个欧洲国家的生育率都低于人口变动率,人口问题越来越受到各国的关注。人口年龄结构的巨大的变化,例如儿童和工作年龄人口的数量的减少、老年人口的比例增加,都将给社会造成巨大的经济开支和收益的减少,这也意味着提高生育率是整个欧洲经济关注的一个关键问题。② 家庭作为社会基本单位,其首要任务是能够增加人们生孩子的意愿,现在却存在障碍,包括难以协调工作和照顾家庭的时间、生育和抚养子女的成本较高等。因此,挪威、法国、匈牙利和罗马尼亚政府都采取了一些额外措施鼓励生育,欲使出生人数达到人口变化的理想儿童数。例如政府设立生育奖励家庭政策,通过减轻与生育子女有关的负担来鼓励夫妻生育子女,激励家庭多生孩子。

四、欧洲四国家庭生活教育比较分析

虽然匈牙利、法国、挪威和罗马尼亚发展家庭生活教育的终极目标都是旨在提高个人和家庭的生活质量,达到促进家庭的幸福和谐的目的。但不同家庭政策模式背景下的家庭生活教育实践,在内容、范畴与着重点上可能都不尽相同。

(一)匈牙利:注重立法支持家庭生活教育

对于亲传统主义模式的国家而言,保护家庭是其主要关注的问题。③ 2011年,匈牙利议会制定的《家庭保护法》指出:"家庭是匈牙利最重要的国家资源。家庭作为社会的基本单位,是民族生存的保障,是人的个性发展的自然环境,必须受到国家的尊重。"匈牙利通过立法强调了家庭在法律中的地位及由此产生的主要义务和权利,明确提出保护家庭、加强家庭福祉是国家、地方政府、民间组织和每个公民的责任,宗教团体也特别关注这些目标的实现。

20世纪70年代颁布的一项政府法令提出,"在一般公众中,特别是年轻人中,没有充分普及和谐、理想的人际关系所必需的生物、健康、伦理和道德知识,无法创造平衡的家庭生活和实现广泛的现代计划生育。因此,应采取措施,通过各种形式的公共教育和向

---

① Caffr.À quoi servent les points accueil et écoute jeunes (Paej)？[EB/OL].(2022-09-21)[2023-10-03].https://www.caf.fr/allocataires/vies-de-famille/articles/quoi-servent-les-points-accueil-et-ecoute-jeunes-paej.

② NOVOSZÁTH P.Fighting the demographic winter:an evaluation of Hungarian family policy for the last ten years[J].Urban Studies and Public Administration,2022,5(1):1-19.

③ HELENE A G. The state and the family: a comparative analysis of family policies in industrialized countries[M].New York:Oxford University Press,1996:203.

公众传播信息,为家庭生活做好准备"①。在《家庭保护法》第三条中明确指出了解人类生命的价值、健康的生活方式、负责任的婚姻和家庭生活伙伴关系是中小学教育机构的教育主题。因此,2012年通过并颁布的国家核心课程强调了发展领域的重点在家庭生活教育上,家庭生活教育的各种内容长期以来一直是各级教育机构进行教育和培训活动的一个组成部分。在按学校类型和教学阶段划分的框架课程中,按照年龄来划分发展目标。例如,一年级至四年级的学生开始了解家庭假期和相关习惯,他们学习与家庭角色(母亲、父亲和孩子)相关的任务,并努力每天完成这些任务;九至十二年级的学生有意识地为快乐、负责任的关系和家庭生活做准备,他们能够安排独立的生活和自我照顾,能够有意识地组织和排列自我需求,学习基本的储蓄技巧,能够搜索信息并帮助自我决策。② 匈牙利通过正规的教育项目帮助家庭和家庭成员承担家庭角色和任务,以此作为改善家庭生活和减轻家庭负担的手段。

在匈牙利,天主教会的义务婚前课程开启了婚姻准备作为家庭生活教育的一个特殊领域的发展,目的是帮助夫妻建立和维持终身、满意和健康的关系。自20世纪60年代性革命和学生起义以来,教堂婚礼一直是义务教育问题。早期的FLE采用的是神职人员教授的方法,所用文本不包含任何非神学家和心理学家的著作、已婚夫妇良好的做法和经验,以及来自社会学家和成人教育教师的建议。随着当地教区神父邀请已婚夫妇参加教育的筹备讨论,以及普通公民作为志愿者参与教区的婚姻准备工作,传统的神职人员讲授法已不能满足家庭生活教育工作的需求。因此,基于对先进教学方法和婚姻教育内容的需求,教会建立了婚前教育的制度化培训计划——"教师培训"计划。该培训项目对所有人开放,包括普通公民和神职人员,它侧重于教育的主题和方法,并通过小组培训为参与者提供实践经验,从而在基础教育之外开发自我认识和反思的潜力。培训需要39个小时,主题包括性行为和成人教育知识、自我认识和陪伴的重要性、婚姻基础、角色和资源、道德和计划生育,以及课程组织的知识和经验。③ 培训的长期好处是建立一个共享的虚拟论坛,来自全国不同地区的教员同事可以在这里相互咨询。

(二)法国:依托育儿支持战略推进家庭生活教育

对于鼓励生育模式的国家,低生育率是其主要关注的问题。法国的家庭政策有许多目标,但是有两个传统:通过支持生育的政策促进世代更新;尽管有生育和抚养子女的费用,但仍要维持家庭的生活水平。因此,自20世纪90年代以来,为了面对和支持社会变革,家庭政策整合了两个新目标,一是加强家庭生活与职业生活的联系,使幼儿父母能够

---

① ENGLER A,KOZEK L K,NEMETH D.The concept and practice of family life education[J]. Central European Journal of Educational Research,2020,2(3):55-61.
② ENGLER A,KOZEK L K,NEMETH D.The concept and practice of family life education[J]. Central European Journal of Educational Research,2020,2(3):55-61.
③ ENGLER A,KOZEK L K,NEMETH D.The concept and practice of family life education[J]. Central European Journal of Educational Research,2020,2(3):55-61.

继续工作；二是提供生育支持，帮助在与孩子的关系和教育方面遇到困难的家庭。① 此模式背景下的家庭政策，可以理解为国家、地方当局（例如部门）和社会保障组织为帮助家庭抚养子女、补贴孩子出生和教育的费用、补偿经济而采取的所有措施。

2018 年 5 月，法国团结与卫生部发布了国家育儿支持战略（stratégienationale de soutien à la parentalité），提出了法国未来 5 年在家庭教育方面关注的重点，旨在最大程度地满足法国父母从孩子幼儿期到青春期的育儿需求与期望。该战略主要围绕八个方面展开——支持父母和幼儿，支持父母和 6 至 11 岁的儿童，支持父母应对青春期的挑战，开发接力育儿给家庭喘息的机会，改善家校关系，解决家庭冲突与维护家庭关系，获得同伴支持以及完善家庭信息，并在此基础上辅以有关残疾、性别不平等、环境动荡等家庭问题的咨询服务，为法国家庭教育的开展提供全方位支持。② 例如，向有儿童的家庭提供与儿童相关的现金福利，包括儿童津贴、育儿假期间的公共收入补助金以及单亲家庭的收入补助金。其中家庭抚养津贴（L'allocation de soutien familial，ASF）就是为单亲家庭或者收养孩子的家庭提供的现金支持。③ ASF 是家庭享有的一项权利，只要符合申请条件，在孩子二十岁生日的月份之前都可以获得相应的现金资助。

要使夫妇（主要是妇女）能够在不放弃职业生活的情况下生孩子，需要服务和照顾幼儿的支持系统。法国通过现金援助和为儿童保育机构提供资金两种方式，给家庭提供广泛的幼儿保育选择。现金援助允许父母作为雇主或者选择自己在家照顾孩子来获得儿童保育资助金，这种类型的家庭接受家庭津贴基金（la caisse d'allocations familiales，CAF）的直接援助。而幼儿保育机构（ECJE）包括收容 0 至 6 岁儿童的机构、家庭和学校。这些结构是多种多样的，包括集体托儿所、提供临时护理的日托中心、家庭托儿所，以及为 2 至 6 岁儿童提供教育的幼儿园。ECJE 大部分由 CAF 资助，因此可以为家长提供根据他们的工资收入计算的优惠费率。而选择不受 CAF 资助的日托中心的家庭将获得直接的现金援助。从财政支持来看，儿童保育服务目前调动的资金多于向父母一方在有小孩时不工作（或兼职）的家庭提供的福利。④ 这无疑是使幼儿父母在职场能够安心工作、使双职工父母能更好地平衡家庭生活与职业生活的有效措施。

（三）挪威：完善的家庭和儿童福利保障家庭生活教育

在支持平等主义模式的挪威，政府在有关家庭政策的实施方面承担主要的责任。挪威政府为了预防家庭问题，建立了较为完善的国家福利计划和服务。其中家庭服务的两

---

① Vie Publique. Qu'est-ce qu'une politique familiale ? [EB/OL].（2021-12-01）[2023-10-11]. https://www.vie-publique.fr/fiches/262492-politique-familiale-definition.

② 康迪.法国：帮助父母解决家庭教育中的现实难题[J].上海教育，2022(17)：35-37.

③ Caffr.L'allocation de soutien familial augmente de 50% [EB/OL]. [2023-10-11].https://www.caf.fr/allocataires/actualites/actualites-nationales/l-allocation-de-soutien-familial-augmente-de-50.

④ Vie Publique. Quellessont les mesurescontribuant à la conciliation entre vie familiale et vie professionnelle? [EB/OL].（2021-12-01）[2023-10-11]. https://www.vie-publique. fr/fiches/37963-mesures-permettant-de-concilier-vie-familiale-et-professionnelle.

个主要领域——儿童福利和家庭咨询服务,在协助家庭健全功能、提升家庭成员发展能力方面发挥了重要作用。

1953年挪威颁布了第一部《儿童福利法》(Child Welfare Act,CWA),其目的是不再仅仅向家长提供资助,而是将重点放在预防、建议和指导上。预防措施被纳入CWA。1992年的第二部CWA建立了挪威儿童福利服务机构,其目标重新调整为将关注儿童的需求、权利和利益以及预防性举措纳入其中。① 现在,挪威每个城市都设有儿童福利服务机构,为儿童提供福利深深根植于福利国家的核心价值观。自2000年来,0~17岁的儿童和青少年在家庭内外可获得的福利服务措施数量不断增加。有数据显示:1993年,每1000名儿童和青少年可享受20项服务;2010年,每1000名儿童和青少年得到的服务增加至30项。② 例如,爱与界限(kjærlighet og grenser)是为家长提供的一项援助计划。该计划针对有12岁至14岁或有7年级和8年级青少年的家庭,目的是避免年轻人过早吸毒和出现问题。计划通过加强针对心理健康问题的保护因素,为青春期前儿童的父母提供指导。此外,该计划还努力改善家庭和学校之间的合作,建立良好的家长网络并提高青少年的社交技能。③ 这类家庭援助计划基本上都是免费的,具有普惠性质。

挪威的家庭咨询办公室旨在通过将儿童的最大利益放在首位,在婚姻或家庭关系破裂时帮助家庭成员建立更好的"合作氛围"。在挪威大约有48个家庭咨询办公室和其他教会提供的附属性服务,包括夫妻关系治疗、家庭治疗、与合法分居或关系破裂有关的调解、父母合作和探视,以及关于如何应对家庭内部变化的各种课程。④ 现如今,任何试图解决家庭或关系问题的人都可以通过预约的方式,在他们居住区所属的家庭咨询办公室获得免费的咨询服务。此外,Bufdir还为夫妻和家庭提供多项家庭生活教育计划。家庭成员可以报名参加这些以小组为形式的免费课程,以学习如何应对家庭问题。例如,良好的同居——初为父母的课程(godt samliv—kurs for førstegangsforeldre),该课程适合第一次生孩子并打算维持夫妻关系的夫妇。对于初为父母的人来说,很多都是新鲜事:父母的角色、财务状况、母乳喂养和儿童疾病。⑤ 该课程可以为新手父母提供支持和启发。

---

① BARAN M L,JONES J E.Family and child welfare in Norway:an analysis of the welfare state's programs and services[M]//ROBILA M,TAYLOR A C.Global perspectives on family life education. Cham:Springer,2018:297-310.

② BARAN M L,JONES J E.Family and child welfare in Norway:an analysis of the welfare state's programs and services[M]//ROBILA M,TAYLOR A C.Global perspectives on family life education. Cham:Springer,2018:297-310.

③ Bufdir. Kjærlighetoggrenser [EB/OL]. [2023-10-11]. https://www.bufdir.no/fagstotte/barnevern-oppvekst/foreldrestotte/foreldrestottende-tiltak/kjarlighet-og-grenser/.

④ BARAN M L,JONES J E.Family and child welfare in Norway:an analysis of the welfare state's programs and services[M]//ROBILA M,TAYLOR A C.Global perspectives on family life education. Cham:Springer,2018:297-310.

⑤ Bufdir.Godt samliv-kurs for førstegangsforeldre[EB/OL].[2023-10-11].https://www.bufdir.no/familie/tilbud/godt-samliv/.

(四)罗马尼亚:依托国际组织开展家庭生活教育

家庭生活教育在不同的国家有不同服务人群,这将会形成不一样的实践经验。处于不干预主义政策背景下的罗马尼亚,强调市场的作用、个人和家庭自给自足以及反对国家干预家庭和个人生活①,家庭政策更多地显示其促进个体与家庭基本生活水平的需要,有针对性地为家庭提供最低限度的支持。

罗马尼亚 370 万名儿童,并不是每个人都能体会到家的感觉。41.5%的儿童被剥夺了健康和教育服务,获得基本资源(食物、自来水、暖气、稳定和安全的成长环境)的机会有限,成为贫困、排斥、歧视、身体和精神虐待的受害者或面临贫困或社会排斥的风险。②与此同时,罗马尼亚父母遇到的困难包括贫困、缺乏社会保障和医疗服务、家庭暴力、迁移和生活在偏远地区。部分成年人不具备必要的知识和技能,或者无法获得能够为儿童提供最佳发展条件的资源。这些缺点可能导致虐待、忽视儿童、健康问题、缺乏沟通、自卑和辍学。所有这些不利条件大大降低了儿童摆脱影响其家庭几代人的贫困恶性循环的机会。③ 因此,由政府和非政府机构组织并得到国际组织支持的教育方案对罗马尼亚的 FLE 有很大的帮助。

2001 年,发展与人口活动中心、青年基金会和儿童基金会罗马尼亚办事处合作出版了《家庭生活教育手册》,重点关注青少年的性教育和预防吸毒。非正规方案的内容也被纳入学校课程,题为"生殖和家庭健康"的单元,列入保健教育的选修科目。同一时期,在小学和中学教育的辅导和指导课程中增加了注重人际关系、家庭功能和沟通的内容。2007 年,联合国儿童基金会驻罗马尼亚代表与罗马尼亚教育、研究和青年部以及罗马尼亚教育和发展协会合作,出版了《父母教育,教师指南——九至十二年级选修课》,从跨学科的角度设计了新内容,增加了实践方法,旨在培养学生的家庭技巧,鼓励他们在决定成立家庭时负起责任,并提高他们对成为新家庭成员的复杂情况的认识。④ 因此,即使没有明确的概念框架,学校课程和非正规教育也纳入了家庭生活教育的一系列目标和内容,从而满足了罗马尼亚家庭生活变化所产生的教育需求。

联合国儿童基金会在罗马尼亚实施的"罗马尼亚的家长教育"计划旨在支持父母发展儿童保育和保护的技能和知识。家长教育是一系列使家庭能够发展有关儿童保育、营养和保护的技能和知识的活动和方法。该儿童基金会针对 0 至 18 岁的儿童,满足他们及其父母或照顾他们的人的特定需求。其目标是保护所有儿童并支持父母、监护人和照顾者最大限度地发挥他们的育儿技能。此外,罗马尼亚还加入了欧洲家长指导和教育日

---

① IULIAN S.Romania:a non-interventionist family support policy?[J].Mediterranean Journal of Social Sciences,2014,5(19):19-24.

② Unicef.România pentru fiecare copil. Plasa de siguranță din comunitate[EB/OL].[2023-10-11]. https://www.unicef.org/romania/ro/romania-pentru-fiecare-copil.

③ Unicef. Educația parentală în România [EB/OL]. [2023-10-11]. https://www.unicef.org/romania/ro/educa%C8%9Bia-parental%C4%83-%C3%AEn-rom%C3%A2nia.

④ MOMANU M,LAURA-POPA N,SAMOILA M E.A brief history of family life education in Romania[J].Paedagogica Historica,2018,54(3):266-286.

(European Days on Parental Guidance and Education)。欧洲家长指导和教育日是一次国际会议,内容包括学术报告、研讨会、干预措施以及支持和实施父母指导和积极育儿领域的案例研究;会议旨在为从事儿童、父母和家庭社会工作和教育的专业人员提供信息和培训,同时分享来自五个国家——罗马尼亚、法国、英国、意大利和西班牙的实地经验。①

五、启示

家庭生活教育已经成为国际社会政策体系建设的共同选择。这些国家或地区在推进家庭生活教育的过程中,在专业化、制度化与服务协同化方面积累了重要的经验。20世纪80年代以来,伴随着城市化和工业化程度的不断加深,计划生育政策的实施和人口迁移规模增大,我国家庭规模、家庭结构和家庭关系正在发生着巨大的变化。家庭自身的快速变化,对身处其中的家庭成员的家庭生活质量以及社会运行状态都带来了重要冲击与不利影响。因此,应用社会政策比较方法,结合本土环境与实际需要积极借鉴与学习有益的做法,有助于完善及推进家庭生活教育理论与实践的中国化。

(一)以学术引领家庭生活教育专业化

目前,中国的家庭教育虽然发展迅速,但由于学科建设落后和专业化人才缺乏,教育理念杂乱,许多机构和所谓的专家提供给父母的教育理念与方法花样繁多却未必科学。特别是在互联网普及、家庭知识广为传播的情况下,父母通过微博、微信公众号、短视频平台、新闻客户端等,每天接收大量关于家庭教育的内容推送。这些内容参差不齐,甚至出现了"劣币驱逐良币"的情况,一些正确的、科学的教育方法,反而不如那些哗众取宠、简单粗暴的教育方法受欢迎。② 父母教育素质的不断提高,对家庭教育指导提出了更高的要求;与此同时,与家庭生活有关的一系列社会问题层出不穷,也需要更为专业化的干预和指导;因而加强家庭教育学科建设和专业化指导成为一种明显的趋势。

首先,家庭生活教育作为一门科学,有其基础理论、专业知识和研究方法。积极开展家庭生活教育科学研究,既要注重基础理论研究,又要注重家庭教育经验研究和应用研究。政府制定全国家庭教育指导纲要和教育实施意见,对不同年龄阶段的未成年人家长进行分层次指导,向广大家长宣传家庭教育的正确观念和科学方法,提高家庭教育的针对性和有效性。③ 其次,高校充实科研力量,促进家庭教育学科建设;推动有条件的高等院校、教育机构开设家庭教育专业和课程,培养家庭教育专业人才。不断壮大家庭教育

---

① HOLTIS.European days on parental guidance and education-positive parenting in European contexts[EB/OL].[2024-11-02]. https://holtis.ro/european-days-on-parental-guidance-and-education-positive-parenting-in-european-contexts/.
② 孙云晓.家庭教育需要专业化指导和学科建设[J].新课程评论,2018(3):7-13.
③ 全国妇联.全国未成年人家庭教育状况抽样调查报告(节选)[J].中国妇运,2008(6):30-34.

志愿者队伍,广泛联系热心家庭教育事业的高等院校、新闻媒体、企事业单位、街道社区等各界人士,发挥他们在服务社会、服务家长儿童中的积极作用。通过组织家庭教育服务指导培训,提高家庭服务的能力和水平,使家庭教育指导工作更加科学化、规范化、专业化。

(二)建立发展型家庭生活教育服务体系

正如一些研究者所指出的,长期以来我国的家庭政策针对的是失去家庭依托的社会边缘群体,如城市的"三无对象"、农村的"五保户"和孤残儿童等,一个拥有相对完整家庭的社会成员得不到政府的直接支持。可见,我国的家庭政策是补救性的,起到的是社会安全网的作用。近年来,虽然我国出台了一些具有普惠性质的家庭政策(如普惠性幼儿园补贴),但政策的总体取向仍然没有改变。[①]

为此,国内已有不少学者提出构建我国积极的或发展型的家庭政策的主张,即家庭政策不仅要在家庭及其成员陷入困境时为他们提供及时的帮助,更重要的是通过预防、支持和早期干预等措施,帮助他们增强适应经济和社会变化的能力,将人和家庭作为社会最重要的资产进行培植和投资。[②] 因此,提供与发展型社会理念价值相一致的政策,设计与实施一系列科学合理的家庭生活教育服务实践项目,面对家庭个体成员与整体发展需要,预防家庭问题的发生,增强家庭关系和谐稳定,提升家庭成员发展能力[③],是当代中国社会变革中家庭每一个成员的迫切要求与现实诉求。实施系统的面向家庭生活的教育,是推进当代中国家庭生活发展能力建设的重要途径。

(三)倡导社会团体对家庭生活教育的支持

法国在中央及地区层面积极规划家庭生活教育服务,其隶属的各市政府的社会援助和福利部门负责家庭生活教育服务的整体规划、统筹和监察工作。家庭生活教育服务供给主要由非政府组织机构负责,Unaf 是一个家庭协会联合会联盟,集合了世俗家庭联盟、全国农村家庭联合会、全国新教家庭协会联合会、全国天主教家庭协会联合会等多个国家联合会。[④] 目前,法国已形成较为完善的家庭生活教育服务组织体系。各市政府的社会援助和福利部门负责对非政府机构提供的家庭生活教育服务进行质量评估与监察,确保所提供的服务符合服务协议制定的标准,同时对其提供充足的资金支持与政策扶持。

法国的经验表明,家庭生活教育作为一种社会提供的专业化公共服务,要想取得长

---

① 王列军.发达国家的家庭政策实践及其对我国的启示:基于经合组织国家的分析[J].经济社会体制比较,2023(1):155-164.

② 王列军.发达国家的家庭政策实践及其对我国的启示:基于经合组织国家的分析[J].经济社会体制比较,2023(1):155-164.

③ 杨启光.发展型家庭生活教育:理论、实践与制度创新[M].上海:上海交通大学出版社,2017:135.

④ Unaf.Les associations familiales[EB/OL].[2023-10-18].https://www.unaf.fr/associations-familiales/.

远发展,首先应在体制改革上寻求突破。设立政府主导、多元主体协同的家庭生活教育中心网络,作为开展家庭生活教育的重要基地,对发挥家庭教育指导服务功效的作用十分明显。一方面,整合政府、社会、市场和家庭资源,积极调动多种力量,发挥多元主体的积极性,健全家庭生活教育服务体系,为家庭提供公益性与普适性的公共服务,确保家庭生活教育服务覆盖所有家庭以及每个家庭成员。另一方面,需要引进家庭生活教育专业人才,发展壮大志愿者队伍,推广各类家庭生活教育服务,如讲座、家庭咨询和辅导等,定期进行服务跟踪反馈,积极调查了解我国家庭的现实需求,逐渐完善机构的服务范围与主题,①使家庭生活教育服务切实指向家庭发展能力的建设。

  阿库斯认为 21 世纪 FLE 的重点内容领域是父母教育、婚姻教育和性教育,以及一些新兴方向例如老龄化、老年教育、虐待老人问题和鼓励家庭多样性。② 借助全球化力量的推动,围绕社会政策与制度的跨国学习模式和不同领域的政策转移逐渐成为各级政府的普遍政策行为。③ 跨越时空的政策的跨文化学习正日益成为全球范围下一种不可避免的公共政策形成与政策创新的普遍范式与主要途径。④ 对不同文化背景下的对象进行跨文化比较研究,研究在不同文化背景体系下的家庭生活教育在促进个体与家庭发展能力的社会运作方面的共性、差异和普遍性发展规律,将为构建中国家庭生活教育提供参照。与此同时,全球化力量迅猛发展,全球范围的不同社会文化环境下的家庭生活被纳入一个复杂的、相互联系与持续演化的世界之中。因此,在重视将国际化作为推动中国家庭生活教育制度的重要策略的基础上,进一步讨论如何结合中国家庭生活教育需求的实际推进家庭生活教育,使之本土化,值得更加认真地研究。

---

① 杨启光,曹艳彬.台湾家庭生活教育专业化的发展路径及其启示[J].探索,2016(4):139-144.
② ARCUS M E.Advances in family life education:past,present,and future[J].Family Relations,1995,44(4):3.
③ 冯增俊.教育政策学习与国家教育治理能力现代化建设:评《全球教育政策转移比较研究》[J].教育现代化,2015(2):76-77.
④ 杨启光.全球教育政策转移比较研究[M].杭州:浙江大学出版社,2013:1.

第六章

家庭生活教育案例研究：学校开展的 FLE

> 家庭生活教育包括教师有意识地利用任何和所有学校经历，帮助发展学生的个性，最充分地发挥他们作为现在和未来家庭成员的能力——这些能力使个人能够最有建设性地解决其家庭角色所特有的问题。[①]
>
> ——柯蒂斯·艾弗里，玛吉·李

伴随着社会上的家庭生活教育运动，家庭生活教育开始进入学校，成为学校教育的组成部分。在工业化的进程中，效率成为目标，社会将扫盲视为实现效率的工具，学校教育普遍采用的"3R"课程即阅读、写作和算术成为教育手段。这种功利化的目标受到批评者的质疑，质疑者认为其强调了教育的社会价值，而个体价值被忽略。教育并没有使学生为更快乐、更成功的生活做好准备。这种批评使教育目标回到现实。教育并不只是为职业做准备，非职业的教育同等重要。在这种理念指导下，以培养更好的公民，促进更融合的社会关系，改善身心健康，减少家庭间冲突为目标的家庭生活教育开始进入学校教育体系。[②] 教育领域的家庭生活教育的开展呈现自上而下的发展趋势，即首先是高等教育开始出现家庭生活教育，然后是中等教育，最后才是初等教育。

教育领域内，高等院校最早对家庭生活教育运动做出了响应。在美国开设家庭生活教育课程的院校由 1910 年之前的 4 所，增加到 1920 年的 15 所。到 1924 年，已经有 22 所大学提供与家庭相关的课程。

早期的课程侧重于将家庭视为一个社会机构，关注家庭的历史研究。20 世纪 30 年代之后的家庭教育课程转向强调为家庭生活做准备，人们越来越相信婚姻和家庭教育有助于个人幸福和社会福利。[③] 早期的家庭生活教育课程由社会学和家政学系开设，后期开始出现了专门的家庭生活教育系并开设自己的课程，家庭生活教育课程的数量迅速增加。1948—1949 年完成的一项对 1370 所大专院校和初级学院的调查发现，至少有 632

---

① AVERY C E, LEE M R. Family life education: its philosophy and purpose[J]. The Family Life Coordinator, 1964, 13(2): 27-37.

② PAGE J D. Review of youth, family and education [J/OL]. The Journal of Educational Psychology, 1942, 33(2): 159-160.

③ KERCKHOFF R K. Family life education in America[M]//CHRISTENSEN H T. Handbook of marriage and the family. Chicago: Rand McNally, 1964: 881-911.

所院校开设了家庭婚姻相关的课程。①

高等教育最先响应社会需求开设了家庭生活教育课程。伴随着高校家庭教育系的成立,家庭生活教育由一个研究领域逐渐发展成为一个学科。这不仅使家庭生活教育的研究日益深入,而且培养了大量的家庭生活教育专业人员,为中等教育和初等教育学校开设家庭生活教育课程提供了师资。

与高等教育相比,中等教育中的家庭生活教育课程发展较慢。造成这种现象的原因有两个。缺乏合格的师资来教授这些课程是原因之一,但更主要的原因是中学所在的社区反对此类课程的开设。②

最初,在中学开设的与家庭生活密切相关的课程是家政相关的课程。后期逐渐加入了性教育的内容,婚姻和家庭生活成为课程的主要内容。③ 在20世纪40年代,特别是二战后,这些项目已经扩展到家庭生活教育的所有领域。

中等学校家庭生活教育的快速发展源于社会和家庭本身的迅速变化,传统的专制式养育子女模式逐渐被民主式的养育模式所替代。中学开设生活教育课程被认为是积极应对这一转变,帮助青年人实现自我理解,对家庭生活产生积极影响的有效方式。④

小学(含幼儿园)是最后一个采用家庭生活教育课程的公共教育机构,其原因也是师资准备不足和社区的反对。小学开设家庭生活教育应当遵循两项原则。一是采取综合课程的方式,即将生活教育的内容整合在各门课程之中,而不是单独作为一门课程;二是家庭生活教育课程的内容和开展方式要适合小学生的身心发展规律。⑤

起初,小学的生活教育课程强调帮助儿童改善与家庭其他成员的关系。后来,一些性教育内容(如月经、生殖等内容)逐渐进入家庭生活教育课程。1941年,美国学校管理者协会建议将性教育纳入小学课程。1948年,美国教师教育会议主张将性教育作为教师教育课程的组成部分,以便为小学开设家庭生活教育课程提供师资。

高校和中学开设家庭生活教育的必要性逐渐得到公众的认可,不但为小学开设家庭生活教育提供了更多的支持,同时也为小学开设此类课程提供了师资培训条件。

随着有关儿童发展知识的增长,以及儿童早期经历对未来生活方式和态度影响的重视,社区对中小学开设家庭生活教育课程的抵制逐渐减弱,小学被确认为家庭生活教育

---

① BOWMAN H A.Collegiate education for marriage and family living[J].The Annals of the American Academy of Political and Social Science,1950,272(1):148-155.

② ROBILA M,TAYLOR A C.Global perspectives on family life[M].Gewerbestrasse:Springer International Publishing AG,2018:49.

③ ROBILA M,TAYLOR A C.Global perspectives on family life[M].Gewerbestrasse:Springer International Publishing AG,2018:50.

④ KERCKHOFF R K.Family life education in America[M]//CHRISTENSEN H T.Handbook of marriage and the family.Chicago:Rand McNally,1964:881-911.

⑤ KERCKHOFF R K.Family life education in America[M]//CHRISTENSEN H T.Handbook of marriage and the family.Chicago:Rand McNally,1964:881-911.

的逻辑起点。① 与高等教育和中等教育一样,将家庭生活教育纳入小学课程也经历了探索性、实验性阶段,进而得以逐步推广。

第一节 幼儿园的家庭生活教育

家庭生活教育是一种由教育主体向受教育者传递关于家庭生活的知识与技能、维护家庭生活的情感与态度,旨在提高家庭生活质量与幸福指数的教育活动,它是一种涵盖生命全程、聚焦家庭生活、建设家庭生活的一种教育活动。区别于传统家庭教育,家庭生活教育的教育主体不再仅限于父母,中小学也可以是开展家庭生活教育的主体;受教育者不再仅限于子女,中小学、幼儿园学生、父母,甚至祖父母都可以成为家庭教育的对象;就学校作为教育主体而言,教育作用也不再限于对学生家长的家庭教育指导,而是包括直接面向学生进行家庭教育。幼儿期是孩子一生发展的基础时期,也是获得家庭生活知识与技能、形成家庭生活观念的关键时期,此时形成的基本家庭生活观念对其未来的家庭生活建设起着潜在的影响。

美国自19世纪初开始注重家庭生活教育,至今已经形成了系统完备的知识体系,建立了科学化、专业化、制度化、多样化的课程体系,发展成为一项卓有建树的教育活动。其从幼儿园到大学各个学段均有开设家庭生活教育课程,其中幼儿园阶段,主要是由幼儿教师直接对学生进行家庭教育。尽管我国家庭教育中有类似的家庭生活教育内容,但总体来说内容零散、不系统、不完整。时代的发展,需要我们完善幼儿园家庭生活教育课程体系,美国的经验可以为此提供镜鉴。

一、美国幼儿园家庭生活教育课程结构

较早的家庭生活教育研究促进了美国家庭生活教育系统化、专业化的发展。目前,美国幼儿园家庭生活教育课程形成了较为成熟的课程体系。② 具体表现为:课程安排贯穿学期始末,学习标准分阶段实现,课程计划呈逆向设计,课程要求认知与行为并重,课程内容依托于活动,课程实施强调"做中学",课程评价贯穿活动全过程。

(一)课程安排:贯穿学期始末

幼儿园的FLE课程贯穿于整个学期,共分为3个时段,分别在学期初、学期中、学期

---

① SIEFKE W R.Parental assessment of family life education content:analysis of one elementary school[D].Portland:Portland State University,1972:26-29,31-42,52.

② 索磊,郑薪怡,万冰梅.家庭生活教育:美国公立中小学的家庭教育[J].教育学术月刊,2022(11):31-37.

末开展为期一周的主题活动,每一时段围绕一个主题。详细说来,第一时段的课程安排在学期开始时,即入学月,开展"创建我们的幼儿园社区"的主题活动,培养幼儿的自我意识,帮助幼儿学习发展健康的人际关系,学会维护自己的安全。第二时段的课程安排在学期中即11月,开展为期一周的"我们是不同的,也是相同的"主题活动,继续发展幼儿的自我意识,并帮助幼儿在家庭和学校、社区中正确地看待自己。在第一时段,幼儿对自我有一定的认识,并了解与熟悉了幼儿园与集体,在此基础上,在学期中的第二时段进一步发展幼儿的自我意识,帮助幼儿在家庭或集体中认识自己,认识家庭、家庭成员及与家庭成员的关系。第三时段活动安排在学期末即次年2月开展,围绕"谁负责?我负责!"的主题,在前两个时段幼儿形成一定的自我意识的基础上,帮助学生树立自己的身体自己负责、维护自我安全与健康的意识,帮助他们制定策略维护自身在各种环境中的人身安全。三个时段循序渐进,贯穿学期始终(表6-1)。

表6-1 FLE课程安排

时段	活动主题	时间
第一时段	创建我们的幼儿园社区	9月
第二时段	我们是不同的,也是相同的	11月
第三时段	谁负责?我负责!	次年2月

资料来源:Alexandria City Public Schools.Family life education in kindergarten [EB/OL].[2024-05-02]. https://resources.finalsite.net/images/v1679002943/acpsk12vaus/c242fqyksoqo4k3rkzht/FLE-Curriculum-at-a-Glance-Docs-English-4.pdf.

(二)学习标准:分阶段实现

FLE课程包含11个层次的学习标准,在K1到K11的学习标准中涵盖自我意识、人际关系、清洁与健康、人身安全、解剖学与生理学、分析影响6方面的内容,归结为情感与社会交往和健康与安全两个维度。[①] 其中K1到K7对学生的自我意识水平的要求逐步提高,并初步培养学生发展健康的人际关系,要求学生由认识自我到认识家庭及家庭成员,学会识别并表达情绪与感受,学会感激、尊重、欣赏他人,友好地与他人交往。K8到K11则在健康与安全方面对幼儿提出了循序渐进的要求,要求学生能够保持自身清洁与健康到学会维护自我安全,正确寻求帮助,学会保护自己(表6-2)。

---

① Alexandria City Public Schools. Family life education in kindergarten [EB/OL].[2024-05-02]. https://resources.finalsite.net/images/v1679002943/acpsk12vaus/c242fqyksoqo4k3rkzht/FLE-Curriculum-at-a-Glance-Docs-English-4.pdf.

表 6-2　FLE 课程等级

等级	学习标准
K1	学生将体验到成功和对自我的积极感受
K2	学生将体验到他人的尊重
K3	学生将意识到自己的行为对他人的影响,以及他人的行为对自己的影响
K4	学生将认识到每个人都是一个家庭的成员,家庭有多种形式
K5	学生将认出自己的家庭成员
K6	学生会意识到家庭成员之间表达爱、感情、尊重和欣赏的积极方式
K7	学生将认识到身体上的接触可以是友谊、庆祝或充满爱的家庭的一种表达方式
K8	学生将认识到他人接触分为好的(积极或健康的)和坏的(消极或不健康的)因素
K9	学生将演示如何对来自家庭成员、邻居、陌生人和其他人的不当触摸说"不"
K10	学生将识别"感觉良好"和"感觉糟糕"
K11	学生将安全地寻求帮助

资料来源:Alexandria City Public Schools.Family life education in kindergarten[EB/OL].[2024-05-02].https://resources.finalsite.net/images/v1679002923/acpsk12vaus/c242fqyksoqo4k3rkzht/FLE-Curriculum-at-a-Glance-Docs-English-4.pdf.

其中,K1、K2、K3、K10 的学习标准在第一时段课程,即学年初"创建我们的幼儿园社区"中实现,此时,幼儿开始接触新的环境,认识老师与同伴,面对陌生的环境和面孔,建立良好的自我意识,正确看待自己与他人——培养幼儿初步的交往能力尤为重要。K4、K5、K6、K7 的学习标准在学年中由第二时段"我们是不同的,也是相同的"主题活动达成,在第一周的基础上,幼儿对自我有了一定的认识,继而认识家人、家庭、自己与家庭的关系,这是幼儿自我意识的进一步发展。同时学会用合适的方式表达自己的情绪与感受,学会表达对家人的爱、感激、尊重、欣赏,这是幼儿建立良好家庭关系的基础。K8、K9、K10、K11 的学习标准在学年末由"谁负责? 我负责!"的主题活动达成,在前两时段的基础上,对自我及家人的认识帮助幼儿更容易学会如何保护自己,辨别他人善意的触摸与恶意的触摸,正确寻求他人的帮助,维护自我安全(表 6-3)。

表 6-3　学习标准与时段对应

学习标准	时段	主题
K1、K2、K3、K10	第一时段	创建我们的幼儿园社区
K4、K5、K6、K7	第二时段	我们是不同的,也是相同的
K8、K9、K10、K11	第三时段	谁负责? 我负责!

资料来源:Alexandria City Public Schools.Family life education in kindergarten[EB/OL].[2024-05-02].https://resources.finalsite.net/images/v1679002923/acpsk12vaus/c242fqyksoqo4k3rkzht/FLE-Curriculum-at-a-Glance-Docs-English-4.pdf.

(三)课程计划:呈逆向设计

FLE课程主题活动的教学设计体现三阶段的结构:第一阶段为期望结果;第二阶段为评估证据;第三阶段为单元学习计划。在期望结果中规定本单元活动预期要实现的知识目标,包括陈述性知识目标和程序性知识目标,并提供课程所需要的资源。在评估证据中制定细致的单元评估方法,遵循预估性评价、形成性评价和总结性评价的三级评价体系,监测学生发展进度及课程调整方向。在单元学习计划中为单元教学活动的实施提供详细的指导,既包括准备、导入、预估需求、评价、强化、实践等教学环节的安排,也包括环境、氛围、工具等教学设备的设计。此三阶段呈逆向设计,由期望结果开始,即活动开始前制定明确的课程目标,依据目标制定评估证据,即确定评价指标,最后才是制订详细的单元学习计划。(表6-4)

表6-4 FLE课程计划

阶段	任务	内容
第一阶段	期望结果	实现知识目标 建议资源
第二阶段	评估证据	预估性评价 形成性评价 总结性评价
第三阶段	单元学习计划	教学环节 教学设备

资料来源:Alexandria City Public Schools.Family life education in kindergarten[EB/OL].[2024-05-02]. https://resources.finalsite.net/images/v1679002943/acpsk12vaus/c242fqyksoqo4k3rkzht/FLE-Curriculum-at-a-Glance-Docs-English-4.pdf.

与传统教学相比,逆向教学有独特的优势:第一,以预期结果为导向,形成宏观框架,目的性和方向性更强;第二,课程开始前制定目标,更易于教师把握教学节奏,在教学过程中遇到情况便于灵活调整;第三,教学评价先于教学实施,使教学评价贯穿于整个教学过程,全程把握幼儿发展情况。

(四)课程要求:认知与行为并重

FLE课程既重视认知的发展,也兼顾技能的培养。在课程要求的制定方面既着重陈述性知识目标,也强调程序性知识目标(表6-5)。在FLE课程中,幼儿园第一时段的目标包括两个维度,即情感与社会交往维度和健康与安全维度。情感与社会交往维度主要集中在自我意识的培养,具体表现为认知方面对自我独特性的认识、对团体的认识、对自己与团体的相互影响的认识,以及行为方面能够表达对他人的尊重、感激、友善,能够礼貌交往。健康与安全维度包括两方面内容,一是保持个人卫生与清洁,二是保护隐私与个人安全。① 具体表现在认知方面能认识自己的身体、知道隐私部位、知道家庭住址及家长电话,在能力方面能够保持自身清洁与卫生、保护自己隐私、运用安全规则保护自己、寻求他人帮助。在第一时段中要求幼儿树立自我意识及自我保护意识的基础性目标。

在第二时段中,FLE 的课程集中在情感与社会交往维度,具体侧重于概念的理解和情感的表达,其中概念理解具体体现为理解家庭、家庭类型、成员及独特性。情感表达包括言语情感表达和身体情感表达,要求幼儿能够用不同的方式表达对家庭成员的爱、感情、尊重与欣赏。除此之外,还要求幼儿学会识别并表达各种感受。这是对第一时段情感与社会交往维度做出的进一步要求,即在认识自己的基础上进一步发展幼儿的自我意识,认识家庭、家庭成员及家庭的独特性。

第三时段的 FLE 课程目标集中在健康与安全维度,此维度要求幼儿能够维护个人安全、学会正确寻求帮助。要求达到认知和行为两方面的目标,即认知方面能够识别积极、善意的触摸和消极、恶意的触摸,并认识到要对恶意的触摸说"不",能力方面能够拒绝恶意的触摸,能够在危险时刻向他人寻求帮助。这是对第一时段健康与安全维度的进一步要求,在认识自己身体和保护隐私的基础上帮助幼儿学会辨别及阻止恶意触摸,维护自身安全。

表 6-5 幼儿园 FLE 课程目标

时段	维度	陈述性目标	程序性目标
第一时段	情感与社会交往维度	理解尊重、善良、礼貌、感情;知道表达尊重的方式;理解情绪与感受;认识自己的独特	能够尊重他人、善待他人;表达善意、感激与关心;表达愉快和不愉快的感受
第一时段	健康与安全维度	知道安全规则、家庭住址、家长电话;知道自己的隐私	能够保持个人卫生与清洁;尊重和保护隐私;能够运用安全规则保护自我安全,寻求他人帮助
第二时段	情感与社会交往维度	理解家庭;认识家庭成员,理解家庭类型和家庭的独特性	能够表达对家庭成员的爱、感激、尊重、欣赏;能够表达各种情绪、感受
第三时段	健康与安全维度	理解安全、帮助、积极的和消极的触摸	能够辨别善意的与恶意的触摸;能够对不好的触摸说"不";能够寻求他人帮助

资料来源:Alexandria City Public Schools.Family life education in kindergarten [EB/OL].[2024-05-02]. https://resources.finalsite.net/images/v1679002943/acpsk12vaus/c242fqyksoqo4k3rkzht/FLE-Curriculum-at-a-Glance-Docs-English-4.pdf.

---

① Alexandria City Public Schools. Family life education in kindergarten [EB/OL]. [2024-05-02]. https://resources.finalsite.net/images/v1679002943/acpsk12vaus/c242fqyksoqo4k3rkzht/FLE-Curriculum-at-a-Glance-Docs-English-4.pdf.

(五)课程内容:依托于活动

FLE课程涵盖了培养自我意识、发展良好的人际关系、保持个人卫生和健康、维护个人安全、了解解剖学和生理学及分析影响六方面的内容,课程内容通过活动的形式呈现。

第一时段活动的主题是"创建我们的幼儿园社区",课程包括四方面内容,即培养自我意识、发展良好的人际关系、保持个人卫生和健康和维护个人安全,其中培养自我意识占很大比例。首先,设计三个子活动:第一,"菊花"。由绘本《菊花》引入,帮助幼儿表达对他人的尊重。第二,"自我感觉良好"。通过绘本《我像你,你像我》帮助幼儿了解自己与他人的相似与差异,引导幼儿学习用平等、接纳和尊重的态度对待差异,帮助幼儿建立良好的自我意识。第三,"你的桶有多满"。借助绘本《你的桶有多满》帮助幼儿学会表达善意、感激和关心,表达对自己和他人的尊重,帮助幼儿发展人际交往的能力。其次,在保持个人卫生和维护自我安全方面,设计两个子活动:第一,"尊重彼此的隐私"。帮助幼儿理解"隐私"的含义,并帮助幼儿树立禁止别人触摸自己的隐私部位,保持个人卫生的意识,以及培养保护自己隐私和维护自己健康的能力。第二,"我可以安全地玩"。借助音频和绘本帮助幼儿了解个人安全规则,掌握保护自己的方法。教给幼儿自救和求救的方法,要求记住家庭住址、电话号码、父母姓名和工作单位,在走失时知道向成人求助,并能提供必要的信息。(表6-6)

表6-6 第一时段课程内容

主题	涉及内容	目标	课程
第一时段:创建我们的幼儿园社区	1.培养自我意识	描述表达尊重的方式	菊花
		了解自己与他人的相似与差异	自我感觉良好
	2.发展良好的人际关系	知道表达善意、感激和关心的方式	你的桶有多满
	3.保持个人卫生和健康	使用浴室时,知道保持个人卫生,能够尊重彼此的隐私	尊重彼此的隐私
	4.维护个人安全	知道个人安全规则;能够说出家庭电话、住址等;能够正确寻求帮助	我可以安全地玩

资料来源:Alexandria City Public Schools.Family life education in kindergarten [EB/OL].[2024-05-02]. https://resources.finalsite.net/images/v1679002943/acpsk12vaus/c242fqyksoqo4k3rkzht/FLE-Curriculum-at-a-Glance-Docs-English-4.pdf.

第二时段活动围绕"我们是不同的,也是相同的"主题,课程包含发展自我意识、发展良好的人际关系与分析影响三方面的内容。其中在发展自我意识方面,设计两个活动:第一,"谁是我的家人"。通过绘本《我家有谁?》和《关于我们的家庭》帮助幼儿认识家庭及家人,在认识自我的基础上促进幼儿自我意识的进一步发展。第二,"家庭:不同与相同"。借助绘本《家庭大书》,在认识家庭与家人的基础上帮助幼儿认识家庭的共同特征与差异,形成对家庭特点的认知。在发展良好家庭关系方面设计两个子活动:第一,"保存被子"。通过绘本《保存被子》帮助幼儿学会识别表达爱、感激、尊重和欣赏的方式。第二,结合实际情境设计"亲戚来了",帮助幼儿学会用积极的方式表达对家人的爱、感激、尊重和欣赏,并学会用具体的身体动作恰当表达自己的情感与感受,培养幼儿良好的人际交往的能力,为建立良好的家庭人际关系打下基础。在分析影响方面,设计一个活动"各种感受",借助绘本《我心》和儿歌《如果你很快乐,你知道的》帮助幼儿在用身体动作表达情感的基础上探索语言、情感与行动之间的关系,学会描述自己的情绪,通过分享其他孩子的经历来培养幼儿的同理心,发展幼儿的人际交往能力,同时教师需要关注幼儿的感受,保护其自尊心和自信心。各部分内容之间有着紧密的联系,都是为促进幼儿认识自己与发展健康的人际关系服务。(表6-7)

表6-7 第二时段课程内容

主题	涉及内容	目标	课程
第二时段:我们是不同的,也是相同的	1.发展自我意识	认识家庭及家庭成员	谁是我的家人
		找出所有家庭的共同特征;识别家庭的相同与不同	家庭:不同与相同
	2.发展良好的人际关系	找出家庭成员之间表达爱、感激、尊重和欣赏的方式	保存被子
		识别家庭表达爱、感激、尊重和欣赏的方式;用具体的身体动作表达自己的情感和感受	亲戚来了
	3.分析影响	探索语言、感情和行动之间的联系;创造视觉表征描述各种情绪;通过同伴之间的分享培养同理心	各种感受

资料来源:Alexandria City Public Schools.Family life education in kindergarten[EB/OL].[2024-05-02].https://resources.finalsite.net/images/v1679002943/acpsk12vaus/c242fqyksoqo4k3rkzht/FLE-Curriculum-at-a-Glance-Docs-English-4.pdf.

第三时段的活动主题"谁负责?我负责!"包含了解身体器官和维护人身安全两方面的内容。设计三个活动课程,在幼儿识别了表达爱意的方式和语言、情感与行动之间的关系的基础上,设计两次安全教育活动"你掌控你的身体"和"我的身体属于我",帮助幼儿了解自己的身体,养成良好的个人卫生习惯,并能够识别他人好的(积极、健康的)触摸与坏的(消极、不健康的)触摸,并对坏的触摸说"不",并在安全的情况下寻求帮助。在"谈论裤子,你就搞定了"活动中,结合生活实际对幼儿进行安全教育,主要帮助幼儿实际演示如何拒绝不好的接触,了解"内裤规则",学会保护自己的安全。(表6-8)

表 6-8 第三时段课程内容

主题	涉及内容	目标	课程
第三时段：谁负责？我负责！	1.了解身体器官 2.维护人身安全	识别好的触摸与坏的触摸；对不舒服的触摸说"不"	你掌控你的身体
		识别他人积极的和消极的触摸；对不合适的触摸说"不"，并在安全的情况下寻求帮助	我的身体属于我
		学会对不健康的触摸做出回应；能用PANTS的首字母缩略词描述"内裤规则"	谈论裤子，你就搞定了

资料来源：Alexandria City Public Schools.Family life education in kindergarten [EB/OL].[2024-05-02]. https://resources.finalsite.net/images/v1679002943/acpsk12vaus/c242fqyksoqo4k3rkzht/FLE-Curriculum-at-a-Glance-Docs-English-4.pdf.

(六)课程实施：强调"做中学"

FLE课程实施有详细而明确的教学计划，框架的学习、活跃的指令、实践、总结性学习及学习评估五个环节环环相扣。课程均以活动的方式开展，强调"做中学"，结合绘本、儿歌、绘画、游戏等多种方式帮助幼儿理解活动主题。

首先，详细明确的课程计划包含五个环节，即框架的学习、活跃的指令、实践、总结性学习及学习评估。其中框架的学习在于制定本次活动的整体框架，是对活动的整体规划与设计，包括需要学生掌握的知识、技能，活动环节，教学工具等。活跃的指令在于通过教师与学生讨论、互动，调动学生的注意与兴趣。借助绘本、儿歌等活动引入主题，帮助幼儿理解相关的概念，获得正确的认知。继而进入实践环节，基于正确的认知，通过游戏、绘画、表演等方式帮助幼儿在实践中巩固自己的认知，将认识转换为行动。接着是总结性学习环节，借助儿歌、绘本、作品赏析等方式进行总结，梳理本次活动的内容，巩固所学的知识。最后，在学习评估中，通过监控学生参与讨论的情况与实践中的表现评估幼儿对本次活动的掌握情况，判断幼儿的发展水平。

从课程的各个环节可见，课程借助多种活动方式，不仅借助于绘本、儿歌、故事等物质性材料帮助幼儿了解活动内容，同时也开展了游戏、讨论、演示等活动帮助幼儿在活动中理解相关知识，将认知转化为行为，巩固认知。

(七)课程评价：贯穿活动全过程

FLE课程评价(表 6-9)贯穿于整个课程活动，建立预估性评价、形成性评价、总结性评价三级评价体系。

表 6-9　FLE 课程评价

时间	评价	形式	目的
活动开始前	预估性评价	学生作品及讨论	了解学生已有经验
活动进行中	形成性评价	活动中讨论及表现	监测学生学习情况
活动结束时	总结性评价	综合任务	了解大部分学生学习情况
		指导/搭建任务	为需要帮助的学生提供指导
		加速/增强任务	为需要增强的学生提供任务
		测量主题题目	为测量特定主题提供任务

资料来源：Alexandria City Public Schools.Family life education in kindergarten［EB/OL］.［2024-05-02］. https://resources.finalsite.net/images/v1679002943/acpsk12vaus/c242fqyksoqo4k3rkzht/FLE-Curriculum-at-a-Glance-Docs-English-4.pdf.

首先，在课程开始前通过绘画作品或学生对相关经历的描述进行预估性评价，确定学生对本单元学习的准备情况，了解幼儿的背景知识、技能以及幼儿的兴趣与需要，以此作为活动开展的基础。其次，在活动过程中进行形成性评价，为学生提供多种机会进行自我评估，引导幼儿积极参与课堂讨论，给幼儿留有足够的空间用语言和动作表达自己的感受，评估与反馈幼儿的发展水平，帮助幼儿调整自己的学习和监测幼儿的进步。最后，在活动结束时进行总结性评价，通过"转移任务"即开展与本单元内容相关的活动来评估幼儿对本单元主要思想的理解。每一时段的转移任务根据本周的主题确立。具体说来，第一时段"创建我们的幼儿园社区"的转移任务需要幼儿创作一幅图画或海报来展示他们对课堂社区的贡献，从而展示他们对本单元主要思想的理解。第二时段"我们是相同的，也是不同的"的转移任务同样是通过创作一幅图画或海报来展示幼儿对本单元主要思想的理解，展示成为家庭一员的意义。第三时段"谁负责？我负责！"的转移任务需要幼儿通过举例说明一本名为《非常重要的人》的书来证明他们对本单元的理解。

转移任务的评价分为四个层次，即综合任务、指导/搭建任务、加速/增强任务和测量主题题目。不同的层次针对不同发展水平的幼儿，并给予针对性的指导。首先，综合任务层次适合大多数学生的发展水平，了解幼儿对本主题活动的掌握情况。其次，指导/搭建任务层次适合发展水平较低的学生，为可能需要语言修改的学生，特别是 1～4 级英语语言学习（English language learing，ELL）学生或残疾学生提供脚手架策略，教师可能会提供一对一协助，帮助学生完成每一步任务。再次，加速/增强任务层次，适合发展水平较高的学生，扩大原来转移任务的重点，为那些需要额外充实和增强的学生提供了额外的任务。最后，在测量主题题目层次中，为测量本单元主题提供了特定的规则。简而言之，多层次的评价指标打破了整齐划一的浅层评价模式，为不同水平的幼儿进一步发展提供了支持和方向。

二、美国幼儿园家庭生活教育课程的特征

亚历山大市公立学校(Alexandria City Public Schools, ACPS)家庭生活教育课程体系显示了美国幼儿园家庭生活教育的特征：教育体系健全、课程结构清晰明确、课程标准呈螺旋式提高、课程配套资源丰富、课程与其他领域有机整合等。

(一)全社会协助构建家庭生活教育体系

美国发挥社会各组织的积极性，协同教育部、教育委员会、社区、学校、当地机构/组织/支持系统、家庭共同参与开展家庭生活教育。教育厅主办家庭生活教育培训项目，提高家庭生活教育教学人员的专业性，团队或学校健康咨询委员会协助项目的实施与评估，各组织提供家庭生活教育资源，各地方机构/组织/支持系统与社区主动了解家庭生活教育计划，充分利用可获得的资源，并参照教育委员会批准的《家庭生活教育学习目标标准》开展教育活动。通过充分调动各方面资源，发挥多种力量，构建了多元主体协同的家庭生活教育体系，为家庭生活教育的开展提供了有效保障。

(二)宏观设计与微观组织并重

美国幼儿园FLE课程强调课程标准、目标、内容、评价指标的宏观设计，也强调课程准备、实施、评价的微观组织。

从宏观上看，FLE课程在课程设置、课程标准、课程内容、课程目标等方面都做了规定。在课程设置方面，课程由三个时段的主题活动展开，贯穿于学年始、学年中、学年末，每一主题活动设计多个子活动，其目标与内容各有侧重，既照顾幼儿的发展水平，又起到渐进、巩固的作用。在课程标准方面，11个层次的课程标准围绕幼儿自我意识的培养与自我安全的保护由浅入深，层层递进，与课程内容有机整合。课程内容涵盖自我意识、自我接纳、同伴接纳、个人安全等六方面的内容，归纳为两个维度，一是情感与社会交往维度，二是健康与安全维度，前者包括对自我意识的培养、对家庭及家庭成员的认识、情感的表达、人际交往，侧重于对自我认知与社会交往的指导，后者包括个人卫生与清洁、个人隐私、自我保护能力的培养，侧重于对自我保护的引导。每一个维度既包括认知方面的要求，又包括能力方面的要求。

从微观上看，FLE课程在课程准备、课程实施与课程评价方面进行了详细的规划。课程准备既包括单元活动的组织、活动流程的安排，也包括活动环节的设计，活动资源的利用。课程实施依托于活动，兼顾其他领域的融合，促进学生的整体性发展，课程评价分阶梯式进行。

(三)课程标准呈螺旋式设计

美国幼儿园的FLE课程的11个标准可以总结为情感与社会交往、健康与安全两个维度，其呈螺旋式贯穿于整个幼儿园FLE课程，由浅入深，层层递进。每一个标准在前

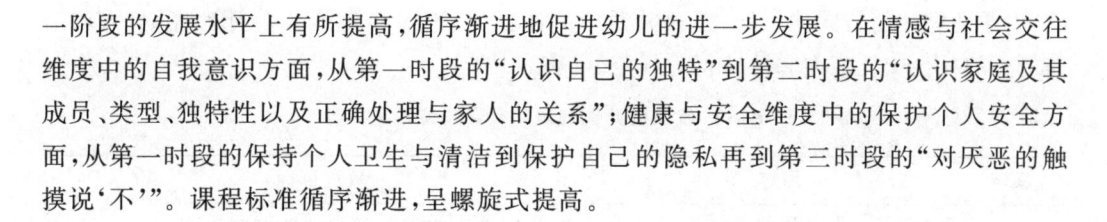

一阶段的发展水平上有所提高,循序渐进地促进幼儿的进一步发展。在情感与社会交往维度中的自我意识方面,从第一时段的"认识自己的独特"到第二时段的"认识家庭及其成员、类型、独特性以及正确处理与家人的关系";健康与安全维度中的保护个人安全方面,从第一时段的保持个人卫生与清洁到保护自己的隐私再到第三时段的"对厌恶的触摸说'不'"。课程标准循序渐进,呈螺旋式提高。

(四)多组织提供课程配套资源

美国幼儿园在搭建家庭生活教育课程体系的同时,为每一单元的主题活动课程提供了丰富的课程资源,包括来自弗吉尼亚州教育资源部和国家健康教育的资源、亚历山大市公立学校核心资源与补充资源、亚历山大市公立学校网站的差异化资源及额外资源。其中,亚历山大市公立学校核心与补充资源包括幼儿园社会研究课程和幼儿园英语语言艺术课程,ACPS网站的差异化资源包括:差异性框架、亚历山大市公立学校语言习得框架与ELL策略和执行功能研究与策略,例如:在保护个人安全教育中利用的警报器音频资源和帮助幼儿拒绝不健康触摸时使用的数码视频资源。

(五)课程与其他领域有机整合

美国幼儿园FLE课程在单元学习计划中强调社会研究、语言艺术、积极行为干预和支持(positive behavioral interventions and supports,PBIS)融合的机会。每一时段的主题活动包括多个子活动,子活动的设计都不同程度地与社会研究、语言艺术及PBIS融合,采用绘本、绘画、儿歌、游戏的方式开展活动,一方面寓教于乐,充分调动幼儿兴趣,另一方面促进幼儿综合发展。例如:在培养幼儿自我意识的课程中让学生创建"关于我的简单字形"(a simple glyph about me),通过绘画、涂色的方式帮助幼儿认识自己的与众不同,一方面让幼儿在游戏中学习,激发幼儿兴趣,使课程充满活力,另一方面,促进了幼儿对颜色的认知,增强对艺术的感知能力。

三、我国幼儿园开展家庭生活教育的镜鉴

(一)我国幼儿园家庭生活教育的现状

我国幼儿园五大领域课程中部分涉及家庭生活教育的内容,主要集中于健康领域和社会领域,但内容零散,尚未形成完整的内容体系,更缺乏目的、评价与教学设计的系统整合。

健康领域主要包括身心状况、动作发展、生活习惯和生活能力三个方面。身心状况包括身体健康和儿童心理健康,心理健康教育中部分内容与家庭生活教育内容相似,诸如学习表达和调节自己情绪的方法、培养社会交往能力、锻炼独立生活和学习的能力、性教育、预防心理障碍和行为异常等,生活习惯和生活能力部分与家庭生活教育内容重合。社会领域包括人际交往和社会适应两个方面,主要鼓励幼儿与人交往、尊重他人、尊重自

己,引导他们如何与同伴相处,喜欢并适应群体生活,遵守必要的社会行为规则,强调培养幼儿的社会交往能力和社会行为规范。(表6-10)

表6-10 我国幼儿园健康和社会领域教育内容

领域	内容		教育目标
健康	身心状况	身体健康	1.身体健康,在集体生活中情绪安定、愉快
		儿童心理健康	2.知道必要的安全保健常识,学习保护自己
	动作发展		喜欢参加体育活动、动作协调、灵活
	生活习惯和生活能力		生活卫生习惯良好、有基本的生活自理能力
社会	人际交往		1.乐意与人交往,学习互助,合作和分享,有同情心 2.爱父母长辈、老师和同伴,爱集体,爱家乡,爱祖国
	社会适应		1.能主动参与各项活动,有自信心 2.理解并遵守日常生活中基本的社会行为规范 3.努力做好力所能及的事,不怕困难,有初步责任感

资料来源:中华人民共和国教育部.教育部关于印发《幼儿园教育指导纲要(试行)》的通知[EB/OL].(2001-07-02)[2023-04-24].http://www.gov.cn/gongbao/content/2002/content_61459.htm.

虽然健康领域和社会领域涉及部分家庭生活教育内容,但其主要目的不在于"家庭生活教育",而更多强调的是培养幼儿积极健康的心理和情绪、提高生活自理能力、提高幼儿的"社会"交往能力、遵守"社会"行为规范,强调幼儿与同伴的交往,忽视幼儿与家人的交往。

(二)美国幼儿园家庭生活教育的启示

美国家庭生活教育的专业化发展积蓄了丰富的经验,提升了家庭生活教育的服务质量。学习和借鉴美国家庭生活教育的经验对于我国幼儿园开展家庭生活教育具有重要的借鉴意义。

1.构建完善的家庭生活教育体系

美国的家庭生活教育专业化发展离不开社会各组织的大力支持。① 健全家庭生活教育体系和政策是幼儿园开展家庭生活教育的保障。政府、社会、高校、幼儿园、家庭等多元主体应通力合作,构建家庭生活教育体系。教育部颁布关于幼儿园家庭生活教育的政策、指南,从政策层面给予保证和指导;政府担任建立者和组织者角色②,与社会机构组织共同开展讲座或培训活动,促进相关人员的专业化发展;高校开设相关专业或课程,培养家庭生活教育专业人才;幼儿园开设家庭生活教育课程,落实家庭生活教育活动;家庭和社区协助幼儿园开展家庭生活教育活动,提高家庭生活教育服务质量。各方协同构建家

---

① 杨启光.当代中国发展型家庭生活教育研究[J].南京社会科学,2016(2):134-140,156.
② 周丽端,唐先梅.家庭生活教育专业化之经验:以美国经验为例[J].家政教育学报,2003(5):1-22.

庭生活教育服务网络体系,协助幼儿园高质量地开展家庭生活教育。

2. 建构整体的家庭生活教育课程结构

中国主流教育中历来忽视家庭关系、家庭伦理、家庭生活技能等教育。[①] 幼儿园应重视家庭生活教育,合理建构家庭生活教育课程结构,构建以生命教育为指引,致力于培养幼儿自我意识、发展良好家庭人际关系、保持身体健康、维护个人安全,帮助幼儿掌握家庭生活的知识与技能的家庭生活教育。课程内容以幼儿发展水平为基础,广泛涉及家庭人际关系、性教育、健康与安全、家庭资源管理、亲职教育、家庭伦理教育等方面,坚持多元主体、多元方式的原则构建预估性评价、形成性评价和总结性评价的三级课程评价体系。以此建立有体系、有层次、有结构的家庭生活教育课程框架。

3. 开发多样的家庭生活教育资源

美国从上至下多个机构、组织提供丰富的家庭生活教育资源为我国提供了参考。政府、社会组织、高校、专家等应当重视幼儿园家庭生活教育资源的开发与设计,在深入理解家庭生活教育内涵的前提下,以幼儿发展水平、兴趣和需要为基础,以视频、音频、绘本、儿歌、故事等为载体,设计丰富多样、可供幼儿教师利用的教育资源。

4. 加强性教育课程

落实和加强性教育课程。性与性别教育关系到儿童和青少年正常的社会交往、恋爱、婚姻、家庭生活及其心理发展,最终的目的是帮助他们养成健全的人格。2020年10月17日,第十三届全国人民代表大会常务委员会修订的《中华人民共和国未成年人保护法》明确指出"学校、幼儿园应当对未成年人开展适合其年龄的性教育"[②]。尽管此法律规定极大地改善了学校性教育的现状,但仍有不少教师受保守观念、性知识不足等限制,性教育课程并未落到实处。因此,幼儿园有必要加强性教育课程建设,帮助幼儿认识性别差异,正确对待差异,正确认识繁衍及生理学知识,形成正确的性观念。

第二节 中小学的家庭生活教育

伴随着经济与社会的快速发展,老龄化、少子化、价值多元化等时代压力对家庭提出了新的挑战,家庭自身结构正在发生着变化,传统的家庭知识和技能已不能够解决家庭所面临的新问题。美国、英国、加拿大等西方发达国家较早开始"家庭生活教育"的研究与实践,致力于家庭教育的专业化,以应对家庭生活面临的挑战。与传统的家庭教育不同,FLE秉持生命全程取向(across the lifespan),把处于不同生命阶段的全体家庭成员都作为教育对象,主张通过培养家庭成员的知识和技能,促进个人和家庭的发展,使家庭

---

① 杨启光,段然.论英国"青年中心"开展家庭生活教育专业化服务[J].中国青年社会科学,2016, 35(2):104-109.

② 李佳洋,刘文利.巧用绘本对婴幼儿开展家庭性教育[J].江苏教育,2021(8):18-20.

能够发挥最佳功能。①

伴随着教育对象的拓展,FLE的教育主体也不再局限于家庭和家长。传统上,家庭教育是家庭内部的事情,教育主体是家长,对象是孩子。学校、社工机构、妇女联合会、民政部门等组织主要是对家长开展育儿和亲子沟通的辅导,承担的是家庭教育指导职能。传统观念中,学校在家庭教育中的作用被低估。FLE视域下,学校不仅可以通过家校沟通来对家长进行家庭教育的指导,也可以作为家庭教育的主体,依据学生的发展阶段,直接针对学生来开展家庭教育。学校是家庭的延伸,中小学生在校接受教育的时间长,因此学校拥有独特的机会来对家庭教育进行补充。② 学校开展家庭教育不但具有可行性,而且具有必要性。许多父母缺乏开展家庭教育所需的专业知识,无法应对家庭生活面临的问题和回答孩子关于家庭生活的困惑(如回答孩子关于性方面的问题)。"他们无法帮助儿童在成长过程中培养健康的态度和做出正确的决定和选择。父母提供的非正规教育往往不能实现家庭生活教育的目标。"③ 而学校较之家庭可以开展更系统和全面的教育,可以弥补学生家长在家庭教育方面的不足。

已有文献中对中小学开展家庭生活教育的研究较少,说明中小学开展家庭生活教育尚未得到足够的关注。其原因可能包括:一是家庭生活教育不是学校的"主业",学校开展家庭生活教育的意愿不强;二是缺乏系统的课程与教学支持,学校开展家庭生活教育面临困境。美国弗吉尼亚州为中小学开展家庭生活教育建构了全面、有序的K-12课程体系,内容涵盖了"家庭生活、社区关系、节制性行为、人类性行为和生殖方面的适龄教育"。④ 以此为个案,分析美国中小学家庭生活教育课程的结构、特征,可以为我国中小学开展家庭教育提供镜鉴。

一、美国中小学家庭生活教育课程结构

目前,美国部分州的中小学已经建立了相对完备的家庭生活教育课程体系。其中,弗吉尼亚州费尔法克斯县公立学校(Fairfax County Public Schools)家庭生活教育课程体系极具代表性。通过费尔法克斯县公立学校的家庭生活教育课程体系,可以管窥美国中小学家庭生活教育,虽然不能了解美国各州中小学家庭生活教育的全貌,但却可以透过这一完整个案看到关于一所学校开展家庭生活教育的整体图景。

---

① National Council on Family Relations.What is family life education[EB/OL].[2023-04-07]. https://www.ncfr.org/cfle-certification/what-family-life-education.
② MATHEW M.Role of home, school and religion in imparting family life education[EB/OL]. [2023-04-24].http://www.ignou.ac.in/upload/BSWE-004-BLOCK-1-UNIT-4-small%20size.pdf.
③ MATHEW M.Role of home, school and religion in imparting family life education[EB/OL]. [2023-04-24].http://www.ignou.ac.in/upload/BSWE-004-BLOCK-1-UNIT-4-small%20size.pdf.
④ ROBILA M,TAYLOR A C.Global perspectives on family life education[M].Cham:Springer International Publishing AG,2018:206.

(一)小学家庭生活教育课程

小学低年段(一年级至三年级)的 FLE 课程目标只有一个维度,即情感和社会健康维度,这个维度的课程目标、课程内容侧重于对概念、行为的认识。首先是对社区、家庭的概念理解,认识家庭成员,以及了解不同成员的责任。其次是对行为的识别,区别善意和恶意的接触,学习如何对合适和不合适的接触做出相应反应。(表6-11)

表 6-11　一年级至三年级的 FLE 课程

年级	内容
一	认识社区、家庭、不当行为,了解家庭成员的责任,明白肢体情感表达,学习如何应对不当行为
二	识别肢体语言和来自他人的行为,学会寻求帮助和拒绝
三	认识积极的个人特征和属性,学生演示对良性触碰的恰当反应,以及如何处理他人的不当触碰

资料来源:Fairfax County Public Schools.Elementary family life education (FLE):curriculum details for the elementary family life education (FLE) program[EB/OL].[2023-03-22].https://www.fcps.edu/academics/elementary-school-academics-k-6/elementary-family-life-education.

小学高年段(四年级至六年级)的 FLE 课程目标除了情感与社会健康维度,还增加了人类成长和发展维度。情感与社会健康维度包括了进一步对情感、责任的认识,对个别差异的认识,以及认识尊重的重要性。高年级还需要了解威胁、虐待以及寻求帮助的措施。(表6-12)

表 6-12　四年级至六年级 FLE 课程:情感与社会健康维度

年级	内容
四	识别情感、社会、心理需求,认识到需要承担的更大的个人责任,认识友谊的价值,认识个体差异以及学会尊重他人,认识威胁并学习如何应对
五	认识家庭成员的责任、职责,定义儿童虐待,并确定可以信赖的成年人
六	更深入了解儿童虐待、忽视以及性虐待,了解法律保护孩子不受虐待行为的侵害,了解学校和社区的保健服务以及如何获取服务,了解社交媒体的正确和错误使用

资料来源:Fairfax County Public Schools.Elementary family life education (FLE):curriculum details for the elementary family life education (FLE) program[EB/OL].[2023-03-22].https://www.fcps.edu/academics/elementary-school-academics-k-6/elementary-family-life-education.

从四年级开始,FLE 课程增加了人类成长和发展维度,开始引入性教育的相关教育内容。此部分内容包括了解男性和女性生殖系统,观看适合年龄的性教育视频,了解性成熟过程、青春期变化和产前发育过程。课程内容还包括了来自同伴压力的影响,以及媒体对行为和态度的影响。五年级的 FLE 课程内容包括了解性传播疾病。(表6-13)

表 6-13　四年级至六年级 FLE 课程：人类成长与发展维度

年级	内容
四	认识青春期的生理变化，并将这些变化与个人卫生需求的增加相联系
五	继续学习与四年级相同的内容；认识男女的生殖系统，介绍生殖的基本过程；介绍禁欲以及性传播疾病
六	探索青春期发生的身体、情感和社会变化，复习生殖系统结构和功能以及在青春期的变化，扩展关于人类生殖过程的知识，学习性感染传播，明白避免婚前性行为的原因

资料来源：Fairfax County Public Schools.Elementary family life education (FLE)：curriculum details for the elementary family life education (FLE) program[EB/OL].[2023-03-22].https://www.fcps.edu/academics/elementary-school-academics-k-6/elementary-family-life-education.

(二)中学家庭生活教育课程

在小学高年级学习的基础上，学生们继续学习基本的解剖学和生理学，以及青春期发生的生理、心理和社会变化。学生们将学习到节制性行为是预防怀孕和性传播感染的有效途径。情感和社会健康单元的内容包括关于虐待、网络性犯罪和健康约会关系的指导。

七年级和八年级的 FLE 课程分为情感与社会健康维度和人类成长与发展维度，分别从不同的方面对青少年进行家庭生活教育。情感与社会健康维度主要包括认识青春期的变化，家庭之间关系的变化以及沟通技巧，认识和发展个人特长并制定成长计划。八年级的重点在于了解交往和约会的知识，以及如何避免受到侵犯、暴力和虐待，如何在互联网时代保护自己的信息。（表 6-14）

表 6-14　七年级至八年级 FLE 课程：情感与社会健康维度

年级	内容
七	认识中学时期身体、情感、心理的变化，探索青春期同伴关系的变化，青春期家庭关系以及家庭沟通，探讨互联网安全问题，认识个人优势与尊重，学习对于技能的适当使用
八	学习决策过程，了解约会和交往，认识个人身份在一生中的发展，了解侵犯、虐待、暴力以及如何预防和反抗

资料来源：Fairfax County Public Schools.Elementary family life education (FLE)：curriculum details for the elementary family life education (FLE) program[EB/OL].[2023-03-22].https://www.fcps.edu/academics/elementary-school-academics-k-6/elementary-family-life-education.

七、八年级的人类成长与发展维度课程在小学高年级学习的基础上继续深入学习两性知识，主要是青春期身体的变化和生殖过程，深入了解性传播疾病，强调婚前禁欲的好处和预防怀孕的方法。七年级开始引入教学媒体，七、八年级的媒体都包含情感与社会健康维度的内容，内容包括设立个人目标、如何决策和防止被拐卖、诈骗的知识。人类成长与发展维度的媒体只在八年级进行辅助教学，展示受精和妊娠过程。（表 6-15）

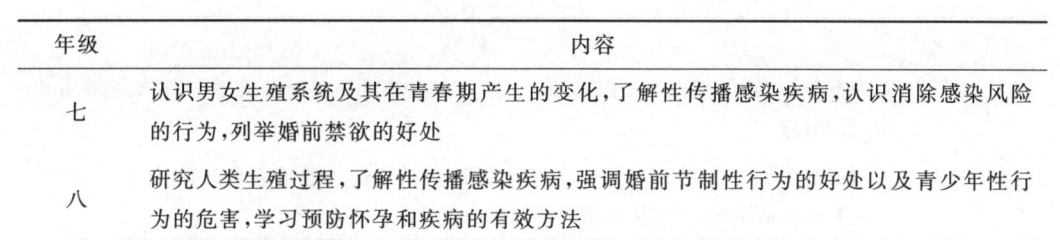

表 6-15　七年级至八年级 FLE 课程：人类成长与发展维度

年级	内容
七	认识男女生殖系统及其在青春期产生的变化，了解性传播感染疾病，认识消除感染风险的行为，列举婚前禁欲的好处
八	研究人类生殖过程，了解性传播感染疾病，强调婚前节制性行为的好处以及青少年性行为的危害，学习预防怀孕和疾病的有效方法

资料来源：Fairfax County Public Schools.Elementary family life education (FLE)：curriculum details for the elementary family life education (FLE) program[EB/OL].[2023-03-22].https://www.fcps.edu/academics/elementary-school-academics-k-6/elementary-family-life-education.

(三)高中家庭生活教育课程

在九年级和十年级期间，学生们继续在有关人类生殖、性传播感染预防和做出健康决定所需技能的基础上进一步发展。在九年级和十年级，学生学习的内容包括：变成熟会如何影响青少年的发展，认识到性的发展是人格的终身组成部分；异性恋、同性恋、双性恋和变性者的定义；无论其性取向或性别认同如何，所有的人都应该得到尊重；药物使用/滥用会影响决策，而节制性活动是预防怀孕和性传播感染的唯一途径；如何应对约会虐待和暴力问题，包括人口贩运和性攻击(十年级)，可以采取哪些预防策略和如何寻求帮助资源。(表 6-16)

表 6-16　九年级至十年级 FLE 课程

年级	维度	内容
九	情感和社会健康	了解家庭，识别剥削、虐待和性虐待以及相对应的预防和寻求帮助策略，学习在家庭、友谊和交往中建立健康关系，讨论色情制品对健康的影响，认识到录制、分享、拥有色情制品的后果
十	人类成长与发展	回顾男女生殖器官的功能以及受精、怀孕和分娩的过程，确定禁欲是青少年最好的选择，明确表达爱意的适当方法，回顾避孕、性传播感染的知识，了解性的发展是人格的终身发展
		讨论具体的健康问题，继续明确避孕的作用，了解堕胎和社会上的不同意见，了解收养对于意外怀孕的积极作用，继续学习性传播感染、性的发展过程，认识青少年交往、交往暴力和人口贩卖

资料来源：Fairfax County Public Schools.Elementary family life education (FLE)：curriculum details for the elementary family life education (FLE) program[EB/OL].[2023-03-22].https://www.fcps.edu/academics/elementary-school-academics-k-6/elementary-family-life-education.

在十一年级和十二年级，学习的性内容包括性传播感染、避孕和性剥削(包括贩卖人口和性侵犯)。十一年级和十二年级的学生通过社会研究课程接受 FLE 教学。十二年级的弗吉尼亚州法律课，内容涉及家庭和家庭生活教育主题。(表 6-17)

表 6-17　十一年级至十二年级 FLE 课程

年级	内容
十一	学习性传播感染及预防,识别避孕的方法,了解健康和不健康的关系,了解交往暴力和应对的措施
十二	学习家庭生活的法律,讲解性传播感染和预防,描述性传播感染对自我、他人的身体、情感和社会的影响,了解影响避孕药使用的因素

资料来源:Fairfax County Public Schools.Elementary family life education (FLE):curriculum details for the elementary family life education (FLE) program[EB/OL].[2023-03-22].https://www.fcps.edu/academics/elementary-school-academics-k-6/elementary-family-life-education.

二、美国中小学家庭生活教育课程的特征

通过对费尔法克斯县公立中小学家庭生活教育课程体系的分析,美国中小学的家庭生活教育呈现出整合性的课程设置、系统性的课程内容体系、有针对性的内容安排、丰富的课程配套资源、可替代的课程选择等特征。

(一)整合性的课程设置,家庭生活教育课程与学校课程的有机融合

就课程设置而言,美国中小学的 FLE 课程不是单独作为一门课程,而是与现有课程整合在一起,具有综合课程的性质。从美国弗吉尼亚州费尔法克斯县的 FLE 课程来看,FLE 课程已经实现了和其他课程的有机融合。FLE 的课程方案针对每个年段都具体规定了 FLE 的内容包含在哪门课程中,明确了由该门课程的任课教师承担此部分内容的教学任务。

小学的 FLE 课程的授课任务由普通教师承担。七年级和八年级学生的 FLE 课程由健康和体育教师教授。九年级的家庭生活教育与健康和体育课程中的"促进人类的成长和发展"以及"情感和社会健康"单元整合在一起。在十年级,家庭生活教育包含在健康课的"学习人类的成长和发展"单元。[①]

(二)系统性的课程内容体系,形成了较为完备的结构框架

虽然没有作为独立的一门课程,但是美国中小学 FLE 课程形成了系统性的内容结构,体现了整体上的顶层架构。美国中小学的 FLE 课程总体分为两个维度:一是情感与社会健康维度;二是人类成长与发展维度。前者包括对个体、家庭成员、社区的认知,侧重对人际关系和恰当行为的理解与指导;后者则包括个体成长的生理发展变化,侧重生

---

① Fairfax County Public Schools.Elementary family life education (FLE):curriculum details for the elementary family life education (FLE) program[EB/OL].[2023-03-22].https://www.fcps.edu/academics/elementary-school-academics-k-6/elementary-family-life-education.

理和性健康知识的学习与指导。除了小学一至三年级的 FLE 课程内容只涉及情感与社会健康维度外,其他年段的课程内容均包含了两个维度。

美国中小学 FLE 课程的内容涵盖了人际相处、自我保护、性教育等多方面内容。从"认识家庭成员,以及了解不同成员的责任,区别善意和恶意的接触,了解来自同伴压力的影响以及媒体对行为和态度的影响,学习如何对合适和不合适的接触做出相应反应,如何应对同伴以及媒体的影响",到"了解男性和女性生殖系统,了解性成熟过程、青春期变化和产前发育过程,了解节制性行为的重要性、预防怀孕和性病及其传播感染途径"。从幼儿园到十二年级,每个年级的家庭生活教育的教学目标和教学内容都很明确,构成了系统的、完整的课程内容结构。

(三)有针对性的内容安排,依学生年龄特征循序渐进

针对学生的身心发展情况来设置课程。根据学生的身心发展的不同阶段,安排了家庭生活教育的相应学习内容,凸显了课程内容与学生自身经验的相关性。从小学到高中,课程内容循序渐进,螺旋上升,既满足了学生成长对相应知识的需求,为学生的健康成长做好了准备,又有利于激发学生的学习兴趣。

小学阶段 FLE 课程的情感与社会健康维度均包含了关于身体接触行为的内容,课程内容随着年级上升而不断加深。从一、二年级的"复习幼儿园时期对于善意接触的定义,说明恰当和不当接触的区别,向儿童呈现积极的肢体情感""学习避免和处理不当行为的方法""要对不合适的行为说'不'""寻求值得信赖的成年人的帮助",到三年级则根据学生的发展特点增加了"确定积极的个人特征和属性,发展积极的自我形象"。为此,关于身体接触行为的学习内容进一步细化为"如何对良好的触摸做出恰当反应,如微笑和拥抱。如何对不适当的触摸做出反应,如说'不'"。① 同时,把性虐待增列为不适当的身体接触行为。

(四)丰富的课程配套资源

美国中小学 FLE 课程在构建系统内容体系的同时还提供了丰富的配套课程资源。课程资源形式多样,以多媒体素材为主,内容紧扣 FLE 课程主题。丰富直观的课程资源为 FLE 课程的有效实施提供了保障。

以九年级的家庭生活教育课程为例,在社会与情感健康领域提供了两个视频。一个是《旁观者干预:制止性侵犯》(*bystander intervention:putting a stop to sexual assault*),另一个是《被骗:青少年性交易的内幕》(*tricked:inside the world of teen sex*

---

① Fairfax County Public Schools. Elementary family life education (FLE):curriculum details for the elementary family life education (FLE) program[EB/OL].[2023-03-22]. https://www.fcps.edu/academics/elementary-school-academics-k-6/elementary-family-life-education.

trafficking)。① 人类成长与发展领域提供的视频是《从受孕到出生》(from conception to birth)。② 课程方案中还对视频的作用和目的进行了介绍,《旁观者干预:制止性侵犯》的目的在于通过戏剧化的方式,使学生可以学到三种阻止性侵犯的方法:直接干预、分散注意力和向附近的人求助。而《从受孕到出生》旨在让学生回顾男性和女性的生殖系统,学习有关现代节育的知识,使学生能够控制自己的身体和未来。③

(五)设置备选课程,家长拥有选择权

美国中小学 FLE 课程教育的基本目标是为了学生能够在家庭生活领域做出明智的决定,因此孩子们应该获得关于家庭生活和性方面的正确信息。FLE 需要家长和学校之间的合作努力。学校开展 FLE 课程有自身的优势,信息可以以更为个人化的方式传授,而不会引起焦虑和紧张。但是学校开展家庭生活教育遇到的障碍通常也来自学生家长。其原因主要是家庭生活教育包含了性教育课程,许多家长对学校在性教育方面开展集体教学持担忧和警惕态度。为了打消学生家长的疑虑,学生父母有权审查完整的家庭生活课程,包括任何家庭生活教育计划中使用的所有补充材料。此外,学校部门必须设立咨询委员会,具有广泛的社区代表性,以审查和就 FLE 内容提出建议。④ 同时,美国中小学赋予了家长是否接受学校 FLE 的选择权。家长有权利让孩子退出任何 FLE 课程,去学习其他非 FLE 课程。选择让自己的孩子退出所有或部分 FLE 课程的家长,在新学期开始前就要签署"退出申请表"(opt-out request form)。

三、我国中小学开展家庭教育的镜鉴

根据美国中小学 FLE 课程的经验,学校不应仅局限于指导学生家长如何开展家庭教育,而应直接把中小学生作为家庭教育的对象。可以在整合现有课程的基础上,进行课程体系的顶层设计,建构中小学开展家庭生活教育的系统内容框架。为了确保中小学家庭教育的成功开展,还需要考虑家庭教育的师资培养问题,在教师职前教育中增加家

---

① Fairfax County Public Schools.Elementary family life education (FLE):curriculum details for the elementary family life education (FLE) program[EB/OL].[2023-03-22].https://www.fcps.edu/academics/elementary-school-academics-k-6/elementary-family-life-education.

② Fairfax County Public Schools.Elementary family life education (FLE):curriculum details for the elementary family life education (FLE) program[EB/OL].[2023-03-22].https://www.fcps.edu/academics/elementary-school-academics-k-6/elementary-family-life-education.

③ Fairfax County Public Schools.Elementary family life education (FLE):curriculum details for the elementary family life education (FLE) program[EB/OL].[2023-03-22].https://www.fcps.edu/academics/elementary-school-academics-k-6/elementary-family-life-education.

④ Fairfax County Public Schools.Elementary family life education (FLE):curriculum details for the elementary family life education (FLE) program[EB/OL].[2023-03-22].https://www.fcps.edu/academics/elementary-school-academics-k-6/elementary-family-life-education.

庭教育模块,加强家庭教育学科建设。同时要注意家庭教育课程内容与学生需求和身心发展阶段的相关性,应加强课程资源建设,为中小学开展家庭教育提供支持和保障。

(一)改变传统的家庭教育指导的观念,把学生确立为家庭教育的对象

改变传统的家庭教育指导观念,确立中小学生作为家庭教育指导对象的地位。家庭教育的重要性越来越凸显,学校被视为指导家庭教育的主渠道。① 但我国目前中小学开展的家庭教育指导对象主要是指学生家长,如《中华人民共和国教育法》第五十条规定"学校、教师可以对学生家长提供家庭教育指导",《中华人民共和国家庭教育促进法》则把中小学校、幼儿园当作促进家庭教育的社会协同的主要力量。学校开展家庭教育指导不仅仅是组织家长与学校开展家校合作,更主要的是要面向中小学生开设系统的家庭生活教育课程。

对中小学生进行家庭教育可以视为一种"反向社会化",可以实现"文化反哺"。② 在快速变革的社会中,面对新观念、新知识和新的生活方式,家长和孩子同样需要不断学习。学生在学校接受系统的家庭教育知识和技能,不仅可以为其长大后的家庭生活做准备,而且会促进当下家庭关系的改变。

(二)进行课程整合,建构中小学家庭教育的系统课程体系

我国实行的课程管理采取国家、地方、学校三级体系。中小学开展家庭教育,只能在现有的课程框架体系内进行。现行中小学国家课程中有些科目也包含了一些家庭生活教育的内容(如体育与健康、道德与法治、生物),但是相关内容呈零散分布状态,欠缺系统性,尚未形成完整的家庭生活教育的课程内容体系。虽然不单独设课,但是需要对家庭教育课程进行顶层设计,统筹考虑家庭教育内容的范畴和在各年段的分布,以及如何与现有课程整合。

(三)大学开设家庭生活教育课程,为中小学提供承担家庭生活教育课程的师资

中小学开展家庭教育面临着师资短缺的问题。现有的中小学教育缺乏系统的家庭教育培训,难以胜任整合了家庭教育内容的课程教学。解决家庭教育教师的任课资质问题有两条途径:一是在教师职前教育中增加家庭教育模块。师范院校开展"师范教育+家庭教育"改革,在教师教育课程中增设家庭教育模块,传授家庭教育知识和相关教学方法,培养既能够胜任学科教学又具备承担家庭教育任务的复合型人才。二是对现有相关学科教师进行家庭教育指导专题培训,帮助其成为能够胜任家庭教育的师资。同时,需要加强家庭教育学的学科建设,鼓励家庭教育的理论与实践研究,为家庭教育师资培养提供学术支撑。

---

① 关颖.家庭教育社会学[M].北京:教育科学出版社,2014:373.
② 关颖.家庭教育社会学[M].北京:教育科学出版社,2014:71-72.

(四)突出家庭生活教育课程内容的针对性,丰富相关课程资源

尽管对青少年开展家庭生活教育是时代的需要,但课程内容选择仍需要考虑针对性。在选择课程内容时须贴近中小学生的生活,契合他们的需求和身心发展阶段。只有与他们的生活实际紧密结合起来,才能够激发和保持他们的学习动机,课程学习才会取得实效。同时,还应加强课程资源建设,构建内容丰富、类型多样的课程资源,增加课程的吸引力,为中小学开展家庭教育提供支持和保障。

美国中小学家庭生活教育有其长处,但是也存在不足。在借鉴的时候需进行鉴别,应吸取其经验,避免其教训,不可生搬硬套其做法。

美国中小学家庭生活教育的课程重点与其课程宗旨存在偏差。美国中小学开展家庭生活教育的目标为:强调家庭的重要性;强调个人需要做出与其家庭中确立的价值观相适应的决定;协助所有年龄段的学生承担其行为的责任和后果;鼓励儿童和家长间的讨论,促进家庭和学校之间的相互支持;强调生命的价值和年轻人可获得的机会的多重性;培养积极的自我观念,并提供应对机制,以应对同龄人的压力和与学生的发展阶段和能力相关的压力。① 但现实中性教育却占据美国中小学 FLE 课程内容的最大比重。尽管性教育是家庭生活教育的重要组成部分,但过大的比重会挤占家庭生活教育的其他内容,从而导致与 FLE 课程目标的偏离。而事实上这也是美国学校开设家庭生活教育课程遭到部分社区和家长的反对的主要原因。

因此,可以借鉴美国中小学家庭生活教育课程理念与结构的合理之处,但在建构我国中小学家庭教育的课程体系时须坚持本土化,紧密结合我国现实国情。

第三节 高校的家庭生活教育

高等教育承担着培养家庭生活教育专业人员的任务。美国高校的家庭生活教育经历了从赠地学院的家政学专业到家庭科学专业的演变。高校家庭生活教育专业的课程设置对于培养家庭生活教育专业人员至关重要。只有通过系统的培训和实践,才能培养出具备足够专业素养和能力的家庭生活教育专业人才。我国台湾的高校在家政专业和学前教育专业的基础上开始了家庭生活教育人才的培养,已经形成了学士、硕士、博士完整的家庭生活教育专业人才培养体系。

---

① WHEELER A.Family life education:2020-2021 school year[EB/OL].(2020-12-08)[2023-06-21].https://www.lcps.org/Page/212723.

一、美国高校家庭生活教育课程分析与启示

19世纪后半叶和20世纪初人们开始对家庭生活教育产生强烈兴趣。20世纪20年代,随着工业化、城市化的发展,越来越多的妇女进入劳动力市场,传统的家庭模式被改变,家庭承担的角色和责任逐渐改变,家庭事务由私人问题上升为公共问题,缓解家庭问题的教育活动逐渐发展,家庭生活教育被认为是避免家庭问题的最重要的预防措施。①

家庭生活教育在不同时期有不同的关注焦点,20世纪60年代末到70年代初,人们对公共政策、性教育感兴趣,20世纪70年代初父母教育成为讨论的热点,20世纪70年代后期,除性教育、家长教育课程之外,婚姻和家庭成为关注的焦点,20世纪70年代,家庭生活教育课程越来越丰富化,其主题涉及婚姻与婚前、沟通、价值观、青少年怀孕、计划生育、人际关系、育儿等方面,家庭生活教育内容在代际逐渐变化和发展。②

家庭生活教育的任务由非正式机构和正式机构同时承担。例如,合作推广服务(cooperative extension service,CES)被公认为世界最大的由政府支持的非正规教育组织,家庭生活教育是其重要组成部分,由专业人员实施,利用讨论、小组、讲习、媒体等各种方法致力于提高人的发展和生活质量。③ 正式机构从幼儿园到高中乃至大学阶段的教育都承担家庭生活教育的任务,它们往往采用传统的方法传授家庭生活教育知识。④ 正式机构中高等教育开了先锋,1910年开设家庭生活教育的高等院校有4所,1920年增加到15所,到1924年,有22所院校开设与家庭生活教育相关的课程。⑤ 1948—1949年在对1370所大专院校和初级学院的调查中发现至少有632所院校开设了家庭婚姻相关的课程。⑥

高校开设家庭生活教育课程不仅能够丰富大学生有关家庭生活教育的知识、帮助大学生形成正确的家庭教育观,还能帮助大学生科学合理地教育下一代,为建立幸福的家庭生活打下基础。作为全国妇联主管的中央部署高校——中华女子学院于2023年4月成功获批中国首个家庭教育本科专业⑦,实现了我国家庭教育本科专业零的突破,对于我

---

① LARSON L E,SUSSMAN M B,STEINMETZ S K.Handbook of marriage and the family[J]. Canadian Journal of Sociology,1988,14(2):815-834.

② LARSON L E,SUSSMAN M B,STEINMETZ S K.Handbook of marriage and the family[J]. Canadian Journal of Sociology,1988,14(2):815-834.

③ LARSON L E,SUSSMAN M B,STEINMETZ S K.Handbook of marriage and the family[J]. Canadian Journal of Sociology,1988,14(2):815-834.

④ LARSON L E,SUSSMAN M B,STEINMETZ S K.Handbook of marriage and the family[J]. Canadian Journal of Sociology,1988,14(2):815-834.

⑤ 索磊,郑薪怡,万冰梅.家庭生活教育:美国公立中小学的家庭教育[J].教育学术月刊,2022(11):31-37.

⑥ BOWMAN H A.Collegiate education for marriage and family living[J].The Annals of the American Academy of Political and Social Science,1950,272(1):148-155.

⑦ 中华女子学院.喜讯!中华女子学院获批新增家庭教育本科专业[EB/OL].(2023-04-26)[2023-08-08].http://www.cwu.edu.cn/info/1511/28321.htm.

国建立家庭教育学科体系、提高家庭教育服务水平都有很大的促进作用。

美国高校的家庭生活教育与我国高校的家庭教育在含义、内容及性质上是一致的，其核心目标都指向幸福的家庭生活。因此我国的家庭教育以美国的家庭生活教育结构、特征为借鉴。

(一)美国家庭生活教育课程概述

家庭生活教育是一个专业性的领域，它的任务是将家庭科学原则和实践普及到公众，由于其内容的广阔性，至今没有形成FLE的标准定义，但美国国家家庭关系委员会通过创建认证家庭生活教育者的标准将FLE做了进一步规范：它是一个多专业的研究领域，它是根据与家庭相关的直接经验和家政学、社会工作、法学、心理学、社会学、经济学、生物学、人类学、哲学等学科的合作来发展其哲学、内容和方法。它包括许多专业领域，其中包括人际关系，自我理解，人的成长和发展，为婚姻和为人父母做准备，抚养孩子，青年的成人角色社会化，决策、性、人力和物质家庭资源的管理，个人、家庭和社区健康，家庭-社区互动，以及变化对文化模式的影响。[①] 其专业人员必须具备关于家庭内部动态、人的成长、性、人际关系、家庭管理、家庭教育指导、家庭法、职业操守等的专业知识与能力。[②]

1.培养目标

美国高校开展家庭生活教育，从广义上来说，是为促进学术发展和社会变革，以帮助教师教授如何最大限度地提高个人、关系和社区福祉。[③] 狭义来说，旨在培养具备专业知识和技能，能够关注儿童和家庭的发展和福祉，并为个人、家庭和社会提供有益服务的高素质家庭教育专业人才。其学习内容包括：亲职教育、子职教育、两性教育、婚姻教育、伦理教育、家庭资源与管理教育及其他家庭教育事项等。

具体来说，美国家庭生活教育的本科学习内容涵盖儿童发展、成人发展、儿童与家庭关系、沟通与管理、性教育、家庭财务等多方面的知识，旨在帮助学生掌握专业的理论、技能与研究方法。学生在大学四年至少获得124个学时，通过国家家庭关系委员会的资格认证方能获得儿童与家庭研究理学学士学位证书。学生毕业后可从事诸如儿童服务机构工作者、家庭咨询师、社会工作者、教育工作者等多种职业，还可以继续攻读硕士或博士学位，成为家庭生活教育研究领域的研究人员。

2.课程结构

美国家庭生活教育课程分为公共基础课程、专业基础课程、专业选修课程和一般选修课程四个模块，总共124学时，具体设置可见表6-18。其中公共基础课程主要包括思考与写作、美国文学文化、外语与文化、技术写作等，约48个学时，占总学时的38.71%，

---

① LARSON L E,SUSSMAN M B,STEINMETZ S K.Handbook of marriage and the family[J]. Canadian Journal of Sociology,1988,14(2):815-834.

② VATERLAUS J M,ASAY S.Family life education methodology:an evaluation of a university family life education course[J].2016,21(2):135-159.

③ ALLEN K R,LAVENDER-STOTT E S.Preparing the educators who teach about families: engaging family science in the university setting[J].Family Relations,2020,69(3):442-460.

它是进入相关专业的基本条件。专业基础课程主要包括家庭生活教育、个人和家庭关系的发展、育儿法、成人发展等，约 52 个学时，占总学时的 41.94%，它是相关专业必须掌握的知识。公共基础课程和专业基础课程都属于必修课程。专业选修课提供两种方案，可选择完成规定的辅修课程或者在 3000~4000 等级的 CFS 课程中任选 15 个学时的课程，约 18 个学时，占总学时的 14.52%。一般选修课程是学生为完成学业要求所选修的额外课程，约 6 个学时，占总学时的 4.84%。

表 6-18　儿童与家庭研究课程结构

课程性质		课程代码及名称	课程中文名	学时
公共基础课（必修）	文化与社会	CHA 1088 Chapel	礼拜	0
		REL 1350 The Christian Heritage	基督教传统	3
		ENG 2310 American Literary Cultures	美国文学文化	3
		HIS 1300 the United States in global perspective	全球视角下的美国	3
		Contemporary Social Issues Course	当代社会问题课程	3
		Foreign Language & Culture	外语与文化	3—4
		PSC 1387 The U.S. Constitution, Interp, Am Pol Exp.	美国宪法、国际刑警组织、美国刑警	3
	基本能力	Formal Reasoning	形式推理	3
		FCS 1231 Design and Creative Technologies (FA & PA)	设计与创意技术	2
		FCS 1104 New Student Seminar in FCS(NSE)	新生研讨会	1
		ENG 1302 Thinking and Writing (Research, Writing & Lit 1)	思考与写作（研究、写作与文学 1）	3
		REL 1310 The Christian Scriptures	科学方法	4
		Scientific Method I Courses	科学方法 I 课程	4
		Scientific Method II Courses	科学方法 II 课程	3
		FCS 3304 Introduction to Research in FCS	研究简介	3
		PWR 3300 Technical Writing (Research, Writing & Lit 2)	技术写作（研究、写作和文学 2）	3
		Lifetime Fitness	终身健康	3
专业基础课（必修）		CFS 1315 Development of Indiv. and Family Relationships	个人和家庭关系的发展	3
		CFS 2355 Child Development	儿童发展	3
		CFS 2357 Adult Development	成人发展	3
		CFS 4359 Parenting	育儿法	3
		CFS 3354 Family Life Education (Com & Media Lit) (Fall Only)	家庭生活教育（漫画及媒体文学）	3

续表

课程性质	课程代码及名称	课程中文名	学时
专业基础课（必修）	CFS 3356 Theories of Family Development	家庭发展理论	3
	CFS 4191 Professional Practices in CFS (Fall only)	CFS专业实践	1
	CFS 4367 Family Transitions, Stress & Resilience	家庭过渡、压力和恢复力	3
	CFS 4364 Child and Family Ministry	儿童与家庭部	3
	CFS 4357 Child and Family Policy and Advocacy	儿童和家庭政策和宣传	3
	CFS 4356 The Family: A Global Perspective	家庭：全球视野	3
	CFS 3350 Individual and Family Financial Management	个人及家庭财务管理	3
	CSS 4313 Communication and The Family	沟通与家庭	3
	PUBH 3320 Stress Management	压力管理	3
	PUBH 4321 Human Sexuality	人类的性	3
	CFS 4358 Planningand Admin. of Child and Family Programs	儿童与家庭项目的规划与管理	3
	CFS 4390 Child & Family Studies Practicum	儿童与家庭研究实习课程	3
	SWO 4322 Social Policy for Social Work Practice	社会工作实习社会政策	3
专业选修课	方案一（辅修）	传播科学与障碍,教育心理学,国际研究,领导力研究,医学及人文学科,非营利性研究,营养科学,贫困研究与社会正义,宗教,女性与性别研究	18
	方案二（选15学时）	医学术语,发育障碍,儿童文学,青年文学,母婴健康,临终与死亡教育,跨文化事工,基督教伦理,种族和民族社会学,死亡与临终,社会不平等,医学社会学,社会正义基础,创伤、损失和哀悼,教育中的社会问题	
一般选修课			6
所有课程合计学时			123—124

资料来源：Robbins College of Health and Human Sciences.Bachelor of science in child and family studies-family;ife education:a suggested sequence of required courses（2022-2023 catalog）[EB/OL].[2023-08-08]. https://robbins.baylor.edu/sites/g/files/ecbvkj981/files/2022-10/BS%20CFS-FLE%202022%20FINAL.pdf.

3.课程设置

美国家庭生活教育为四年制。第一学年和第二学年以公共基础课为主,第三学年和第四学年以专业基础课为主,但各类型课程也有交叉。

第一学年学生的课程都为必修课程(表6-19),总共32学时,学生需在秋季完成17学时,春季完成15学时。① 课程大部分为公共基础课,其内容涉及广泛,既强调作为大学生应该具备的一般能力,例如:思考与写作、设计与创意技术、形式推理等,也注重培养学生对美国文化的基本认识和基本态度,例如美国文学文化、全球视角下的美国等。另外,设置科学方法Ⅰ课程,较早学习科学方法有助于学生形成基本的科学态度和科学意识。仅在秋季和春季各设置一门专业基础课,即"个人和家庭关系的发展"和"成人发展",帮助学生对该专业形成初步认识并培养学生的专业认同感。

表6-19 第一学年课程

秋季			春季		
课程代码	课程名称	学时	课程代码	课程名称	学时
CFS 1315	个人和家庭关系的发展	3	CFS 2357	成人发展	3
CHA 1088	礼拜	0	CHA 1088	礼拜	0
ENG 1302	思考与写作(研究、写作与文学1)	3	ENG 2310	美国文学文化	3
FCS 1104 FCS(NSE)	新生研讨会	1	/	形式推理	3
FCS 1231	设计与创意技术(FA & PA)	2	HIS 1300	全球视角下的美国	3
REL 1310	基督教圣经	4	REL 1350	基督教遗产	3
/	科学方法Ⅰ课程	4			
	总计	17		总计	15

资料来源:Robbins College of Health and Human Sciences.Bachelor of science in child and family studies-family life education: a suggested sequence of required courses(2022-2023 catalog)[EB/OL].[2023-08-08]. https://robbins. baylor. edu/sites/g/files/ecbvkj981/files/2022-10/BS％ 20CFS-FLE％ 202022％20FINAL.pdf.

第二学年秋季课程仍以公共基础课为主,共15或16个学时,不仅强调学生要关心本国社会现状及法律法规,如社会问题、宪法、刑警等,还要求学生关注别国语言及文化,设置外语与文化,同时注重对学生科学研究方法的进一步提高,在学生掌握科学方法Ⅰ的基础上,设置科学方法Ⅱ。J. Mitchell Vaterlaus 认为对FLE方法的基本组成部分达

---

① Robbins College of Health and Human Sciences.Bachelor of science in child and family studies-family life education: a suggested sequence of required courses(2022-2023 catalog)[EB/OL].[2023-08-08]. https://robbins. baylor. edu/sites/g/files/ecbvkj981/files/2022-10/BS％ 20CFS-FLE％ 202022％20FINAL.pdf.

成了普遍性共识①,即结合国家家庭关系委员会对家庭生活教育方法论标准的规定,包括项目规划(了解受众需求、教育环境、教学模式)、实施(教学技术、项目管理与协作)、评估(制定评估计划、使用评估数据),以及参与者和社区考虑因素(与不同人群合作、伦理)等,为以后的研究打下坚实的基础。春季则以选修课程为主,包括专业选修课和一般选修课,其中专业选修课占6个学时。除此之外,同样在秋季和春季各设置一门专业基础课程,即"儿童发展"和"家庭:全球视野",共6个学时。(表6-20)

表6-20 第二学年课程

秋季			春季		
课程代码	课程名称	学时	课程代码	课程名称	学时
CFS 2355	儿童发展	3	CFS 4356	家庭:全球视野	3
/	当代社会问题课程	3	/	外语与文化	3,4
/	外语与文化	3,4	/	专业选修课	3
PSC 1387	美国宪法,国际刑警组织,美国刑警	3	/	专业选修课	3
/	科学方法Ⅱ课程	3	/	一般选修课	3
	总计	15,16		总计	15,16

资料来源:Robbins College of Health and Human Sciences.Bachelor of science in child and family studies-family life education:a suggested sequence of required courses(2022-2023 catalog)[EB/OL].[2023-08-08]. https://robbins.baylor.edu/sites/g/files/ecbvkj981/files/2022-10/BS%20CFS-FLE%202022%20FINAL.pdf.

第三学年聚焦专业基础课程(表6-21),它是实现家庭生活教育培养目标的核心课程,旨在帮助学生掌握家庭生活教育相关的理论知识和实践技能。整学年共设置19个专业基础课学时,其中秋季为7个学时,春季为12个学时。课程既强调理论知识的掌握,如家庭生活教育、家庭发展理论、儿童与家庭政策和宣传等,也注重实践技能的训练,如CFS中的专业实践。除此之外,秋季和春季各设置3个学时的专业选修课。

表6-21 第三学年课程

秋季			春季		
课程代码	课程名称	学时	课程代码	课程名称	学时
CFS 3354	家庭生活教育(网络及媒体文学)(仅限秋季)	3	CFS 4359	育儿法	3
CFS 3356	家庭发展理论	3	CFS 4357	儿童与家庭政策和宣传	3

---

① VATERLAUS J M,ASAY S.Family life education methodology:an evaluation of a university family life education course[J].Family Science Review,2016,21(2):135-159.

续表

秋季			春季		
课程代码	课程名称	学时	课程代码	课程名称	学时
CFS 4191	CFS中的专业实践(仅限秋季)	1	CFS 4364	儿童与家庭部(仅限春季)	3
FCS 3304	研究简介	3	CFS 4367	家庭过渡,压力和恢复力(仅限春季)	3
PWR 3300	技术写作(研究、写作与文学2)	3	/	专业选修课	3
/	专业选修课	3	/	终身健康	1
	总计	16		总计	16

资料来源:Robbins College of Health and Human Sciences.Bachelor of science in child and family studies - family life education:a suggested sequence of required courses(2022-2023 Catalog)[EB/OL].[2023-08-08]. https://robbins. baylor. edu/sites/g/files/ecbvkj981/files/2022-10/BS％ 20CFS-FLE％ 202022％20FINAL.pdf.

第四学年仍以专业基础课程为主(表6-22),共21个学时,秋季12个学时,春季9个学时,课程内容涉及沟通、管理以及性教育等多方面,如沟通与家庭、压力管理、人类的性等。春季主要是社会实习和实践课程,以及与实习相关的课程,如社会工作实习社会政策。除此之外,学校在该学年春季提供额外学时,供学生检查自己学时是否满足学业要求,以便及时参加选修课程,达到学业要求。

表6-22 第四学年课程

秋季			春季		
课程代码	课程名称	学时	课程代码	课程名称	学时
CFS 3350	个人及家庭财务管理	3	CFS 4358	儿童与家庭项目的规划和行政	3
CSS 4313	沟通与家庭	3	CFS 4390	儿童与家庭研究实习课程	3
PUBH 3320	压力管理	3	SWO 4322	社会工作实习社会政策	3
PUBH 4321	人类的性	3	/	一般选修课	3
/	专业选修课	3	/	如果需要达到124小时(由于语言原因),可选选修课	3
/	终身健康	1	/	终身健康	1
	总计	16		总计	16

资料来源:Robbins College of Health and Human Sciences.Bachelor of science in child and family studies - family life education:a suggested sequence of required courses(2022-2023 Catalog)[EB/OL].[2023-08-08]. https://robbins. baylor. edu/sites/g/files/ecbvkj981/files/2022-10/BS％ 20CFS-FLE％ 202022％20FINAL.pdf.

4.课程要求

美国家庭生活教育学生毕业要求至少达到课程规定的基本要求,具体分为3部分。第一,学时学分要求。学生毕业至少修满124学时,其中3000~4000等级的课程必须达到36学时,且家庭生活教育的学生必须在家庭科学课程(课程代码为:ADM、CFS、FCS、ID或NUTR的课程)和专业选修课程达到"C"及以上等级。第二,现场实习要求。在完成专业规定的课程后,学生需要进行现场实习和专业实践,并由教师根据实习情况给予学分。第三,家庭生活教育资格认证。在家庭生活教育的认证方面曾存在争议,一方面,由于国家教育机构的普遍理念倾向于更普遍的教师认证,因此对家庭教育者的特定认证兴趣不大。另一方面,与教育运动相关的专业团体诸如国家家庭关系委员会支持教师认证,并采取一系列措施,如重新启动了家庭生活教育工作者认证标准和标准委员会,并为颁发家庭生活教育工作者证书制定了标准。①

认证分为两种方式:认可和认证。认可是一个机构或组织评估和认可一个机构或学习项目达到某些预定标准的过程,认证是指专业机构或协会对某些达到预定资格的个人授予认可的过程。但由于复杂性、时间限制及财务成本等原因,目前尚不可行。因此,全国家庭关系委员会采取个人认证,使所有州和教育机构的教师有一个资格认证机制来验证他们在家庭教育领域的专业知识。② 学生在完成学时要求的前提下,还需要通过国家家庭关系委员会的认证,证明该生已经具备国家家庭关系委员会制定的标准所要求的知识和能力,包括社会背景下的家庭和个人、家庭内部动态、人类一生的成长和发展、人类的性行为、人际关系、家庭资源管理、家长教育指导、家庭法和公共政策、职业操守与实践、家庭生活教育法等。认证后才能达到本专业的毕业要求,才能在毕业后从事相关职业。满足以上要求,学生才能获得儿童与家庭研究理学学士学位。③

(二)美国家庭生活教育课程项目的特征

由课程分析可知,美国高校开设的家庭生活教育课程具有课程体系完善、课程类型丰富、课程设置主次分明、课程要求严格、课程选择灵活、重视基本能力、理论与实践兼顾等特点。

1.课程体系完善

美国高校家庭生活教育建立了完善的课程体系。课程目标具体、清晰:培养具有家庭生活教育专业知识和技能,能从事相关职业服务的专业人员。课程结构包括公共基础

---

① LARSON L E,SUSSMAN M B,STEINMETZ S K.Handbook of marriage and the family[J]. Canadian Journal of Sociology,1988,14(2):815-834.

② LARSON L E,SUSSMAN M B,STEINMETZ S K.Handbook of marriage and the family[J]. Canadian Journal of Sociology,1988,14(2):815-834.

③ Robbins College of Health and Human Sciences.Bachelor of science in child and family studies-family life education:a suggested sequence of required courses(2022-2023 catalog)[EB/OL].[2023-08-08]. https://robbins.baylor.edu/sites/g/files/ecbvkj981/files/2022-10/BS% 20CFS-FLE% 202022% 20FINAL.pdf.

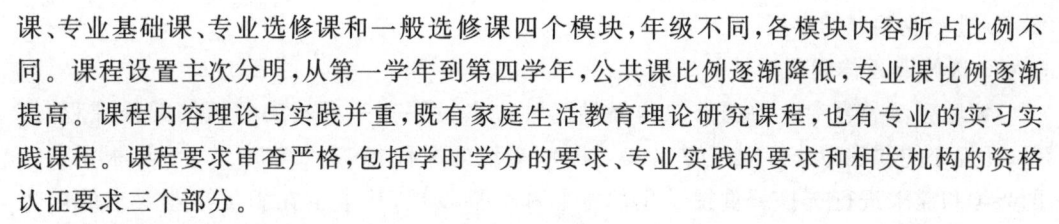

课、专业基础课、专业选修课和一般选修课四个模块,年级不同,各模块内容所占比例不同。课程设置主次分明,从第一学年到第四学年,公共课比例逐渐降低,专业课比例逐渐提高。课程内容理论与实践并重,既有家庭生活教育理论研究课程,也有专业的实习实践课程。课程要求审查严格,包括学时学分的要求、专业实践的要求和相关机构的资格认证要求三个部分。

2. 课程类型丰富多元

美国家庭生活教育课程体系完整,包括公共基础课、专业基础课、一般选修课和专业选修课四个部分,与我国高等教育专业课程设置相同。值得注意的是,公共基础课和专业基础课的学时占比相差不大,分别占比 38.7% 和 41.9%,可见,学校对公共基础课和专业基础课同等重视。在一般选修课和专业选修课方面,学生拥有充分的自主选择权,尤其在专业选修课方面,学校提供两种不同的方案供学生选择。学生可选择辅修,也可选择 15 个学时的 3000～4000 层次的课程进行学习,满足其课程需要。

3. 课程设置主次分明

美国家庭生活教育课程设置随年级升高而聚焦不同,主次分明(图 6-1)。总的来说,公共基础课从第一学年到第四学年比例逐渐下降,专业基础课则相反,比例逐渐上升。第一学年和第二学年以公共基础课程为主,尤其是第一学年,约 80% 为公共基础课,仅设置约 20% 的专业课程,不设置选修课。第一学年新生刚接触新的专业,需要公共基础课帮助其适应新的环境,新的专业。第三学年和第四学年以专业基础课为主,尤其是第四学年,经过前面两年的学习,学生对该专业已经有所了解,需要进一步掌握专业知识以便适应社会对该专业的要求。而一般选修课和专业选修课在第二学年到第四学年都有不同程度的设置,使得学生在专业学习之外,在满足学业要求的前提下,有自己选择课程的权利。

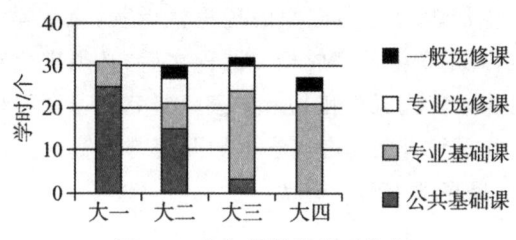

图 6-1 各年级课程学时分布

4. 课程要求严格

家庭生活教育学生毕业需要通过多重审查。第一,专业课程,家庭科学课程和专业选修课程必须达到等级"C"及以上;第二,实践课程,学生实践课程学时学分需达到一定要求;第三,专业资格认证,在完成学时要求前提下,学生需申请家庭生活教育资格认证,由国家家庭关系委员会确定学生是否具备足够的家庭生活知识和技能。学生毕业需经过多重审查,要求严格。要求严格对学生和专业来说都有一定的好处。一方面,对学生而言,毕业的多重要求促使学生努力学习,掌握扎实的专业知识和专业技能,提高学生未来的就业竞争力。另一方面,对儿童研究与发展专业而言,保证了该专业的人才培养质量,促进专业领域的发展。

5. 选修课程体现灵活性

家庭生活教育专业的选修课程提供两种方案,第一,完成辅助领域的辅修课程,第二,在规定的课程中选择额外的3000~4000等级的课程共15个学时。学生可根据自己的兴趣和需求进行选择。重视学生的意愿和个性发展,让学生在满足毕业要求的前提下,可以选择自己感兴趣的课程进行学习。

6. 重视基本能力的培养

家庭生活教育不仅重视培养学生的专业知识和技能,还注重培养作为一名大学生应该具备的基本能力。第一,思维与写作能力,大一设置"思考与写作"课程,第三学年设置"技术写作"课程,共6个学时,思维与写作能力是影响学生看待问题、处理问题、表达能力、学术水平的关键能力,在第一学年和第三学年培养学生的思辨能力和写作能力,不仅能够帮助学生更好地理解和应用学科知识,为接下来的专业学习打下坚实的基础,还能在增强学生创新能力和创新思维等方面起到基础性作用。第二,推理能力,第一学年设置形式推理课程,它包含多个选项,推理能力能够帮助学生理清事物之间的脉络关系,更好地理解事物并做出判断。大一就培养学生的推理能力,能够帮助学生学习专业知识,诸如在儿童与家庭的关系、沟通与管理等知识方面形成清晰的思考及合理的判断。第三,科学研究能力,在第一学年和第二学年均设置科学方法课程,共7个学时,较早地开设本课程不仅能帮助学生形成正确、严谨的态度,还能帮助学生掌握学习该专业的基本方法,避免用力错误。总体看来,这些基本能力贯穿整个学习过程,从第一学年到第四学年,都有设置相关的专业训练。

7. 兼顾理论与实践

美国家庭生活教育课程的理论性与实践性并重。学校设置诸如儿童发展、成人发展、家庭发展理论、家庭生活教育等多方面的理论性课程,重视学生掌握扎实的理论基础,同时,重视课程实践,规定学生在完成相关课程之后,必须进行专业实践,并在第三学年和第四学年专门开设专业实践课程和儿童与家庭研究实习课程,教师根据学生的实习情况给予学分。专业实践不仅有助于夯实学生的儿童与家庭研究的专业基础知识,还能帮助学生提高专业技能,提高学生的专业性。

8. 注重体验式学习

美国高校家庭生活教育注重参与式、体验式学习。在任何教育项目中,个人发展和学生学习的质量与该项目的质量和参与度成正比,因此,教育项目的有效性可以建立在提高学生参与度的教育实践能力的基础上。[1] 朗格莱(Langlais)通过设计由易到难的低、中、高三个层次的FLE项目实验,探究了家庭生活教育方法论中使用体验式学习的效果,低层次要求对FLE的一个项目收集资料并汇报,中层次要求设计并展示一个FLE项

---

[1] VATERLAUS J M, BECKERT T E, FAUTH E B, et al. An examination of the influence of clicker technology on college student involvement and recall[J]. International Journal of Teaching & Learning in Higher Education, 2012, 24: 293-300.

目,高层次要求设计并运用一个 FLE 项目,并收集对项目的评价。实验结果证明体验式学习有利于学生对家庭生活教育方法论的理解,且层次越高,学生的参与程度就越高,对 FLE 知识的理解和运用就越容易。① 瓦特劳斯(Vaterlaus)基于学生参与理论和差异化教学原则认为提高学生的参与度能够促进学生对 FLE 内容与方法的理解。他确定了参与式、合作式的教学形式、教学方法和作业,采用翻转课堂的方式让学生进行体验式学习,教师作为指导者为学生提供支持。结果证明学生参与提高了对 FLE 知识、方法的理解。同时,参与式学习能够促进学生对沟通、合作、人际关系的理解与建立,认识到规划的重要性②,帮助学生适应未来岗位需求。

(三)美国高校家庭生活教育课程对我国的启示

我国部分师范类高校开设家庭教育课程,与美国的家庭生活教育性质相似,但我国存在学科起步晚、开课情况欠佳、尚未形成体系、重理论轻实践等问题。因此,在分析我国高校家庭教育现状的基础上,可以将美国高校开设的家庭生活教育作为借鉴,为将家庭教育融入高等教育提供镜鉴。

1.我国高校家庭教育的现状

随着社会的发展,我国逐渐认识到家庭教育的重要性,政府、社会对儿童成长与教育的关注将家庭教育推上了热门话题。国家于 2021 年 10 月 23 日颁布《中华人民共和国家庭教育促进法》,进一步强调了家庭教育的重要性。但我国高校条件不足、社会需求不确定以及国家鼓励性政策法规缺乏,致使家庭教育很难融入高等教育。③

(1)家庭教育学科起步晚

纵观我国家庭教育发展历程,家庭教育历史悠久,内容丰富,但缺乏系统性。从颜之推的《颜氏家训》到陈鹤琴的《家庭教育》再到如今大家津津乐道的"家庭教育",可见我国家庭教育起源早、历史悠久。但直到 1989 年第一个全国性家庭教育学术团体——"中国家庭教育学会"成立,中国的家庭教育研究才正式起步,高校也在 80 年代末开设家庭教育选修课,在 1992 年开设家庭教育硕士专业④,学科起步晚。

(2)家庭教育课程欠缺

目前,我国开设家庭教育专业的高校屈指可数,且多集中于师范类院校。中华女子

---

① LANGLAIS M R.Experiential learning in family life education methodology:low,medium,and high dosage projects[J].Journal of Experiential Education,2018,41(4):382-369.
② VATERLAUS J M,BECKERT T E,FAUTH E B,et al.An examination of the influence of clicker technology on college student involvement and recall[J].International Journal of Teaching & Learning in Higher Education,2012,24:293-300.
③ 孙艳平,高子彬.家庭教育融入高等教育:《中华人民共和国家庭教育促进法》实施的有力保障[J].河北师范大学学报(教育科学版),2023,25(3):127-132.
④ 黄潇芸,曾彬.基于《家庭教育促进法》的高校家庭教育学学科建设研究[J].湖北师范大学学报(哲学社会科学版),2022,42(5):150-156.

学院开设"家庭教育"本科专业是家庭生活教育的一大突破。① 此外,东北师范大学最早设置了"家庭教育"通识课程,并招收家庭教育专业硕士研究生,还在教育学专业下开设"家庭教育"课程,在学前教育专业开设"学前儿童家庭教育",在心理学专业开设"家庭教育与择业指导"课程;西南大学在学前教育专业下开设"家庭教育学"。② 其他院校"家庭教育"专业化程度低,其对家庭教育课程有两种不同的看法:一种是认为家庭教育是学前教育的范畴,将"家庭教育"课程合并到"儿童与家庭教育""儿童教育与家庭"等课程中,如华南师范大学;另一种是将家庭教育归于家政学领域,认为家庭教育附属家政服务。且多数高校的家庭教育专业课程设置缺乏,家庭教育师资力量不足,其任课老师多来自儿童教育领域或社会服务领域。③ 其他非师范类高校尚未开设家庭教育学相关课程。④ 可见,我国家庭教育课程广度和深度都有待加强。

(3)尚未形成学科体系

在我国的高等教育中,家庭教育学科起步晚,尚未形成完整的学科体系建设以及配套课程设置。目前我国家庭教育专业作为本科新专业刚刚开始招生,家庭教育还没有列入教育学一级学科下的二级学科,仅有个别院校将家庭教育列为招生方向;一些院校虽然开设了家庭教育相关课程,但都尚未形成系统的课程体系。⑤ 可见,我国高校的家庭教育课程基础较薄弱,体系建设有待加强。

(4)重理论轻实践

在我国开设的为数不多的家庭教育课程中,多聚焦于知识性目标,重视学生对家庭教育理论知识的了解,忽视能力性目标和学生情感态度的培养,导致学生有知识而无能力,理论与实践脱离。且学界对于家庭教育的研究主要集中于高校开设家庭教育的重要性、必要性以及实现方式。⑥ 对于如何提高高校开设家庭教育的实效性方面并未过多涉及。

2.美国家庭生活教育对我国高校开展家庭教育的启示

美国高校家庭生活教育相对成熟,积累了丰富的经验,其完善的课程体系、主次分明的课程设置、多层审查的课程要求等能为我国将家庭教育融入高等教育提供经验和启示。

---

① 中华女子学院.喜讯!中华女子学院获批新增家庭教育本科专业[EB/OL].(2023-04-26)[2023-08-08].http://www.cwu.edu.cn/info/1511/28321.htm.

② 黄潇芸,曾彬.基于《家庭教育促进法》的高校家庭教育学学科建设研究[J].湖北师范大学学报(哲学社会科学版),2022,42(5):150-156.

③ 刘阳.台湾高校家庭教育人才的培养与保障[J].世界教育信息,2016,29(9):67-71.

④ 黄潇芸,曾彬.基于《家庭教育促进法》的高校家庭教育学学科建设研究[J].湖北师范大学学报(哲学社会科学版),2022,42(5):150-156.

⑤ 黄潇芸,曾彬.基于《家庭教育促进法》的高校家庭教育学学科建设研究[J].湖北师范大学学报(哲学社会科学版),2022,42(5):150-156.

⑥ 马聪聪.高校开设家庭教育学的逻辑基础与实现方式[J].广州广播电视大学学报,2018,18(4):107-108.

(1) 重视家庭生活教育课程

家庭教育是与家庭、婚姻和亲密关系相关的知识和技能，是各个年龄阶段都需要学习的内容，可以帮助学习者更好地处理与家人、家庭的关系，促进健康、和谐、幸福的家庭生活。大学生正处于恋爱的关键时期，对于即将进入婚姻的他们，学习如何处理恋爱关系、如何建立家庭、如何经营婚姻非常重要。然而，我国的高校很少开设相关的课程，即使部分学校开设，也是作为选修课程供学生"抢课"，且内容多为"如何恋爱"，"家庭及家庭关系"较少涉及，名额和内容受限。因此，高校应该重视此类课程的开设，学校可以从两方面着手，一方面，增设必修课与选修课课程，帮助更多学生掌握家庭生活的知识和技能，另一方面，选修课增加选修名额，让更多学生有选择的机会。

(2) 丰富课程类型

美国家庭生活教育包括公共基础课、专业基础课、一般选修课和专业选修课四种类型的课程，不同类型的课程占不同的比例。相对而言，公共基础课和专业基础课所占比例不相上下。因此，我国家庭教育应至少包含必修课和选修课。家庭教育课程必修课应该包括家庭教育学相关理论，如家庭教育学、家庭伦理学、婚姻法等课程，帮助大学生了解家庭教育的基本知识，例如家庭教育发展过程、家庭教育的基本内容与方法等，同时帮助大学生掌握专业的技能；选修课应该涉及家庭教育的热点问题、优秀传统家庭文化、大众传媒与家庭教育等内容，帮助大学生关注国家与社会，了解热点的家庭问题，学会用所学理论知识分析社会热点问题，做到理论与实践相结合。

(3) 兼顾理论与实践

专业实践是提高专业能力的有效途径，在理论的指导下，学生在教师的带领下，以实际操作为主要任务，获得专业知识和专业技能，从而提高自身综合素质。美国家庭生活教育提供了四学分的实践环节，旨在将所学理论运用于实践，通过实践使学生积累更多的经验，掌握实际技能，提高专业素养。目前，我国高校中的家庭教育课程多停留于理论，强调学生对家庭教育概念、原理等知识性目标的掌握，实践环节严重不足，忽视能力性目标的重要性。因此，高校在进行课程设置时，应注意增加实践的机会。学校可以从两方面着手，一方面设置课程案例分析，针对当前社会中的热点家庭问题，结合所学理论知识进行分析，使理论与实践能有机联系；另一方面，通过活动、情境创设、舞台剧等多方式模拟家庭教育的相关话题，让学生在做中学，锻炼学生的实际技能。

(4) 实行资格认证制度

美国儿童与家庭研究专业的学生在获得必要的学分后，须通过国家家庭关系委员会的资格审查，确认其获得相应的专业知识与能力后才能授予资格证书。这种专业资格认证的最大优势在于设置专业壁垒，保证行业发展的专业化，保证该专业学生的就业优势。我国未开设专门的家庭教育研究专业，但涵盖家庭教育课程的相关专业在进行相关资格认证时，可以将家庭教育的成绩作为参考因素，提高相关专业人员的资质。

二、台湾地区家庭教育硕士课程设置

教育作为促进人的发展的社会活动,是由家庭、社会、学校三方面构成的一项系统工程。随着社会的发展,传统的家庭教育服务已不能满足社会的需求,提升家庭教育服务质量成为人们关切的议题。当今社会需要家庭教育工作者提供专业的服务,因此,家庭教育工作者的专业化逐渐引起重视,家庭教育专业人才需求迫切。① 与大陆相比,台湾地区在家庭教育人才培养专业化方面起步较早,不仅以相关规定规范家庭教育人才培养和专业化发展,而且形成了相对完备的职前培养课程体系,实现了规模化的家庭教育专业人才培养,充分显示其产业化的家庭教育服务市场的广阔空间。②

高校的课程设置对提高人才培养质量发挥着至关重要的作用。课程设置依据人才培养定位和培养方式,是培养方案的重要组成部分。家庭教育硕士的培养方案体现了各高校对家庭教育硕士的社会功能定位,规定了人才的素质结构和培养方式,即"培养什么样的家庭教育硕士"和"如何培养家庭教育硕士"。课程设置则是支撑培养目标实现的基础,为培养目标的达成提供保障。

于 2022 年 1 月 1 日起开始实施的《中华人民共和国家庭教育促进法》明确提出"鼓励高等学校开设家庭教育专业课程,支持师范院校和有条件的高等学校加强家庭教育学科建设"。台湾地区的高校开展家庭教育人才培养较早,已经形成了家庭教育专业人才培养的"学士—硕士—博士"完整体系。而大陆高校开设家庭教育专业相对较晚,且为数不多,目前仅南京师范大学、北京师范大学等设置了家庭教育专业或方向。鉴于此,本小节选择台湾地区两所在家庭教育专业人才培养方面具有代表性的大学,对家庭教育硕士专业课程方案进行比较分析,以期对大陆高校家庭教育硕士的培养提供借鉴。

(一)台湾地区高校家庭教育专业发展现状

台湾地区一贯重视家庭教育工作,先后颁布了一系列有关规定,为家庭教育提供保障和支持。例如,1940 年颁布《推行家庭教育办法》③,1968 年对之进行修订;1986 年颁布《"加强家庭教育,促进社会和谐"五年计划方案》;1990 年颁布《家庭教育工作纲要》;1991 年颁布《加强·推行家庭教育强化亲职教育功能计划》;1998 年颁布《"拓展学习型家庭教育,建立祥和社会"中程计划》;2003 年颁布《家庭教育有关规定》;2004 年颁布《家庭教育专业人员资格遴聘及培训办法》等。④ 台湾地区相对完善的家庭教育相关规定为台湾高校在家庭教育系所设置、师资建设、人才培养目标拟定、课程设置、质量监督、财政

---

① 黄迺毓,周丽端,郑淑子,等.家庭生活教育导论[M].台北:空中大学,2004:47.
② 邱旭光.台湾家庭教育专业人才培养及其启示[J].高教探索,2013(5):92-97.
③ 李天燕.家庭教育学[M].上海:复旦大学出版社,2007:47.
④ 谢银沙.台湾家庭生活教育专业化之回顾与评析[J].家政教育学报,2009(7):80-98.

和场地支持方面都进行了规范和说明,为高校的家庭教育人才培养奠定基础。① 台湾地区许多高校(表6-23)积极响应社会对家庭教育专业人才的需求,对原有院系资源进行优化调整,成立家庭教育院系,开设相应课程,着力培养家庭教育专业人才。

表6-23 设置家庭教育系所的台湾地区高校

高校	系所
台湾师范大学	幼儿与家庭科学学系
实践大学	家庭与儿童发展学系
辅仁大学	儿童与家庭学系
嘉义大学	家庭教育研究所
慈济大学	儿童发展与家庭教育学系
文化大学	生活应用科学系
台南女子技术学院	生活科学系
空中大学	生活科学系

资料来源:谢银沙.台湾家庭生活教育专业化之回顾与评析[J].家政教育学报,2009(7):80-98.

台湾师范大学幼儿与家庭科学学系原名家政教育学系,为社会培养了大量家政师资。1982年成立硕士班,1996年成立博士班,2002年更名为人类发展与家庭学系,2023年更名为幼儿与家庭科学学系。该系主要开设家庭生活教育组(相当于专业)、幼儿与发展教育组、营养科学与教育组。家庭生活教育组包括大学部学士班、硕士班、博士班三个办学层次。②

辅仁大学儿童与家庭学系可以追溯至家政系。在家政系的基础上成立了生活应用科学系,儿童与家庭学系即由生活应用科学系的儿童与家庭组延伸而来。台湾辅仁大学的生活应用科学系于2001年增设硕士班,2002年儿童与家庭学系独立出来,并于2003年开设在职硕士专班,着力于培养家庭教育复合型专业人才。该系为学生提供辅系、双主修、专业学程、双联学位、三联学位等跨领域的学习机会,以响应社会变迁的迫切需求,并拓展学生生涯发展范围及就业机会。③

(二)两所高校家庭教育硕士班的培养目标

台湾地区通过有关规定将家庭教育界定为"增进家人关系与家庭功能的各种教育活动",旨在增进家庭生活技能,健全身心发展,营造幸福家庭,以建立祥和社会。因此,台

---

① 刘阳.台湾高校家庭教育人才的培养与保障[J].世界教育信息,2016,29(9):67-71.
② 台湾师范大学幼儿与家庭科学学系.系所概况[EB/OL].[2024-05-02].https://www.cfs.ntnu.edu.tw/index.php/about/.
③ 辅仁大学儿童与家庭学系.关于儿家[EB/OL].[2024-03-30].https://www.cfs.fju.edu.tw/about.php.

湾地区家庭教育专业人才的培养也体现出对个体生命、家庭伦理的关注,专业人才培养的目标和课程体系均以此为指向,奉行贯穿终身的家庭教育架构与学习理念,家庭教育的内涵不再局限于父母对子女的教育,而是着眼于对所有家庭成员的教育。

两所高校的家庭教育硕士培养目标均强调专业领域,其具体的培养目标均包含学科理论知识、职业技能、团队合作与创新能力、职业伦理等方面。台湾师范大学的家庭教育硕士培养以提升家庭福祉为责任和宗旨,培养学生研究家庭科学的技能、家庭生活教育相关领域的推广与管理能力、研究与创新能力。① 辅仁大学家庭教育硕士班旨在培育儿童与家庭教育及咨询辅导的进阶人才、儿童与家庭方案规划与评估及指导人才、儿童与家庭研究及产业研发人才。两所高校的家庭教育专业人才培养目标均着眼于提高家庭教育专业地位,注重家庭教育知识系统的构建和专业实践能力、研究发展和推广能力的提升与家庭教育服务品质的提升。② 两所高校的培养目标不仅有利于学生学习专业基础知识和综合素质的形成,而且还具有明确的职业导向性,在奠定学生专业基础的同时,帮助学生确立职业目标。

(三)两所高校家庭教育硕士班的课程设置

台湾地区高校家庭教育硕士班课程设置来源于社会变革与经济发展的需求,同时也是对儿童与家庭发展需求的积极回应。课程主要分为基础课程与专业发展领域课程,课程的设置遵循了理论性、学术性、社会性与发展性的原则,课程理论性与实践性都比较强。③ 家庭教育硕士班课程还具有较强的过渡性与延续性,一些课程为硕博兼修,既为学生在获得硕士学位之后继续修读博士学位打下基础,也夯实了研究生家庭教育的知识理论基础。

台湾师范大学、辅仁大学的家庭教育硕士班课程设置目标明晰、各具特色、体系完整。在课程内容设置上,二者均包括家庭研究、青少年研究、婚姻与家人关系、亲职教育等家庭教育的主要领域,并分为理论、实践、研究方法3个系列。两所学校家庭教育硕士班的课程均分为必修科目与选修科目两种:必修课程体系聚焦研究方法;选修课程体系注重提高学生的专业能力和水平,按专业方向模块化设置,其中基础课程/专业核心课程侧重学科基础理论与研究方法,专业领域/专业发展课程则按照不同的就业取向分别设置。学生要至少修满30学分,并完成硕士论文才能毕业。

1.必修课程体系:聚焦研究方法

两所学校家庭教育硕士班必修课程均注重培养学生的基础研究能力。台湾师范大学家庭教育硕士的必修课程为7学分;辅仁大学的必修课程则采取弹性要求,可以选择

---

① 台湾师范大学幼儿与家庭科学学系.系所概况[EB/OL].[2024-05-02].https://www.cfs.ntnu.edu.tw/index.php/about/.
② 辅仁大学儿童与家庭学系.关于儿家[EB/OL].[2024-03-30].https://www.cfs.fju.edu.tw/about.php.
③ 杨启光.台湾高校家庭教育课程设置鸟瞰[J].世界教育信息,2004(11):24-26.

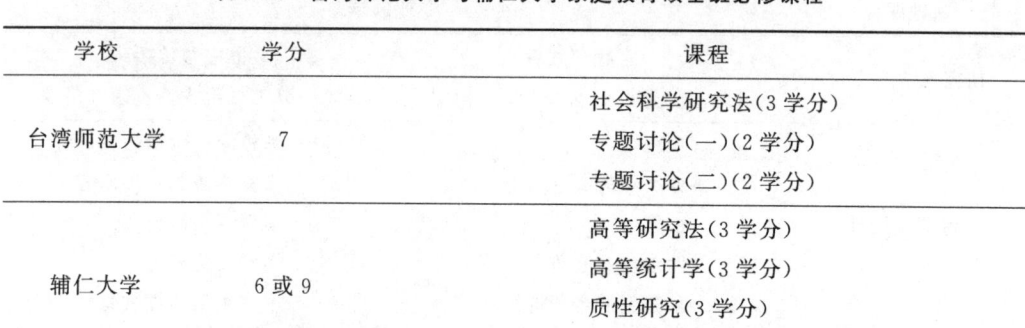

修 6 学分或者 9 学分。两所学校具体的必修课程名称见表 6-24。

表 6-24　台湾师范大学与辅仁大学家庭教育硕士班必修课程

学校	学分	课程
台湾师范大学	7	社会科学研究法(3学分) 专题讨论(一)(2学分) 专题讨论(二)(2学分)
辅仁大学	6 或 9	高等研究法(3学分) 高等统计学(3学分) 质性研究(3学分) 【高等统计学、质性研究,两科至少选一科】

资料来源:台湾师范大学幼儿与家庭科学学系.家庭组硕博班课程表[EB/OL].[2024-05-02]. https://www.cfs.ntnu.edu.tw/wp-content/uploads/2021/10/110MD-%E5%AE%B6%E5%BA%AD% E7%B5%84%E8%AA%B2%E7%A8%8B%E8%A1%A8.pdf.

辅仁大学儿童与家庭学系.课程地图[EB/OL].[2024-03-30].http://www.cfs.fju.edu.tw/depart_map.php?dp=2.

从表 6-24 可以看出,台湾师范大学和辅仁大学的家庭教育硕士必修课程均聚焦学生的研究方法与能力培养。辅仁大学的必修学分全部为研究方法类课程,并且学生可以从"高等统计学"和"质性研究"中选择一门,或者是两门均修读。台湾师范大学则在开设"社会科学研究法"的同时另外开设了两门专题讨论课。

2.选修课程体系:按方向模块化设置

两所学校选修课程类型划分存在较大差异。台湾师范大学家庭教育硕士班选修课程分为基础课程和专业领域两大类,其中专业领域包括家庭和教育、推广与传播两部分(表 6-25)。选修课程体系不仅注重学生对家庭领域相关理论知识的学习与研究,而且注重学生家庭教育、推广与传播能力的培养。

辅仁大学家庭教育硕士班选修课程分为专业核心课程和专业发展课程两大类,专业发展课程包括儿童教保、亲子关系/亲职教育、伴侣/婚姻关系 3 部分(表 6-26)。辅仁大学硕士班选修课重视婚姻关系,不仅把"婚姻与家庭研究"作为专业核心课程,而且专门设立了"伴侣/婚姻关系"模块专业发展课程。此外,专业发展课程还包括"特论"模块。该模块包含丰富的课程,课程内容由指导教授于开课学期指定。2020 学年"特论"课程包括"家庭与个人发展特论""家庭与生命教育特论""父母教养与代间共教养特论""婚姻权利特论""家庭议题与时间管理特论""情感关系特论""亲职角色特论""幼儿教学特论""幼儿与家庭特论"等。

表 6-25 台湾师范大学家庭教育硕士班选修课程

基础课程	专业领域	
研究方法与专讨	家庭和教育 (此一分类栏至少修本组3门课)	推广与传播 (此一分类栏至少修本组3门课)
家庭研究设计 质性研究	青少年与家庭研究 婚姻研究 性别与家庭研究 家庭生活名著选读	学校家庭生活教育研究 家庭资源与管理研究 消费行为研究 消费文化研究 家庭生活与性教育(2学分) 图画书赏析研究

资料来源：台湾师范大学幼儿与家庭科学学系.家庭组硕博班课程表[EB/OL].[2024-05-02]. https://www.cfs.ntnu.edu.tw/wp-content/uploads/2021/10/110MD-%E5%AE%B6%E5%BA%AD%E7%B5%84%E8%AA%B2%E7%A8%8B%E8%A1%A8.pdf.

注："家庭生活与性教育"为2学分,其他课程为3学分。

表 6-26 辅仁大学家庭教育硕士班选修课程

专业核心课程	专业发展课程		
	儿童教保	亲子关系/亲职教育	伴侣/婚姻关系
婚姻与家庭研究 亲子关系研究 家庭生活教育方案设计 儿童与青少年发展	青少年问题与辅导 儿童游戏专题 儿童文学专题 课室经营研究 儿童行为辅导研究	亲职教育研究 跨文化家庭研究 饮食与家庭关系	亲密关系研究 离婚与再婚家庭研究 婚姻教育与经营 跨文化家庭研究
	特论		

资料来源：辅仁大学儿童与家庭学系.课程地图[EB/OL].[2024-03-30]. http://www.cfs.fju.edu.tw/depart_map.php?dp=2.

(四)两所高校家庭教育硕士班课程设置对比分析

台湾地区高校在整合家庭研究相关学科的基础上构建了家庭教育的学科课程,形成了从本科到研究生的家庭教育专业人才培养体系。台湾师范大学和辅仁大学的家庭教育课程设置均具有学科融合的特征。与学士班和博士班的课程设置相比,两所大学家庭教育硕士班的课程设置兼顾了学术性与实用性,既注重学生对家庭教育专业知识的掌握,又强调学生的实践能力,具有明显的发展性特征。同时,两校家庭教育硕士班的课程设置也存在差异。

1.课程设置的共性

两所大学的课程基本上涵盖了家庭教育的相关主题,与家庭教育专业人员认证课程的要求相对应,在内容安排上呈现出家庭教育学科的跨学科和跨领域整合的特征。两所学校均在强调培养学生研究能力的同时兼顾学生的专业发展以满足就业需求。重视学生学术研究能力的培养,体现在两所学校家庭教育硕士班的必修课程均为研究方法类课程,此类课程的开设可为学生在家庭教育领域的进一步发展奠定基础。照顾学生的就业需求,则体现在选修部分按照不同就业取向分别设置相应的模块课程。

此外,两所高校的课程目标均切合社会生活实际,面向社会发展的需求,社会适应性强。① 课程体系中不仅有"家庭生活教育""儿童与青少年发展""亲子关系"等家庭教育的学科基础课程,而且有面向社会现实问题的"家庭资源管理""消费行为与文化""离婚与再婚家庭"等课程。

2.课程设置的差异性

总体而言,台湾师范大学的课程设置更具整体性;辅仁大学的课程设置层次性更明显,内容更丰富。比较两所学校的课程结构可以发现,台湾师范大学家庭教育硕士班的必修课程是"社会科学研究法",选修课程中的基础课程是"家庭研究设计"和"质性研究",专业领域的两个方向各自限定了至少要修该方向3门课程,课程划分清晰,整体性较强。辅仁大学硕士班选修课程的专业发展课程不仅分为3个方向,而且包含相对不太固定的特论模块,故而整体感稍弱。但是在课程层次上,台湾师范大学的选修课程分为两个选修方向,共12门;辅仁大学除了分别面向3个方向的16门选修课程,还设置了内容丰富的特论课程,相较而言辅仁大学的课程设置层次性更明显,内容更丰富。

两所学校家庭教育硕士班的选修方向存在差异。台湾师范大学的家庭教育硕士课程在"家庭"方向之外还设置了"教育、推广与传播"方向;辅仁大学的专业发展课程包括"亲子关系/亲职教育""伴侣/婚姻关系""儿童教保"3个方向。此差异与两所学校家庭教育专业的发展历程相关:台湾师范大学人类发展与教育学系在家政系的基础上发展而来②;辅仁大学的儿童与家庭学系则是由生活应用科学系的儿童与家庭组发展而来。③

(五)对大陆高校开设家庭教育硕士专业的启示

目前,大陆仅个别高校设置了家庭教育硕士方向,可以预见,大陆开展家庭教育人才培养的高校将逐步增多。台湾地区高校在家庭教育学科建设方面起步较早,已经形成了较完备的课程体系。借鉴台湾师范大学和辅仁大学家庭教育硕士课程设置,有助于大陆高校建立家庭教育课程体系,培养家庭教育专业人才。

1.合理确定培养目标,形成家庭教育人才培养特色

培养目标处于人才培养体系的最顶层,是对人才培养规格的规定性描述,对专业人才培养具有导向价值和统摄作用,对课程体系具有决定作用。台湾地区高校对家庭教育

---

① 杨启光.台湾高校家庭教育课程设置鸟瞰[J].世界教育信息,2004(11):24-26.
② 台湾师范大学幼儿与家庭科学学系.系所概况[EB/OL].[2024-03-22].https://www.cfs.ntnu.edu.tw/index.php/about/.
③ 辅仁大学儿童与家庭学系.关于儿家[EB/OL].[2024-03-30].https://www.cfs.fju.edu.tw/about.php.

专业人才的培养目标有较为清晰的定位,围绕"提升家庭福祉",对家庭教育专业人才专业知识、技能和态度进行了界定。完善课程设置的前提是明晰人才培养目标。大陆高校家庭教育专业人才培养起步较晚,面临确立人才培养定位和培养目标的现实需求。台湾地区高校家庭教育硕士班培养目标中关于专业知识、技能和态度的界定可以为大陆高校结合各自办学定位拟定人才培养目标提供参照。

2. 注重开设学术课程,增强学生的基础研究能力

较之于学士层次,硕士层次专业人才培养更加强调学生的研究能力。信息时代,不确定性成为社会的特征之一,这也就对家庭教育专业人才的研究能力提出了更高的要求。研究能力的培养需要相应课程的支撑,台湾师范大学和辅仁大学家庭教育硕士班均把研究方法类课程作为必修课程,此举为培养学生的研究能力奠定基础。大陆高校培养家庭教育硕士人才,不仅要注重学生对家庭教育专业知识的学习,亦需重视家庭教育研究能力的培养,增强学生的基础研究能力,提升学生在家庭教育领域的发展潜力。

3. 强化家庭教育硕士实务类课程,实现理论与实践相融通

台湾地区家庭教育专业人才培养已经形成了"学士—硕士—博士"的完整体系。家庭教育硕士居于家庭教育专业人才培养的中间层次,培养目标既包括培养家庭教育的研究人员,也包括培养家庭教育的实务人员。前者需要开设学术性的课程,为学生攻读博士学位做准备;后者则需要面对社会实际需求,针对家庭教育实际事务,开设相应的课程,以培养学生家庭教育的实践能力。台湾师范大学和辅仁大学硕士班的课程设置关注社会实际需求,形成了各具特色的选修课程模块,涵盖亲子关系、婚姻教育、家庭资源管理、饮食与家庭关系等多元领域,将家庭教育理论与实践紧密结合。大陆高校的家庭教育硕士人才培养亦需强化实践课程,不仅要注重学生对家庭教育专业理论知识的习得,还要强调开设实务类课程以培养学生应对家庭所面临现实问题的能力,实现理论与实践相融通,促进硕士生实践能力的提升。

第七章

家庭生活教育的本土建构

> 相比其他场景,公立学校聘用的家庭生活教育工作者有机会与更多的学生和家庭分享新知识和进行技能培训。社区机构和公立学校正在建立针对高风险儿童及其家庭的合作关系。①
>
> ——莱恩·鲍威尔,道恩·卡西迪

传统上把家庭教育视为父母对子女的教育。在人们的意识深处,家庭是私生活的领地,家庭教育是家庭内部的事。这造成了一段时期缺乏对家庭教育的科学研究和宏观指导。② 家庭教育只是父母的本分,"既不是一种职业,更谈不上专业",但伴随着社会的快速发展,"家庭教育在人类教育体系中的地位越来越重要,家庭教育开始从私人领域走向社会公共领域,成为现代教育的重要组成部分,政府在支持家庭教育、促进家庭教育方面承担的公共职责越来越大"。③

在家庭教育不再仅仅是"家事"的背景下,家庭教育的含义也在发生着变化。家庭教育不再仅指父母对子女的教育,甚至不再只是家庭成员之间的相互影响,而是指以家庭为教育内容的主题的教育。这样一种对家庭教育的广义理解与国际上"家庭生活教育"的含义一致。家庭生活教育经过一个世纪的发展,已经形成了丰富的理论成果和成熟的实践模式,可以为构建我国家庭生活教育公共服务供给体系提供借鉴。学校是开展家庭生活教育的重要场域之一。本章将聚焦学校场域探讨家庭生活教育的本土建构问题。

第一节 家庭生活教育:广义家庭教育概念的可能

家庭生活教育所指的是一种广义的家庭教育观。这种广义的家庭教育观与传统意

---

① POWELL L H, CASSIDY D. Family life education: an introduction [M]. California: Mayfield Publishing Company, 2001: 214.
② 冯晓霞.中国家庭教育的社会支持系统[J].学前教育研究,1997(3):26-29.
③ 张志勇.政府在促进家庭教育中的公共职责[N].中国妇女报,2022-03-28(6).

义上的狭义家庭教育采取的是不同的界定方式。时代发展的背景下家庭教育不再仅是家事，构建现代的家庭生活教育公共服务体系是政府和社会的职责。但家庭教育公共服务体系不应仅停留于狭义家庭教育意义上的"对父母如何开展家庭教育进行指导"，而是采取家庭教育的广义理解，针对全体家庭成员，开展有关家庭生活的教育。具体到推行广义家庭教育的主要场域之一的学校体系而言，学校开展"家庭"教育，旨在使学生发展健康人格，对现在和未来的家庭成员角色形成正确认知，对家庭生活做出判断和选择，从而能够建设性地解决其作为家庭成员所面对的问题。[①]

一、广义家庭教育是什么？

通常而言的家庭教育是一种狭义的家庭教育，仅指父母对孩子的教育。随着时代的发展，人们意识到发生在家庭成员中的教育，不只是父母对孩子的单向教育，而且也包括了父母从孩子那里受到的教育。于是家庭教育的内涵被扩展到家庭成员之间的相互影响。全国人大常委会法工委社会法室主任郭林茂在接受《法治日报》记者采访时表达了对于家庭教育广义和狭义之分的看法："家庭教育有广义和狭义之分，广义的家庭教育是家庭成员之间的相互教育；家庭教育促进法精准于未成年人的健康成长，采取了狭义的概念，是指父母或者其他监护人对未成年人实施的在道德品质、身体素质、生活技能、文化修养、行为习惯等方面的培育、引导和影响。"[②]这种把家庭教育视为"家庭成员之间的相互教育"的观点无疑更加契合高速发展的时代背景，随着知识迭代更新的速度日益提升，年长的不再是知识的权威，父母也需要向孩子学习。但是这种理解依然无法把发生在家庭外部、由非家庭成员实施的家庭教育涵盖在内。家庭教育发生的环境有内外部之分。此处的内部与外部之分并非指家庭场所的物理环境，而是指家庭作为社会组成单位，其成员的内外之分。"内部指的是发生在家庭环境内部以促进人发展为目的的家庭成员间的互动活动；外部是指以个体发展与家庭幸福为根本目的，以终身教育理念为指导的综合性社会活动。"[③]这种外部的家庭教育就是狭义的家庭教育所不包括的，而广义的家庭教育却能涵盖的教育类型。这种广义的家庭教育可以发生在家庭之外的学校，也可以发生在学校之外的社会上。发生在学校则不仅指学校对家长进行家庭教育指导，而且指教师对学生开展的家庭教育；发生在社会上，则是指政府部门、事业单位、企业、非政府组织（non-government organizations，NGO）等社会组织面向家庭成员开展的家庭教育。这种发生在家庭和学校之外的家庭教育，其教育内容涵盖很广，既包括针对父母的家庭教育指导，也包括针对夫妻亲密关系建立的指导，还包括婚前教育、老年教育等。

"这种广义的家庭教育是否还可以叫作家庭教育？其与学校教育和社会教育是一种

---

① KERCKHOFF R K.Family life education in America[M]//CHRISTENSEN H T.Handbook of marriage and the family.Chicago:Rand McNally,1964:881-911.
② 蒲晓磊.家庭教育由"家事"上升为"国事"：解读家庭教育促进法[N].法制日报,2021-10-25(8).
③ 张晋.城市社区早期家庭教育公共服务供给研究[D].重庆:西南大学,2016:11-12.

怎样的关系？"，是提出广义家庭教育概念不可回避的问题。广义的家庭教育是依据教育内容而进行划分，这种划分方式与德育、智育、体育、美育、劳动教育、语文教育、数学教育等的划分方式是一致的。据此，把以"家庭"为主题的教育称为家庭教育则不难理解。这种划分没有限定教育主体，也就是说广义家庭教育的实施者是多元的。但是教育的客体则是指家庭成员。学校教育和社会教育则是与狭义家庭教育一样依据教育实施的场域进行划分的。由于划分方式的不同，广义家庭教育与学校教育和社会教育就会存在交叉，因为学校和社会就可以是实施家庭教育的场域。有学者指出"如果仔细分析，与'家庭生活教育'字面意义比较一致的中国大陆的家庭教育，更多的是一种更为广泛的社会教育形式""中国早已开展家庭生活教育活动实践，与西方社会早期开展的家政教育、社区教育内容比较一致，与现在提倡的家庭教育指导服务有许多交叉内容"。[①] 这种认识有一定道理，但是并没有触及家庭生活教育作为一种广义家庭教育的本质。这种广义的家庭教育与狭义的家庭教育的界定方式完全不同。广义的家庭教育不仅涵盖了社会教育中与家庭相关的部分，而且也包含了学校教育中与家庭相关的部分。广义的家庭教育的对象是家庭成员，内容是与家庭生活相关的主题，实施的主体却既可以是家庭成员也可以是社会和学校，实施的场域也不局限在家庭内部。就如同智育（如语文教育）和体育既可以在学校开展，也可以由家庭和社会来实施。

二、广义家庭教育的必要性

提出广义家庭教育的概念不是混淆教育的界限，而是对教育的形式进行更清晰的描述。提出广义家庭教育的概念是对快速发展的社会需求的回应，是丰富个体家庭生活，促进个体生命成长的基础。在广义家庭教育视域下，家、校、社协同能够得到更好的解释。广义家庭教育涵盖了发生在家庭外部的家庭教育，"突破了家庭作为唯一实施场所的限制，家庭教育发展不再是单纯家庭内部的私事，其发展与社会进步密切相关，需要外部政治、经济、文化等全社会环境为背景，强调整个社会系统间的协作支持"[②]。

我国大陆一直采用的是狭义的家庭教育概念。学界已有的关于广义家庭教育的探讨，也只是将其作为家庭成员相互的影响，没有把外部的家庭教育涵盖在内。家庭教育指导服务的对象主要是家长，从而导致了家庭教育实践与现代家庭实际需要的脱节。[③]尽管2017年就已经有家庭生活教育的著作出版，但对家庭生活教育的研究依然非常少。我国台湾地区对于家庭生活教育的研究起步较早，翻译了家庭生活教育的主要推广机构NCFR组织编写的《家庭生活教育：理论与实务的整合》（*Family Life Education: Integrating Theory and Practice*），出版了相关著作和教材。我国大陆与家庭生活教育

---

① 杨启光.发展型家庭生活教育：理论、实践与制度创新[M].上海：上海交通大学出版社，2017：29.
② 张晋.城市社区早期家庭教育公共服务供给研究[D].重庆：西南大学，2016：11-12.
③ 中国儿童中心.我国家庭教育指导服务体系构建与推进策略研究[M].北京：中国人民大学出版社，2016：88.

这一广义家庭教育有关系的是"家庭教育指导",其是指"家庭以外的机构、团体和个人"对家庭教育的指导活动,是"以家长为主要对象的,以家庭教育为内容"的教育活动。① 这种家庭教育指导与家庭生活教育中的家长教育相应,是广义家庭教育的组成部分,却又是狭义家庭教育所无法涵盖的内容。

人类学家玛格丽特·米德的三种文化类型的划分可以作为广义家庭教育必要性的论证基础。传统社会的发展很缓慢,知识增长速度也慢,是一种后喻文化。年长的人是知识的权威,年幼者向年长者学习是主要的文化传递方式。当今社会发展速度很快,即使用日新月异形容这种速度都不为过。知识更新周期缩短,年长的人不再是知识的权威,由于其对新知识接受得比较慢,反而需要向晚辈学习。这也正是终身教育的时代背景。另外,就个体而言,从生命历程的视角,每一个个体都是第一次经历某一个生命阶段,需要学习如何幸福地度过这一阶段。如果说在后喻文化背景下其向长辈学习相关知识即可(这种学习包括无意识的学习,即模仿长辈等),那么在前喻文化的背景下,这种学习就转变为向外学习,也就需要来自家庭外部的支持。

"家庭教育指导"的存在说明我国大陆事实上存在广义的家庭教育。实际上,我国大陆中小学和幼儿园的教育内容中也有与家庭相关的内容,这也属于广义家庭教育的范畴。因此,提出广义家庭教育概念具有现实基础。但由于缺少广义家庭教育概念的存在,这些内容处于割裂和零散状态,未能形成涵盖个体生命全程,涉及各种实施主体的系统架构。提出广义家庭教育概念可以对这些现实存在的广义家庭教育的内容进行整合。

学校开展家庭教育是社会发展的现实需求。家庭生活教育的重点内容是处理家人关系。这是个体成长所不可或缺的内容。家庭教育指导不能仅针对父母,孩子也需要关注家庭教育指导。父母是因为有了孩子才成为父母,在此意义上父母是"第一次"做父母,需要接受家长教育(亲职教育)。但孩子也是第一次做孩子,也需要接受如何为人子女的教育(子职教育)。正如奥尔森所言,"我们需要在学校教授的三个'R'的基础上添加第四个 R 即'关系'。人际关系技巧是人们每天都可以使用的东西"②。随着现代社会生活节奏的加快,个体承受的压力增大,家庭作为个体成长的后盾本应提供有力的支撑,但由于沟通不畅造成亲子关系恶化,导致产生家庭悲剧的事件屡见不鲜。此种情况下,仅靠家庭内部的家庭教育已无法应对,如果能够在针对家长提供家庭教育指导的同时,学校也开展针对学生的子职教育,应会取得相得益彰的效果。

提出广义家庭教育概念有助于家庭教育的学术研究。家庭教育具有跨学科属性,需要各学科领域的合作。同时,广义家庭教育概念的提出有利于家庭教育实践中各部门的协同,从而把家、校、社协同落到实处。

---

① 杨启光.发展型家庭生活教育:理论、实践与制度创新[M].上海:上海交通大学出版社,2017:29.
② POWELL L H, CASSIDY D. Family life education: an introduction[M]. California: Mayfield Publishing Company, 2001:214.

第二节　家庭生活教育公共服务供给体系

与家庭教育公共服务供给相关的表述是家庭教育的社会支持体系。构建家庭教育指导服务体系，形成家庭学校社会协同育人机制是政府工作的重点。2022年，全国妇联、教育部等11个部门印发了《关于指导推进家庭教育的五年规划（2021—2025年）》，"把构建覆盖城乡的家庭教育指导服务体系、健全学校家庭社会协同育人机制、促进儿童健康成长确立为今后一个时期家庭教育发展的根本目标"[①]。2013年，《教育部等十三部门关于健全学校家庭社会协同育人机制的意见》指出：充分发挥政府统筹协调作用，加强系统谋划，推动部门联动，强化条件保障，促进资源共享和协同育人有效实施；到2035年，形成定位清晰、机制健全、联动紧密、科学高效的学校家庭社会协同育人机制。[②]

一、公共服务供给

公共服务的概念存在广义和狭义之分。广义上的公共服务泛指"政府为满足社会公共需要而提供的产品和服务的总称"[③]。狭义的公共服务指的是"政府四大职能中平行于'经济调节、市场监管、社会管理'的部分，包括教育、医疗服务、公共卫生、社会保障、就业服务、环境保护、科技服务等内容"[④]。公共服务供给指的是政府或相关组织向社会公众提供的各种公共服务、设施和产品，以满足社会公众的基本需求和利益。简而言之，公共服务供给是指由政府或相关机构提供给全体公民的基本服务、设施和产品。公共服务主要包括教育、医疗卫生、社会保障、社区服务、环境保护、市政基础设施等。公共服务供给具有公益性，不以获利为目的。其目的是保障民生，保证公众的基本权益，提高社会公众的福利水平，促进社会经济的可持续发展，缓解社会不平等现象以实现公平和社会正义的价值诉求。

公共服务供给主体一般包括政府、市场和非营利组织3种。政府是公共服务的主要供给者和管理者。基础设施建设、教育、医疗、法律、环保等公共服务主要由政府负责提供。市场和非营利组织也可以是公共服务的供给者。政府在提供公共服务的同时，也需要考虑资源配置的效率、公共财政的可持续性以及市场机制的作用，采用购买服务的方式，授权给私人公司、机构或非营利组织，委托其提供特定的公共服务。这3种供给主体

---

① 全国妇联教育部等11部门印发《关于指导推进家庭教育的五年规划（2021—2025年）》[N].人民日报,2022-04-13(6).
② 教育部等十三部门关于健全学校家庭社会协同育人机制的意见[EB/OL].(2023-01-17)[2023-08-08].http://www.moe.gov.cn/srcsite/A06/s3325/202301/t20230119_1039746.html.
③ 李军鹏.公共服务学:政府公共服务的理论与实践[M].北京:国家行政学院出版社,2007:2.
④ 郁建兴,吴玉霞.公共服务供给机制创新：一个新的分析框架[J].学术月刊,2009,41(12):12-18.

各有其优势与不足,需要根据具体的公共服务类型来进行判断,选择最适合的供给主体。政府作为管理者应当对承担公共服务供给的市场主体和非营利组织进行监管,以确保公共服务的质量和有效性。在公共服务供给过程中,应当遵循公平、有效、公开和可持续等原则。《"十四五"公共服务规划》指出"坚持社会效益优先,突出社会公平,科学界定基本和非基本公共服务范围,明确政府和社会、个人的权责边界,突出政府在基本公共服务保障中的主体地位,合理增加公共消费,保持适当的民生支出力度和效度,保障民生改善的稳定性和可持续性"①。

二、家庭教育的公共服务供给

家庭教育公共服务供给是以政府为主的多元主体以维护社会正义与公共利益为目的,向社会公民平等提供多样化家庭教育公共服务。家庭教育公共服务供给涉及的内容主要包括供给的主体、内容、方式、监管、评价等方面。②

家庭教育公共服务属于教育公共服务的范畴。教育,尤其是义务教育,是社会公共服务的基本内容。《"十四五"公共服务规划》提出"补齐基本公共服务短板",其中就包括义务教育、就业社保、医疗卫生、养老服务、住房保障、文化体育、社会服务等范畴。③ 由于目前仍采用的是狭义家庭教育概念,《"十四五"公共服务规划》把家庭教育列为"重点领域非基本公共服务"下的"发展普惠托育服务",指出"构建覆盖城乡的家庭教育指导服务体系,为家庭提供更高质量更加精准的家庭教育指导,更好满足家长科学育儿的迫切需求"。④ 如果采用广义家庭教育概念,则《"十四五"公共服务规划》中义务教育、养老服务、文化体育、社会服务等主题均与家庭教育公共服务相关。家庭教育的公共服务体系涉及多元的社会组织,涵盖学校、社区、社会机构、大众传媒、工作单位、公益组织、社工、教育机构、家长自组织等。总体而言,家庭教育公共服务供给体系包括三个组成部分:政府、市场、第三方。

(一)狭义家庭教育的公共服务供给

2011年国务院印发的《中国妇女发展纲要》和《中国儿童发展纲要》明确提出"将家庭

---

① 国家发展改革委,中央宣传部,教育部,等."十四五"公共服务规划[EB/OL].(2021-12-28)[2023-08-08]. https://www.gov.cn/zhengce/zhengceku/2022-01/10/5667482/files/301fe13cf8d54434804a83c6156ac789.pdf.
② 张晋.城市社区早期家庭教育公共服务供给研究[D].重庆:西南大学,2016:12.
③ 国家发展改革委,中央宣传部,教育部,等."十四五"公共服务规划[EB/OL].(2021-12-28)[2023-08-08]. https://www.gov.cn/zhengce/zhengceku/2022-01/10/5667482/files/301fe13cf8d54434804a83c6156ac789.pdf.
④ 国家发展改革委,中央宣传部,教育部,等."十四五"公共服务规划[EB/OL].(2021-12-28)[2023-08-08]. https://www.gov.cn/zhengce/zhengceku/2022-01/10/5667482/files/301fe13cf8d54434804a83c6156ac789.pdf.

教育指导服务纳入城乡公共服务体系",要求"普遍建立各级家庭教育指导机构,90%的城市社区和80%的行政村建立家长学校或家庭教育指导服务点",同时还指出要"建立家庭教育从业人员培训和指导服务机构准入等制度""加大公共财政对家庭教育指导服务体系建设的投入,鼓励和支持社会力量参与家庭教育工作"。①

2022年1月1日起施行的《中华人民共和国家庭教育促进法》明确了政府应履行的家庭教育工作职责。第一章总则中即指出"国家和社会为家庭教育提供指导、支持和服务"。第三章、第四章则专门对"国家支持"和"社会协同"进行了规定。

总则中对政府和相关部门的家庭教育职责进行了界定。

第六条具体规定了各级政府和相关职能部门的家庭教育工作职责:

  各级人民政府指导家庭教育工作,建立健全家庭学校社会协同育人机制。县级以上人民政府负责妇女儿童工作的机构,组织、协调、指导、督促有关部门做好家庭教育工作。

  教育行政部门、妇女联合会统筹协调社会资源,协同推进覆盖城乡的家庭教育指导服务体系建设,并按照职责分工承担家庭教育工作的日常事务。

  县级以上精神文明建设部门和县级以上人民政府公安、民政、司法行政、人力资源和社会保障、文化和旅游、卫生健康、市场监督管理、广播电视、体育、新闻出版、网信等有关部门在各自的职责范围内做好家庭教育工作。

第七条则明确了鼓励政府以购买服务方式提供家庭教育公共服务。

  县级以上人民政府应当制定家庭教育工作专项规划,将家庭教育指导服务纳入城乡公共服务体系和政府购买服务目录,将相关经费列入财政预算,鼓励和支持以政府购买服务的方式提供家庭教育指导。

学界对政府承担的家庭教育公共服务供给的法定职责做了解读。张志勇认为"围绕建立家庭教育公共服务体系,家庭教育促进法明确了政府的家庭教育规划职责、建立家庭教育指导机构的职责、建立家庭教育指导队伍的职责、编制家庭教育大纲的职责、建立家庭教育服务平台的职责、建立家庭教育服务体系的职责"。罗爽把政府应具体履行的家庭教育工作职责概括为六项:"健全家庭教育工作管理体制和工作机制,建立健全家庭学校社会协同育人机制,完善家庭教育公共服务供给体系,健全家庭教育工作的支持保障体系,培育和监管家庭教育服务机构,支持和服务特殊困境儿童群体家庭。"②

家庭教育公共服务供给主要指的是政府及相关机构提供一系列帮助家长、监护人进行科学合理的家庭教育的公共服务。具体到实践操作层面,家庭教育公共服务供给包括家庭教育指导与咨询服务、家庭教育资源分享、家庭教育研究、家庭教育评估与监测等方面。

家庭教育指导与咨询服务的具体举措包括:通过讲座、培训班、研讨会、工作坊等形

---

① 国务院.国务院关于印发中国妇女发展纲要和中国儿童发展纲要的通知[EB/OL].(2011-07-30)[2023-09-23].https://www.gov.cn/gongbao/content/2011/content_1927200.htm.
② 田珊檑."依法带娃"时代政府如何依法履责[N].中国妇女报,2022-05-10(4).

式,为家长提供有针对性的培训,传播正确的家庭教育观念和方法,使他们能够了解和应用科学的家庭教育方法,学习沟通、情绪管理、亲子关系等技巧,提升家庭教育水平;家庭教育公共服务的提供者可以通过设立家庭教育咨询中心、热线、公众号,针对家长的具体困惑和问题,为家长提供专业的家庭教育咨询和指导,解答他们在子女教育中遇到的问题,提供科学的育儿建议。家庭教育资源分享方面,政府可以建立家庭教育资源库,收集整理有关家庭教育的书籍、音视频材料、网络资源等,并向社会免费或低价提供,帮助家长了解家庭教育知识和方法。政府可以开展家庭教育的评估和监测工作,通过调查研究了解社会上家庭教育的现状和问题,为制定家庭教育政策和改进家庭教育公共服务提供科学依据。同时,政府还应该组织专家对家庭教育的理论和实践进行深入研究,组建家庭教育公共服务智库,为政策制定者和服务提供者提供科学依据。

(二)广义家庭教育公共服务供给

广义家庭教育的发生场域是家庭、学校、社会。《家庭教育促进法》的狭义家庭教育支持体系属于广义家庭教育支持体系的一部分,即亲职教育。对于广义家庭教育的其他组成部分,《家庭教育促进法》提到的支持体系依然可以发挥作用,只是在内容和方式上需要进一步拓展。狭义家庭教育视域下,家庭教育公共服务的内容主要是为家长开展家庭教育提供指导。其直接服务对象仅限于家长。而广义家庭教育视域下,家庭教育公共服务的对象是全体家庭成员。广义家庭教育公共服务供给涉及的机构会更多。内容的拓展和方式的转换对许多机构而言也是新的挑战。

《"十四五"公共服务规划》从服务供给的权责进行分类,把公共服务分为基本公共服务和普惠性非基本公共服务两大类。《"十四五"公共服务规划》明确了基本公共服务的概念:由政府承担保障供给数量和质量的主要责任,引导市场主体和公益性社会机构补充供给;非基本公共服务主要由市场供给,但对于市场自发供给不足的公共服务,政府通过支持公益性社会机构或市场主体,增加服务供给、提升服务质量,推动重点领域非基本公共服务普惠化发展。狭义家庭教育视域下的家庭教育服务供给属于重点领域非基本公共服务领域,但广义家庭视域下,家庭教育服务供给则扩大至基本公共服务领域。义务教育、医疗卫生、养老服务、文化教育这些基本公共服务领域均涉及广义家庭教育。因而,就广义家庭教育服务供给的权责而言,政府承担着保障基本公共服务的主要责任,市场主体和公益性社会机构起补充作用;对于家庭教育的非基本公共服务供给,则主要依靠公益性社会机构和市场主体,政府的责任是为其提供支持。

就家庭教育发生的场域而言,广义家庭教育不再局限于家庭内部,其发生场域涵盖了家庭、学校与社会。即使在家庭场域内,广义家庭教育也与狭义家庭教育有区分,广义家庭教育指的是家庭成员之间的相互影响,而狭义家庭教育则只是父母对孩子的教育。但本研究更强调在家庭场域之外,不是发生的家庭成员之间的"家庭"教育,而是学校和社会等家庭外部力量开展的家庭教育,尤其是学校中开展的家庭教育,也就是学校提供的家庭教育公共服务。

针对有婴幼儿家庭的托育服务属于重点领域非基本公共服务。对此,《"十四五"公共服务规划》提出"着力构建多元化、多样化、覆盖城乡的婴幼儿照护服务体系,积极引导社会力量举办托育服务机构,将需要独立占地的婴幼儿照护服务设施和场地建设布局纳入相关规划,新建和改扩建一批服务设施,建成一批示范性服务机构""建立健全婴幼儿照护服务机构备案登记制度、信息公示制度和质量评估制度,对婴幼儿照护服务机构实施动态管理""依法逐步实行婴幼儿照护工作人员职业资格准入制度"。同时提出"加强社区婴幼儿照护服务设施与社区服务中心(站)及社区卫生、文化、体育等设施的功能衔接,发挥综合效益"。此外,还针对"农村进城务工人员随迁婴儿的照护服务""农村和脱贫地区婴幼儿照护服务",以及"儿童残疾筛查、诊断、康复救助有机衔接"作出了具体规定。① 国务院办公厅印发的《关于促进3岁以下婴幼儿照护服务发展的指导意见》指出要"加大对社区婴幼儿照护服务的支持力度"和"规范发展多种形式的婴幼儿照护服务机构",鼓励"通过市场化方式,采取公办民营、民办公助等多种形式"规范建设和完善照护服务设施,"支持和引导社会力量依托社区提供婴幼儿照护服务",支持用人单位"为职工提供福利性婴幼儿照护服务"。② 这些婴幼儿照看服务机构的直接对象是婴幼儿,其根本目的是促进婴幼儿健康成长。这里的成长是指婴幼儿的身心全面成长,社会托育机构如何能够弥补婴幼儿缺少家庭陪伴的不足,促进亲子关系的健康发展等问题都属于广义家庭教育探讨的范畴。

各级学校和幼儿园是开展广义家庭教育的主要机构,学校场域中的家庭教育涵盖的主题很广,包括子职教育、性教育、人际关系教育、婚姻教育等。具体内容因学校的类型和学生年龄而有所侧重,即使是同一主题,不同学龄段的具体内容也存在差异。

对于成年期(指走向社会参与工作的成年人)的家庭教育,主题主要包括婚姻教育、性教育、亲职教育等。这一阶段的家庭生活教育公共服务供给主要由社区、工作单位、妇联、民政部门、公益组织、学校与市场主体提供。社区与学校开设家长学校,为家长提供育儿指导;民政部门的婚姻登记处"设立婚姻家庭辅导室,通过政府购买服务或公开招募志愿者等方式聘用婚姻家庭辅导员,并在坚持群众自愿的前提下,开展婚姻家庭辅导服务"(《婚姻登记工作规范》第二十一条)③。2017年民政部发布的《婚姻家庭辅导服务》行业标准,将婚姻家庭辅导服务类型分为"婚前辅导""婚姻关系辅导""家庭关系辅导""离婚调适辅导"4种④,拓展了婚姻家庭辅导的内容,"完善了以前在婚姻登记处仅提供离婚

---

① 国家发展改革委,中央宣传部,教育部,等.关于印发《"十四五"公共服务规划》的通知[EB/OL].(2021-12-28)[2023-09-05].https://www.gov.cn/zhengce/zhengceku/2022/01/10/content_5667482.htm.

② 新华社.国务院办公厅印发《关于促进3岁以下婴幼儿照护服务发展的指导意见》[EB/OL].(2019-05-09)[2023-09-05].https://www.gov.cn/xinwen/2019/05/09/content_5390023.htm.

③ 民政部.民政部关于印发《婚姻登记工作规范》的通知[EB/OL].(2015-12-12)[2023-09-05].https://www.gov.cn/zhengce/zhengceku/2015-12/12/content_5554664.htm.

④ 民政部.婚姻家庭辅导服务:MZ/T 084-2017[S/OL].[2023-09-05].https://www.nssi.org.cn/nssi/front/106706033.html.

辅导的缺憾"①。

伴随着老龄化的加剧,针对老年期的家庭教育公共服务逐渐引起关注。养老、老年婚姻、人际关系、隔代教养等议题均与老年期的家庭教育相关。由于人口结构问题,我国的老龄化社会具有显著的"未富先老"特征,"养老保障与养老服务质量有待进一步提高"②。"十四五"社会发展与公共服务主要指标"老有所养"对养老机构护理型床位占比、养老服务设施达标率、基本养老保险参保率、养老服务床位总量等都分别制定了约束性目标或预期性目标。③ 这些是物质层面的老年家庭的公共服务供给,主要针对社会养老,但是家庭照护依然是养老的主要形式,因而提供老年期家庭教育公共服务就非常重要。加之技术的发展日新月异,老年人往往难以跟上技术更新的步伐,社会需要为老年人的终身学习提供支持。在保障老年人老有所养的基础上,老年期的家庭教育公共服务应朝向构建"老有所养、老有所医、老有所为、老有所学、老有所乐"的社会支持体系,提升老年人的晚年生活质量。

家庭教育公共服务供给还需要考虑介入程度的问题。家庭教育采取的是预防取向,这与采取治疗取向的家庭治疗不同。多尔蒂(Doherty)提出的参与模型有助于澄清家庭生活教育与家庭治疗的界限,而家庭治疗不属于家庭教育公共服务的范畴。该模型把介入的程度分为5个水平,分别是对家庭的最低重视、提供信息和建议、提供感受和支持、简短的重点干预,以及家庭治疗。④ 这一模式有助于家庭生活教育者避免越界,进入不属于自身范畴的家庭治疗。图7-1展示了这5个水平的关系。

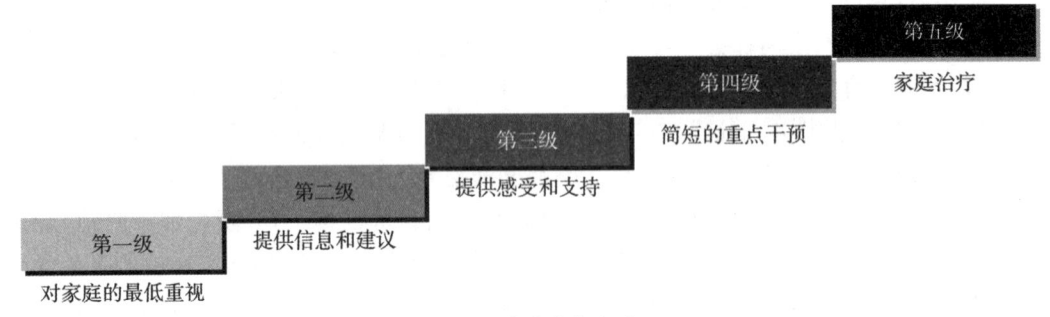

图7-1 家庭参与程度

资料来源:DARLING C A,CASSIDY D,POWELL L H.Family life education:working with families across the lifespan[M].3rd ed.Long Grove:Waveland Press,2014:10.

---

① 徐阳晨.进一步推进婚俗改革加强家风建设:专家解读《关于加强新时代婚姻家庭辅导教育工作的指导意见》[N/OL].中国妇女报,2020-09-14[2023-09-05].https://www.women.org.cn/art/2020/9/14/art_23_165015.html.
② 张鹤.新时代老年教育服务供给研究[D].西安:陕西师范大学,2021:1.
③ 国家发展改革委,中央宣传部,教育部,等.关于印发《"十四五"公共服务规划》的通知[EB/OL].(2021-12-28)[2023-09-05]. https://www.gov.cn/zhengce/zhengceku/2022-01/10/content_5667482.htm.
④ DOHERTY W J.Boundaries between parent and family education and family therapy:the levels of family involvement model[J].Family Relations,1995,44(4):353-358.

家庭教育与家庭治疗的分界线并不是绝对清晰的。前三个层次的干预属于家庭教育公共服务的范畴，但第四个层次则是家庭教育与家庭治疗兼而有之。这种层次划分并不意味着家庭治疗就比家庭教育更深入、更难或更重要，而是强调每一个层次的措施和任务不同。同样，这种划分也不是说家庭治疗的专业人员就一定能够胜任家庭教育的工作。虽然家庭教育工作者不具备家庭治疗师的知识和技能，但家庭治疗师也不一定具备提供教育体验的知识和技巧。

广义家庭教育公共服务供给需要专业人员来落实。尽管家庭生活教育专业工作者的工作场景、岗位和角色多种多样，但其共同的特征是需要具备家庭科学学科（the discipline of family science）的相关知识，从家庭视角考虑社会问题（包括经济、教育、工作-家庭关系、育儿、性行为、性别等），将个人和家庭视为更大系统的一部分，为家庭提供有关健康家庭功能的知识可以预防或减少一系列社会问题的产生。[①] 家庭生活教育专业工作者承担着普及和传授这些知识的任务，是家庭教育公共服务供给的最终执行者。

第三节　学校开展的家庭生活教育

由于家庭生活教育采取的是生命全程视角下的广义家庭教育概念，家庭教育的主体、对象、内容均发生了很大的变化，因而开展家庭教育的场所就不局限在家庭内部。个体生活、学习和工作的场域都成为开展家庭生活教育的场所。社区、学校、工作单位均承担着开展家庭教育的任务。学校作为专业的教育机构，在开展家庭教育方面具有独特的优势。

由于我国大陆采用的是狭义家庭教育概念，学校在家庭教育方面承担的工作主要是"家庭教育指导"。《教育部等十三部门关于健全学校家庭社会协同育人机制的意见》指出"学校要把做好家庭教育指导服务作为重要职责，纳入学校工作计划，充分发挥学校专业指导优势；切实加强教师家庭教育指导能力建设，将教师家庭教育指导水平与绩效纳入教师考评体系""建立健全学校家庭教育指导委员会、家长学校和家长委员会，落实家长会、学校开放日、家长接待日等制度""每学期至少组织2次家庭教育指导活动"。[②] 广义家庭教育视域下的学校应承担的家庭教育工作不再局限于"家庭教育指导"，学校可以直接面向学生开展家庭教育。事实上，学校目前已经承担的不是针对家长的"家庭教育指导"，而是直接面向学生开展的家庭教育工作，或者说学校教育内容中已经包含了与家

[①] NCFR.What is family life education？［EB/OL］.［2023-10-04］.https：//www.ncfr.org/cfle-certification/what-family-life-education.

[②] 教育部,中央宣传部,中央网信办,等.教育部等十三部门关于健全学校家庭社会协同育人机制的意见［EB/OL］.（2023-01-17）（2023-09-22）.http：//www.moe.gov.cn/srcsite/A06/s3325/202301/t20230119_1039746.html.

庭生活相关的内容,而不只是学科知识和学习能力的培养。学校教育本来就包含了德智体美劳多个方面,自然会包含家庭相关的内容在内。例如,就广义家庭生活教育的主要内容之一的性教育而言,2011年国务院印发的《中国儿童发展纲要(2011—2020年)》中就明确提出"将性与生殖健康教育纳入义务教育课程体系"。① 2020年10月17日修订《中华人民共和国未成年人保护法》于2021年6月1日起开始实施,"性教育"首次被正式写入法律条文之中,"学校保护"一章的第四十条指出"学校、幼儿园应当对未成年人开展适合其年龄的性教育,提高未成年人防范性侵害、性骚扰的自我保护意识和能力"。2021年发布的《中国儿童发展纲要(2021—2030年)》进一步明确"将性教育纳入基础教育体系和质量监测体系,增强教育效果""适龄儿童普遍接受性教育"。② 2021年11月,教育部发布《生命安全与健康教育进中小学课程教材指南》,提出"性侵害预防进中小学教材"的要求。③

虽然学校教育已包含了广义家庭教育的相关内容,但由于我国大陆采用的是狭义家庭教育概念,家庭之外的"家庭教育"尚未引起足够的注意,导致学校和社会开展的"家庭教育"内容散乱,没有形成体系,也缺乏相关的专业工作人员。随着家庭教育由"家事"上升为"国事",有必要对广义家庭教育开展系统的研究,批判性地借鉴其他国家和地区的经验,构建家庭教育知识体系。

一、学校在家庭生活教育公共服务体系中的作用

教育是公共服务供给的主要内容之一,学校是公共服务供给体系的重要组成部分,在公共服务供给体系中发挥着至关重要的作用。义务教育作为基本公共服务内容之一,被列入《"十四五"公共服务规划》中的"补齐基本公共服务短板"范畴。就采用广义家庭教育概念的家庭生活教育而言,不只是义务教育阶段小学和初中应当开设家庭生活教育课程,幼儿园、大学也应当开展家庭生活教育。家庭生活教育的公共服务供给就不只是局限于《"十四五"公共服务规划》所列的"重点领域非基本公共服务"下的"发展普惠托育服务"。

狭义家庭教育概念视域下,学校在家庭教育公共服务供给体系中的作用仅局限在"家庭教育指导服务体系"的组成部分,其职责主要是指导学生家长如何育儿。广义家庭教育概念视域下,学校直接面对在校学生开展家庭生活教育。

大学除了直接面向大学生开展家庭生活教育外,还承担着培养家庭生活教育专业人

---

① 国务院.国务院关于印发中国妇女发展纲要和中国儿童发展纲要的通知[EB/OL].(2011-07-30)[2023-09-23].https://www.gov.cn/gongbao/content/2011/content_1927200.htm.
② 国务院.中国儿童发展纲要(2021—2030年)[EB/OL].(2011-09-27)[2023-09-23].http://www.gswomen.org.cn/upload/5/cms/content/editor/1648003368200.pdf.
③ 教育部.教育部关于印发《生命安全与健康教育进中小学课程教材指南》的通知[EB/OL].(2021-11-02)[2023-09-23].https://hudong.moe.gov.cn/srcsite/A26/s8001/202111/t20211115_579815.html.

才的任务。前者面向全体大学生,后者则要求高校开设家庭教育相关专业,实施专业化的培养。

由于学生年龄阶段不同,在不同层级的学校中,家庭生活教育的内容也存在很大差异。尽管有些主题会贯穿始终,但具体内容则会随学生的年龄而发生变化。

二、学校家庭生活教育的开展方式

鉴于学校开展的家庭教育指导工作(狭义的家庭教育)已经有丰富的研究成果,本研究在此基础上聚焦学校面向在校生开展的家庭生活教育。一般而言,学校开展的家庭生活教育存在两种方式。一种是设置独立的家庭生活教育相关课程,如日本小学开设的"家庭"课;另一种不单独设课,而是在现有课程的基础上,把家庭生活教育的内容整合进去。

(一)独立开设的家庭生活教育课程

独立设置的家庭教育相关课程主要是在高等教育阶段。如家庭教育学、爱情社会学、家庭社会学等。随着社会对家庭教育专业人才需求的提升,高校还专门开设了家庭教育专业。我国大陆高校较晚专门设置家庭教育,《教育部关于公布2022年度普通高等学校本科专业备案和审批结果的通知》,中华女子学院申报的家庭教育专业成为新增本科专业,该校因此成为全国首家设置家庭教育专业的普通本科院校。[①] 家庭教育专业被列入《普通高等学校本科专业目录》,专业代码为040115T,增设年度为2022。[②] 根据教育对象的不同,高校开设家庭教育课程可以分为面向全体学生的通识课程与面向特定群体的专业课程。如面向师范专业开设的家庭教育课程,可以增强未来基础教育教师开展家庭教育的能力。而独立设置的家庭教育专业则为中小学、幼儿园独立设置家庭生活教育课程提供了师资支持。日本文部科学省的《高等学校学习指导要领(平成30年告示)》把"家庭"课程列为各学科均需开设的11门公共课程之一。[③]

中小学设置独立的家庭教育课程的例子是日本。日本文部科学省2017年发布的《小学校学习指导要领(平成29年告示)》和《中学校学习指导要领(平成29年告示)》规

---

① 教育部.2022年度普通高等学校本科专业备案和审批结果[EB/OL].(2023-04-04)[2023-08-20].http://www.moe.gov.cn/srcsite/A08/moe_1034/s4930/202304/W020230419336779647503.pdf.
② 教育部.普通高等学校本科专业目录[EB/OL].(2023-04-04)[2023-08-20].http://www.moe.gov.cn/srcsite/A08/moe_1034/s4930/202304/W020230419336779992203.pdf.
③ 日本文部科学省.高等学校学习指导要领(平成30年告示).(2023-01-20)[2023-09-23].https://www.mext.go.jp/content/20230120-mxt_kyoiku02-100002604_03.pdf.

定,小学第五学年和第六学年开设"家庭"课程①,中学设置"技术·家庭"课程②。中小学设置独立的"家庭"课程对于开展广义的家庭教育而言具有明显的优势,即可以有效地保证家庭教育的系统性、专业性和针对性。独立设置的课程更容易实现课程目标、课程设计、课程实施和课程评价方面的一致性,根据学生的年龄特点,对于不同年龄段的孩子,设计相应的家庭教育内容。如小学主要包括良好的家庭习惯、基本的家务技能、友谊和合作精神等;随着年龄的升高逐渐增加性健康教育、更复杂的家务技能、家庭关系处理、情绪管理等;到高中则可以增加婚姻与家庭关系、家庭规划、预算管理、职业规划等内容。独立设置的课程还有助于确保教师的专业能力,为教师提供更具相关性的培训,提升教师的专业性。中小学独立设置家庭教育课程面临的挑战是学时冲突,如果在原来的课程方案中没有独立设置,那么增加独立设置的课程势必意味着减少现有课程的学时数,否则就会增加学生在校的学习时长。在"双减"背景下,设置相对独立的FLE课程必须以不加重学生学业负担为前提,合理对现有课程进行优化,不增加学生总学时。

(二)学校现有课程内容与家庭生活教育内容的整合

学校开展家庭教育的另外一种方式是将家庭教育的内容整合到现有课程中。这种方式可以涵盖从幼儿园到大学、从基础教育到高等教育各个层级的学校。学校目前开设的课程中,课程内容本身就和广义家庭教育存在交叉。在一些国家和地区,学校中可能没有单独设置家庭教育课程,那么对现有课程中包含家庭教育内容进行梳理,或者是将家庭教育内容补充到相关的课程之中,则是学校开展家庭生活教育的一种替代办法。

因为不是单独设课,此种方式面临的挑战是内容欠缺系统性与教师的专业性不够。这就需要先建构系统的家庭教育内容体系,再结合现有的课程,把不同的内容分配到合适的课程之中,明确相应的教学目标和课时比例。同时还要对相关教师开展有针对性的培训。

美国部分州中小学的FLE课程就是采用的这种方式。如美国弗吉尼亚州的公立学校的FLE的系统内容体系,明确了从幼儿园到高中各年段的家庭教育内容,以及如何与现有课程进行整合。③ 虽然没有将FLE作为独立的一门课程,但是该州的FLE形成了系统性的内容结构,体现了整体上的顶层架构。总体而言,该州的FLE内容包括两个维度:一是情感与社会健康维度;二是人类成长与发展维度。前者包括对个体、家庭成员、社区的认知,侧重对人际关系和恰当行为的理解与指导;后者则包括个体成长的生理发

---

① 日本文部科学省.小学校学习指導要領(平成29年告示)[EB/OL].(2023-01-20)[2023-08-20]. https://www.mext.go.jp/content/20230120-mxt_kyoiku02-100002604_01.pdf.

② 日本文部科学省.中学校学习指導要領(平成29年告示)[EB/OL].(2023-01-20)[2023-08-20]. https://www.mext.go.jp/content/20230120-mxt_kyoiku02-100002604_02.pdf.

③ Fairfax County Public Schools.Elementary family life education(FLE):curriculum details for the elementary family life education(FLE)program[EB/OL].[2023-03-22]. https://www.fcps.edu/academics/elementary-school-academics-k-6/elementary-family-life-education.

展变化,侧重生理和性健康知识的学习与指导。①

  在现有学校课程的基础上整合家庭教育内容需要进行系统性的规划和调整,而不是机械地把家庭教育的内容硬塞进去。首先应当对家庭教育的内容和现有课程结构进行分析和梳理,明确各年段应当学习的家庭教育内容主题,找出现有课程中已涵盖家庭生活教育内容的部分或者是可以增加家庭教育内容的课程,例如道德与法治课程、心理健康教育、劳动课程、生物课程、校本课程等课程。其次是在此基础上寻找结合点,依据家庭生活教育的核心目标,确定与现有课程相符合的主题,然后在这些主题中寻找适当的时机穿插家庭生活教育内容。例如,在心理健康教育中,可以整合家庭生活教育中的情绪管理技能;在生物课程中,可以讲解婚姻与生育的知识等。然后对相关教师开展有针对性的培训,鼓励教师之间的合作,共同开展跨学科教学项目。此外还应当注意优化教学方法,运用多样化的教学方法加强家庭生活教育内容的传授,如案例分析、情景剧角色扮演、小组讨论以及实地考察等,使学生能够在实践中体验与应用所学知识。

---

① 索磊,郑薪怡,万冰梅.家庭生活教育:美国公立中小学的家庭教育[J].教育学术月刊,2022(11):31-37.

后　记

　　家庭生活教育是一种广义的家庭教育观,其与我国学界和政策话语体系中的家庭教育存在很大区别。二者对照,后者属于狭义上的家庭教育。即使这种狭义层面的家庭教育,也存在"父母对子女的教育"和"家庭成员相互之间的教育"的不同看法。随着社会的发展,家庭教育不再只是家庭的事情。《中华人民共和国家庭教育促进法》颁布之后,家庭教育不再只是"家事"逐渐成为人们的共识。如何建构家庭教育公共服务体系,保障家庭教育公共服务供给成为需要思考的问题。因此,借鉴已经发展成熟的家庭生活教育,可以获得有益的启示。

　　台湾较早开展关于家庭生活教育的研究,翻译了美国 NCFR 的著作,编写了 FLE 教材,出版了相关研究的论文集。大陆在 2013 年通过了相关研究的全国教育科学规划课题的立项,课题负责人杨启光对美国家庭生活教育做了系统的研究,课题成果《发展型家庭生活教育:理论、实践与制度创新》提出了中国发展型家庭生活教育制度创新的构想,属于大陆关于 FLE 研究的开创性著作。总体而言,我国关于 FLE 的研究还处于起步阶段。可能正是由于相关研究的不足,我以"家庭生活教育的国际比较与本土建构"申报 2020 年教育部人文社科规划项目,才会在缺少前期相关成果的情况下获得立项。

　　本书的部分内容作为课题的阶段性研究成果,已经在国内一些刊物发表,在此对为这些论文的发表做出贡献的编辑、审稿专家、主编和期刊社表示衷心感谢。

　　我指导的研究生郑薪怡、赖南伶、林慧芬、万冰梅、李晓佩、姚珠钦、林晨衍、陈雅洁不同程度地参与到本书中,主要参与了家庭生活教育比较研究的部分。郑薪怡、万冰梅参与了美国中小学家庭生活教育课程体系部分初稿的撰写,赖南伶参与了美国幼儿园和大学家庭生活教育课程体系初稿的撰写,李晓佩撰写了欧洲四国家庭生活教育初稿,姚珠钦撰写了日本家庭生活教育初稿,林晨衍撰写了印度家庭生活教育初稿,林慧芬、陈雅洁参与了台湾地区家庭生活教育初稿的撰写。修读我主讲的"家庭生活教育"课程的研究生也参与了家庭生活教育内容的讨论。特别感谢以上研究生对本书付出的劳动。

　　家庭生活教育研究涉及社会学、人口学、心理学与教育学多个学科,需要研究者具备跨学科领域知识。受个人学识、经验与时间的局限,书中难免存在不足与疏漏,恳请专家和读者批评指正。

索　磊

2024 年 1 月 1 日